よい体育授業を求めて

全国からの発信と交流

体育授業研究会 編

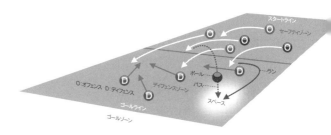

大修館書店

はじめに——よい体育授業を求めて

　「真摯に『体育の授業』を研究しようとする者が、あらゆる主義主張を越え、研究者、実践者がその立場にとらわれずに参加し、研究を推進していくこと」（体育授業研究会、1998）

　本書は、このことを発足当初より大切にしてきた「体育授業研究会」のメンバーが、『体育科教育』誌上において、2011年4月から2014年3月までの間に全34回にわたり「よい体育授業を求めて」と題した連載に寄稿した論説・報告を土台に編んだものです。

　本会のあらましについては、同誌2010年7月号に、「『体育授業研究会』とはどのような研究会なのですか？　どのような取り組みをしているのですか？」（細越、2010）という表題のもとに記述されていますので、是非ともそちらに目を通していただきたいと思います。

　さて、「よい体育の授業」というのは一概に説明できるものでないにしても、学校教育における授業が意図的・計画的に実践されるものである以上、そこでのねらいや願い、期待に応答しうる成果を生み出せる授業であると言えるでしょうし、学び手である子どもたちが能動的・積極的に参加することのできる授業であることは共通理解できるであろうと思われます。そのような体育授業の姿を求めて、本会の会員の授業実践に向けた、そして実際の授業実践を基にした主張、議論、成果・知見を発信してみようというのがこの連載の基底に流れています。

　「体育授業研究会」は「よい体育授業」の創造に意欲を持った体育授業実践者と大学で体育科教育学を専攻する者が集い、授業づくりに向けて共同研究に取り組むようになった「体育の授業を創る会」をその前身としています。1989年4月から1992年8月まで、『体育科教育』誌において、体育の授業における「『わかる』と『できる』の統一的実践」や授業創造の基盤となる「教

材づくり」の問題、授業の展開を探究していく「学習過程」の研究課題を対象に据えた同会メンバーの連載が36回にわたってなされ、そこでの論稿を基底にして高橋健夫編『体育の授業を創る――創造的な体育教材研究のために』（大修館書店）がまとめられたのが1994年でした。この書は現在でも、多くの実践者、研究者、そして次代を担う学生たちに読み継がれています。この「体育の授業を創る会」から全国組織としての「体育授業研究会」が発足したのはその3年後の1997年。第1回大会は筑波大学を会場に開催され、その後、多くの仲間が体育授業づくりに関する情報交流を目的に各地から参集するようになりました。

今から振り返ると本会の発足は前回の学習指導要領の改訂期と重なっていました。したがって、会のこれまでの活動は、学校体育に向けて新たに「心と体の一体化」の課題が掲げられた時期から「確かな学力」の保障が期待されている現行の学習指導要領の展開の時期に当たっています。

今日においてもより一層強調されている「心と体の一体化」には、いじめ、不登校、学級崩壊、生活環境の乱れ、コミュニケーション能力の低下といった子どもや学校問題、また、運動への二極化といった用語に象徴される体力・運動能力、運動への意欲に関わった教育課題を見つめ、子どもの心身（身体性や社会性）に働きかける意味において、学校教育全体の中での体育の役割を問う視線が表されていると言えます。また、それは学校体育の存在意義にも関わっており、さらに世界的に叫ばれた「学校体育の危機」と連動したそのアカウンタビリティーに対応する良質の授業保障が求められていると考えられます。このような学習指導要領での投げ出しを前向きに受けとめ、より広く言えば、1970年代後半以降に推移してきた我が国の「運動の教育」の考え方やそこでの授業の方向性を多視点的に再考してみることに結びつけら

れた体育授業研究が本会の一つの大きなテーマとして据えられてきたと言ってよいでしょう。

　毎年の大会では、研究企画と会員による一般研究発表（授業実践報告）を2つの軸としてきましたが、そのうち研究企画では、前記の事柄とも関わって、とりわけ体育授業における学習の内容的側面の検討を促してきました。例えば、前回の学習指導要領で新たに設定された運動の「学び方」に関わった運動学習における知的側面の問題について、また、運動技能の学習の意義やその捉え直しについて、さらに、子どもたち相互の共同的な学習や集団的達成に向けた授業づくりの可能性についてなど、総じて、「わかる」「できる」「かかわる」ことに結びついた議論を取り上げてきたと言えます。

　時にはそれらを総論として、あるいは特定の運動領域の問題をクローズアップしながら、また大会開催地の体育サークルの実践動向と結びつけて、シンポジウムや模擬授業、実技研修を織り込みながら企画を組み、会員による授業実践を介した研究発表も、多くはこれらに密接に関連してなされてきました。

　これまで17巻の機関誌『体育授業研究』が発行されていますが（2014年まで）、そこには一般研究発表・報告を中心に130編を超える論稿が掲載されています。多くの会員が明確な目的意識をもって授業実践に取り組み、その成果を踏まえた研究報告がなされていることが読み取れます。本書の内容はその延長線上において記述されたものです。

　さて、まえがきの結びとして発足当初から10年間にわたって会長を務められた林恒明先生が本会前身の「体育の授業を創る会」にも触れながら語っておられる言葉を引き合いに出したいと思います。

　「いまこそ『好きな教科』から『大切な教科』そして『重要な教科』へと

変革してほしい。体育の授業を変えてほしい。それにはまず、教える側の教師が変わらなくてはならない。『息抜き教科』『好きなだけの教科』にならないためにも、である」(林、2010)

　私たちは今、何をどう考えて体育授業の中身を深め、発展させていくべきか、本書の出版を通してさらに情報の交流の輪を拡大していきたいと思っています。

　最後になりますが、本書の企画・編集に関わって大修館書店編集部の川口修平氏には大変お世話になりました。心より厚くお礼申し上げます。

2015年3月

信州大学教授、体育授業研究会・前研究委員長　岩田　靖

[文献]
○体育授業研究会（1998）体育授業研究会発足にあたって．体育授業研究（1）：67．
○細越淳二（2010）「体育授業研究会」とはどのような研究会なのですか？　どのような取り組みをしているのですか？．体育科教育58（8）：52-53．
○林恒明（2010）体育授業を変えよう！．体育科教育58（8）：9．

Contents

●はじめに——よい体育授業を求めて……iii

第1章 体育授業研究の今日的課題

■1——**これからの体育授業研究に求められること**……高橋健夫……2
　[1]世界に誇れる日本の体育授業研究システム……2
　[2]「体育授業研究会」設立の趣旨と役割……4
　[3]これからの体育授業研究に求められること……6

■2——**体育の可能性を拡げるために**……松本格之祐……12
　[1]体育の授業で何が変えられるか……12
　[2]体育の授業を変えよう……14
　[3]私たちが体育の可能性を拡げよう……16

■3——**専門職コミュニティで身に付けるべき
　　　　　　　　　知識や技術の創出と共有に向けて**……岡出美則……20
　[1]専門職コミュニティの必要性……20
　[2]日本の体育授業の質を支えるもの……21
　[3]教師の身に付けるべき知識や技術とその共有の仕方……22
　[4]研究成果の伝え方を検討することの必要性……25

■4——**哲学の視点で体育の授業を考えてみる**……友添秀則……27
　[1]集団疎開と「つき殺すお稽古」……27
　[2]体育の授業研究と教師としての哲学……29
　[3]よい体育授業に必要なもの……30
　[4]鳥の目になって授業をみる……31

■5——**私の歩んだ授業研究の道程から今後の実践研究の課題を考える
　　　　　——授業研究に取り組もうとするみなさんへ**……内田雄三……34
　[1]他者の評価に一喜一憂した頃……34

[2]自分の授業を「主体的」に評価した頃……35
[3]多様であってよい授業研究……36
[4]これからの授業研究……37
[5]今後望まれる授業研究の姿……40

■6──「よい」体育授業とは何か……大貫耕一……41
[1]体育の授業を創る会……41
[2]「よい」体育授業と「思想性」……42
[3]「よい」体育授業と「主体性」……43
[4]「よい」≒「できる」批判……44

第2章 よい体育授業のための授業研究の方法

■1──**授業研究が支えたボール運動実践**……鈴木 聡……48
[1]難しくなければ面白くない……48
[2]ゲームを進化させよう……49
[3]教師の手立て……51
[4]ゲーム中の声かけ……52
[5]授業研究が育ててくれた……52
[6]他者からの影響……53
[7]まとめ……54

■2──**実践者と研究者が"共同研究者"として取り組む　　　　　　　　　　　アクションリサーチ**……松井直樹・細越淳二……56
[1]カンファレンスで学級の課題と体育授業をつなぐ……56
[2]学級開きにおける課題……58
[3]5月の授業実践「のびてちぢんでダルマ回り、へそまで跳ぼう！　ゴム高跳び」……59
[4]グループの人間関係の課題……61
[5]6月の授業実践「めざせ！　のりのりダンスマン！」……62
[6]おわりに……65

■3──質的研究のすすめ──子どもの姿を語り合おう
　　　　　　　　　　　　　　　　　　　……起 祐司・世古辰徳・窪田啓伸……67
［1］量的研究の課題と質的研究の可能性……67
［2］質的研究の意義……68
［3］実践を通して考える質的研究の具体……69
［4］量的研究と質的研究は「車の両輪」……72

■4──フィールドの〈内側〉からの体育授業研究
　　　　　　　　　　　　　　　　　　　……鈴木 理・伊佐野龍司・内田雄三……74
［1］はじめに……74
［2］フィールドワークの方法……75
［3］「科学」をめぐるアポリア……77
［4］〈内側〉からの研究事例……78

■5──**指導力量を高める体育授業研究の方法**……長谷川悦示……82
［1］専門職的な知識と技能、優れた意思決定能力……82
［2］「体育授業理論・実習」の概要……83
［3］理論実習の基本コンセプトと理論的背景……87
［4］授業力量・教師力を高める授業省察……90

第3章　教材づくりから考えるよい体育授業

■1──**教材づくりとよい体育授業**……宮内 孝・岩田 靖……94
［1］教材づくりの思想……94
［2］教科内容（学習内容）と教材化における組み替え……95
［3］ゲームにおける戦術的課題の「誇張」……97
［4］「確かな学力」に向けて……98

■2──**教材づくりと教授行為をつなぐ**……中村恭之・岩田 靖……100
［1］教材づくりの視線……100
［2］「生徒たちの声」から振り返る西部中の体育授業……101

［3］教材づくりに連結した教授行為……103
［4］「すべての子ども」ということ……105

■3──教材づくりへの熱き思い……澤田 浩……107
［1］ザ・シューター……109
［2］ザ・アタック……111

■4──よい体育授業を支える教材史
　　　　──プレルボールの授業の起源と発展可能性……近藤智靖……115
［1］はじめに……115
［2］プレルボールの教材化の意図……116
［3］ドイツとの対比……117
［4］日本におけるプレルボールの発展……119
［5］おわりに……120

■5──簡単で楽しく力がつく教材づくり・授業づくり……平川 譲……122
［1］"力をつける"体つくり運動の授業……123
［2］系統性を意識した体つくり運動……124
［3］楽しく、意欲的に取り組める体つくり運動……125
［4］簡単に取り組める体つくり運動……127
［5］なわとびの価値……128

第4章 学習集団から考えるよい体育授業

■1──「かかわり」の本質とは何か──「かかわり」に着目した授業づくり
　　　　　　　　　　　　　　　　……藥内 要・小谷川元一……132
［1］「教える」ことと「育つ」こと……132
［2］真のかかわりとは何だろう……133
［3］2年生の実践から……134
［4］現在の実践……138
［5］子どもの可能性を信じて……139

■2──体育授業と学級集団づくり……濱本圭一・日野克博……140
［1］はじめに……140
［2］かかわり合いを重視した鉄棒運動の授業づくり──6年生、27名……141
［3］体育授業と学級集団をつなぐ教師のかかわり……145

■3──「人間関係を築いていく力」を高めるフラッグフットボールの授業づくり
……佐藤洋平・吉永武史……148
［1］はじめに……148
［2］フラッグフットボールの教材的特性……149
［3］「人間関係を築いていく力」を高める授業づくり……150
［4］授業研究の成果と次への課題……152

■4──学ぶ喜びを味わう共創なわとびの実践……垣内幸太……155
［1］出逢い……155
［2］学ぶ喜びを味わえる授業……155
［3］4年生の共創なわとびの実践より……157
［4］共創授業……163

■5──子どもとともにつくる「4の2フットボール」……長坂祐哉……165
［1］「フットボールって?」……166
［2］4の2が願うフットボール……166
［3］子どもの切実感から深まる学び……168
［4］教師の手立て……170
［5］まとめ……171

第5章 戦術学習の授業づくり

■1──子どもの発達段階を考慮したゴール型ゲームの授業づくり
……小畑 治……174
［1］系統的な目標とボールゲーム……175
［2］低学年では「ねらう場所がわかる」を目標に……176

［3］中学年は「ノーマークがわかる」を目標に……177
［4］高学年では「オープンスペースがわかる」を目標に……179
［5］授業づくりに向けた留意点……180

■2──ネット型ゲームの教材づくりとその発展方向を求めて
……竹内隆司・斎藤和久……183
［1］「ネット型」の本質的な魅力……183
［2］「ネット型」の教材づくりの視点……184
［3］「ネット型」の発展方向を探るポイント……186

■3──シンプルで子どもが伸びるキャッチアタックバレー……清水 由……190
［1］日々の実践から見える子どもの姿……190
［2］子どもの姿から考えるボール運動の学習内容……191
［3］ネット型「キャッチアタックバレー」の実践……194

■4──中学校のバレーボールの教材づくり……福ヶ迫善彦・原 和幸……199
［1］ゲーム構造を理解することの重要性……199
［2］ネット型の学習内容……200
［3］ネット型ゲームの教材づくり……202
［4］授業の様子と課題……205

■5──ラケットレステニス（攻防一体型ゲーム）の授業づくりへの挑戦
……岡田弘道・多田夕紀・米村耕平……208
［1］実践の背景……208
［2］教材と授業の実際……209
［3］授業実践者の振り返り……215

■6──「できるようになりたい」を大事にした授業づくり……井上寛崇……216
［1］運動有能感の視点……216
［2］「すすみっこベース」の実践……217

■7──教師が子どもと創るフライング・ベースボール
　　　　　　　　　　　　　　……前場裕平・穴吹哲郎・米村耕平……226
　［1］フライング・ベースボールとは？……226
　［2］子どもの意識をつなぐ単元構成……228
　［3］「チームの大切な一人」を実感できる授業をめざして……232

■8──一撃の質を高める剣道の戦術学習……吉野 聡・菊地 耕・柴田一浩……234
　［1］はじめに……234
　［2］授業づくり……235
　［3］授業の様子……237
　［4］まとめにかえて……239

第6章 地域性を活かした授業づくり

■1──小規模校での体育授業実践……盛島 寛……242
　［1］岩手の「体育学習会」……242
　［2］九戸村立江刺家小学校での実践……244
　［3］西和賀町立沢内小学校での実践……249
　［4］まとめにかえて……252

■2──サークル仲間と取り組むフラッグフットボールの授業づくり
　　　　　　　　　　　　　　……小古呂優範……255
　［1］研究サークルとの出会い……255
　［2］授業づくりの過程……256
　［3］実践の展開……259
　［4］ともに授業をつくる仲間……261

■3──群馬体育授業研究会の取り組みと体育授業実践
　　　　　　　　……吉井健人・深田直宏・早川由紀・大友 智……263
　［1］群馬体育授業研究会の取り組み……263
　［2］愛好的態度に着目した体育授業実践の取り組み……266

終章 座談会──よい体育授業を求めて

■1──よい体育授業のための多様なアプローチ──ネット型ゲームを例に……272
　[1]佐藤実践の概要……273
　[2]石田実践の概要……276
　[3]濱本実践の概要……279
　[4]授業展開の2つのルート……282
　[5]返球回数のルールの違い……285

■2──**体育授業研究会のこれまでとこれから**……288
　[1]授業研が果たした役割と成果を振り返る……289
　[2]これから考えるべきこと……291
　[3]授業研が取り組むべきテーマ……296

　●あとがき──体育授業研究会のさらなる発展に向けて……301

第1章

体育授業研究の今日的課題

第1章-1

これからの体育授業研究に求められること

元日本体育大学教授　高橋健夫

[1] 世界に誇れる日本の体育授業研究システム

　スポーツ教育学の第一人者フィリップ・ワード教授（オハイオ州立大学）に、日本体育大学大学院主催で開催されたセミナーで講演を行ってもらった翌日、筑波大学で開かれた「関東地区長期研修生合同体育授業研究発表会」（2011年3月6日）にも参加してもらいました。

❶ ワード教授の驚きと賞賛
　この発表会を視聴した彼は驚嘆した様子で、「日本では、なぜこのような研究発表会が行えるのか」「現場の教師がなぜこのように体育授業研究に関心を寄せ、しかも質の高い研究が行えるのか。実にすばらしい。日本独自のシステムだ」「このバックグラウンドやシステムをぜひ世界に紹介すべきだ」と話しかけてきました。
　ワード教授の驚きと賞賛からわかるように、日本には他の国ではまず見ることができない現場の教師自身によるすばらしい体育授業に関わる研究システムが存在します。具体的には、①県や市が指定する研究指定校での授業研究や公開授業発表会、②民間体育団体の授業研究や研究協議会、③県の長期研修生による授業研究や発表会、④文部科学省と日本学校体育研究連合会とが連携して

行う指定校の授業研究と公開発表会等、さまざまな種類の体育授業研究や発表会をみることができます。日本が世界に誇れる教育文化です。

❷現場で行われる授業研究の問題

しかし残念なことに、これらの研究の性格や質の点からみて、実質的に「体育授業研究」と呼べるものは少なかったように思います。

研究指定校を例に挙げれば、特定の研究テーマの下に、繰り返し「研究授業」や「公開授業」を行い、さらにその取り組みを「研究紀要」にまとめていますが、その大部分は「実践報告」と呼ぶべきものでした。一般的には、①体育授業の基本的な考え方（立場）を設定し、②授業の目標・内容・方法に関わった基本方針を定め、③それに基づいて単元計画や授業計画を立案し、④研究授業が行われています。しかし、そこでの授業過程―授業成果の事実やそれらの事実関係が主観的印象によってまとめられています。もっといえば、基本的な方針や計画に即して予定調和的に成果が誇示されているケースがきわめて多いのです。

授業研究であるためには、授業を対象として学術的な方法（量的・質的）によって学習指導過程とその背後にあるコンテキスト変数、学習成果などのデータが収集され、第三者が納得でき、信頼できる研究成果を導き出す必要があります。

そのような意味で、わが国で行われてきた膨大な研究活動は、研究授業（研究的に行われる授業）であっても、授業研究と呼べるものは少なかったといわざるを得ません。とはいえ、日々の授業実践や生活指導に追われる現場の教師たちが、自分自身の授業を対象に本格的な授業研究を行うことは並大抵のことではないのです。

❸長期研修生が行う授業研究に着目

そこで着目したのが、県から大学に派遣されてくる長期研修生のテーマに即した授業づくりとその検証授業でした。

私が在籍していた筑波大学の体育科教育学研究室では、二十数年前から埼玉、千葉、茨城の各県から毎年4、5名の長期研修生を受け入れてきました。これ

らの長期研修生と研究室の大学院生とが共同して研究計画を立てるようにしたのです。長期研修生が行う検証授業には大学から常に複数の大学院生が参加し、授業過程を観察・記録してデータを収集・分析するようにしました。

このように長期研修生とともに行う授業研究の体制を作り上げてきたのです。長期研修生の多くは報告書をまとめる必要がありますが、この報告書にさらに検討を加え、『体育学研究』『スポーツ教育学研究』『体育科教育学研究』などの学術誌に掲載された論文も少なくありません。

ちなみに、冒頭で述べた「関東地区長期研修生合同体育授業研究発表会」のルーツは、二十数年前にさかのぼります。埼玉県派遣の長期研修生（筑波大学の他に、東京学芸大学や埼玉大学に派遣された長期研修生）と筑波大学の大学院生との合同研究発表会をもつようになったのが始まりでした。

その後この発表会に千葉県や茨城県から派遣された長期研修生も加わり、さらに新たに筑波大学の体育科教育学研究室に着任した岡出美則先生らの尽力によって、神奈川、群馬、長野などからの参加者が拡大・発展をつづけ、2011年度の研究会には200名を超える参加者が集まり、12名の長期研修生が発表を行いました。

その発表された研究の多くは、長期研修生が主体となりながらも、教育委員会の指導主事と大学の教員とが連携して進められており、授業研究の名に恥じないものでした。ワード教授を感動させた研究発表の背景には、以上のような長年にわたる授業研究への挑戦と発展があったわけです。

［2］「体育授業研究会」設立の趣旨と役割

「体育授業研究会」の発足も、長期研修生とともに始めた授業研究と深く関わっています。

今から25年ほど前、私が筑波大学に着任した直後に、大修館書店の故伊藤政吉さんの薦めで、「体育科教育」誌の別冊として「器械運動の授業」シリーズを林恒明、藤井喜一、大貫耕一の三氏と共同して編集・執筆することになりました。その編集過程で、これらの先生方と共同して「授業研究」や「授業づくり研究」を行うようになり、その一連の研究成果は『体育の授業を創る』（大修

館書店）にまとめましたが、すでに 16 刷に至っています。

　このような活動の延長線上で、現場の先生方が中心となる研究会を発足させようということになりました。発足当初は「体育の授業を創る会」と称していたものの、この研究会に長期研修を経験した多くの先生方がメンバーに加わり、くわえて地方の教員養成系大学・学部に所属する大学教員や大学院生も参加して、次第に全国的に会員が膨らんでいきました。こうして設立されたのが体育授業研究会（第 1 回大会 1997 年）です。

　体育授業研究会設立の趣旨は、戦後学校体育の発展に重要な役割を果たしてきた民間体育研究団体（学校体育研究同志会や全国体育学習研究会、教育科学研究会・身体と教育部会）のように、体育に対する特定の立場やイデオロギーに基づいて運動論的に体育授業の在り方に影響を与えようとするものではありません。

　いかなる立場や団体に所属する者であろうと、それぞれの授業実践に基づいて仮説的な理論を提案したり、あるいは仮説的理論を授業研究のデータに基づいて検討したりして、「よい体育授業」の実現に有効な知見を集積させていくことをめざしたのです。「よい体育授業」の実現をめざそうとする者であればだれでも参加でき、自由に意見が交換できるオープンな学会組織を創ろうとしたのです。

　しかし、これに類する学会組織として、すでに「日本スポーツ教育学会」や「日本体育科教育学会」が存在していました。そのうえになぜ「体育授業研究会」を立ち上げる必要があるのか、若干の戸惑いもありましたが、これらの学会組織の主要メンバーは大学の研究者であって、小中高の先生方の会員は少なく、現場の教師自身が授業研究を行い発表する機会が十分保証されていないという現実が、この会の発足の決め手になりました。

　このようなことから、大学の研究者が中心となる「学会」ではなく、現場の教師が中心となり、大学の研究者が連携・サポートしていくような「研究会」であれば、新しい組織を発足させる意義があると考えましたが、しかし今でも、この会が成熟し研究の質が高まれば、現場の教師が中心になる「日本体育授業研究学会」に発展すべきだと期待しています。

　このような発足時の基本的な考え方は現在まで貫かれており、会長も初代の

林恒明氏（元筑波大学附属小学校教諭）に始まって、藤井喜一氏（元東京学芸大学附属世田谷小学校教諭）へと受け継がれています（理事長も同様）。また、この研究会の会員は、長期研修生として授業研究を経験した現職教師、各地の民間研究グループで取り組んでいる教師、県や市の研究指定校で研究活動に取り組んでいる教師が中心です。このほかにも、各地方の教員養成系大学・学部に所属する体育科教育学の研究者やそこで学んでいる大学院生も多数会員であり、研究大会への参加者は近年では300名を超えるまでに発展しています。

[3] これからの体育授業研究に求められること

❶体育授業研究会の中心的な研究課題領域

　体育授業研究会での中心的な研究課題領域は、体育の「授業づくり研究」と「授業研究」の2つです[*1]。「授業づくり研究」であっても、現場の教師が中心となって行われる研究であれば、単に仮説的な授業モデルを提案するだけでなく、それに基づいて授業実践を試み、授業の実態をVTRに収録したり、学習成果をデータに残すなどの努力が払われるべきでしょう。

　しかし、この研究会の最大の関心領域は、当然「授業研究」にあります。授業研究は「授業の営みに関わった原則や法則を探究する研究」といえます。ごく一般的な例を挙げれば、仮定的に提案された授業理論に関わって、授業のプログラムを立案し、これに基づいて実験授業を試み、そこでの授業過程やこれに関連するコンテキスト変数、授業成果を記述・分析することによって、その授業理論やプログラムの妥当性を検証する研究があります。そこで適用される研究方法が量的か質的かの違いはあっても、授業の現象を対象に観察・分析する点において変わりはありません。また、授業研究に適用される研究方法には、記述・分析的研究、プロセス―プロダクト研究、多次元的研究、アクションリサーチ、多様な質的研究など様々です。

　さて、今後どのような授業研究が求められるでしょうか。

　2011年度より新学習指導要領の完全実施に入り、おそらく改訂の方針に沿った研究が行われるようになると予想されますが、あえて本音をいえば、授業研究はこのような卑近な問題を超越して、それぞれの学校や教師が抱える切実な

問題や悩みの中から研究課題を見出し、課題解決に最適な方法論を適用して行われるべきです。しかし、このようにいってしまえば本論に与えられた課題に応えたことにはならないので、私たちが近年進めてきた（あるいは進めようとしている）授業研究をいくつか紹介し、今後の研究課題に対するヒントにしていただければと思います。

❷体育のスタンダードの確立に向けた器械運動の授業研究

　これまでの体育科においては、経験中心主義がまかり通り、何をどこまで習得したのかを明らかにする努力が十分払われてきたとはいえませんでした。そこから、国際的に学習内容のスタンダードを確立し、その習得状況を客観的に評価する方法に大きな関心が向けられるようになっています。そのことは体育のアカウンタビリティーに応えることであり、体育の存在根拠を明確にしていく方策として捉えられています。

　わが国の新学習指導要領でも、学習内容をいっそう具体的に示し、その確かな習得をめざしています。今後は、各学校段階、各学年段階、各運動領域で最適のプログラムを適用すれば、何がどこまで習得できるのか、徹底的に研究する必要があります。これに関連して、私たちが器械運動の授業を対象に行った2つの研究例を示してみましょう。

　一つは、日体大に派遣された長期研修生の佐藤教諭[*2]と共同して、跳び箱運動の授業研究を試みました。指導要領解説では高学年の跳び箱運動に「大きな台上前転（基本技）」や「首はね跳び（発展技）」などが例示されていますが、良質のプログラムを適用して、どれほどの時間をかけて指導すれば、スタンダードとなる70％の達成基準を超えて習得させることができるかどうか検証しました。

　その結果、①回転系の技習得のために必要な基礎感覚づくりの学習（基礎学習）を毎時間実施し、②回転系の基本技（台上前転や大きな台上前転）を単元前半にスモールステップの学習によって確実に習得させ（基本学習）、③単元後半では能力に応じた課題選択学習（発展学習）を採用して全10時間かけて指導すれば、ほぼすべての児童が大きな台上前転を習得でき、87％の児童が首はね跳びを習得できました。しかも、児童による形成的授業評価も際立って

高くなったのです（5段階評価の5）。このような大きな成果を収めた要因として、①感覚づくりのための適切な下位教材を提供したこと、②基本技のスモールステップの学習段階を設定したこと、③それぞれの教材に関わった指導言葉の準備を周到に行ったこと、さらに、④それらが学習指導に確実に活かされたこと、が挙げられます。

　もう一つは、日体大の大学院生[*3]が東京都と千葉県の小学校の協力を得て行ったマット運動の授業研究です。中・高学年を対象に、特に倒立回転系の基本技と発展技に関わって下位教材と学習指導過程モデルを作成し、介入実験授業を通してその達成度を検討しました。

　2つの学校ともに低学年段階の指導が十分ではなく、半数以上の児童が壁倒立ができない状態から実験単元が始まりましたが、最終的には中・高学年とも、壁倒立と側方倒立回転については70％以上の児童ができるようになりました。しかし、これらの技の達成度は、高学年よりも中学年の方が顕著に高くなったことから、中学年の方が身が軽く、恐怖心も少なく、倒立回転系の技学習に対する適時性を備えていると推察できます。ただし、発展技のロンダートについては、高学年の達成率が高くなっています。高学年の能力の高い者は容易に側方倒立回転を達成し、その発展技であるロンダートやハンドスプリングに挑戦することができた者が多くいたためです。

　問題は最後までできなかったり、大きなつまずきを示した児童です。これらの児童は、両学年ともに基礎になるやさしい運動（特に体幹部の締めや逆さ感覚をねらいにしたコンパス、アンテナ、ブリッジ、ブリッジ片脚上げ、ブリッジ歩きなど）で大きなつまずきを示していました。器械運動についてはとかく技の達成に目が向きやすいものですが、技の指導に先だって、基礎的な感覚づくりや動きづくりの重要性が再認識されました。

　2つの研究を通して、適切なプログラムを適用して10時間程度の指導を行えば学習指導要領に示された内容は十分習得されることがわかったのですが、同時に、器械運動の技の学習に先だってやさしい類似の運動を通して基礎になる感覚づくりを行うことの重要性が確認されました。今後、それぞれの技の学習に先だってどのようなやさしい類似の運動を経験させるべきか、また、低学年段階でどのような運動遊びを経験させるべきか、これらの運動を運動学的視

点から選択・設定して、その有効性を検証するような授業研究が求められます。

❸ボール運動の教材開発と授業研究

　国際的にボール運動のカリキュラム研究や授業研究が活発に行われるようになっています。その理由は、体育カリキュラムにおけるボール運動の占める割合が大きくなり、しかも生涯スポーツ志向のなかで多種多様なボール運動が導入され、どの種目をどのような基準で評価・選択するのかが問われるようになったこと、さらに、それらのボール運動によって、何を学ばせ何を習得させるのかが従来きわめて不鮮明であったことにあります。

　このような問題の克服をめざして、新しい学習指導要領ではボール運動を「種目ベース」から「型ベース」にシフトして例示するようになっています。また、学習内容についても「ボールを操作する技能」と「ボールをもたない動き」を位置づけ、学習段階に応じて具体化する努力が図られています。しかし、各学年段階のそれぞれの型ベースの学習によって、とりわけ「ボールをもたない動き」がどこまで習得されるのか、データがほとんどないのが実情です。

　そこで私たちは[*4]、ゴール型の授業（バスケットボール）を対象に、小学校教師と連携して一連の授業研究を繰り返し試みてきましたが、人数に制限を加えた3対3のイーブンナンバーのゲームであっても、適切な「状況判断」や「サポートの動き」は難しく、単元過程では3対2のアウトナンバーゲームが不可欠であることを見出しています。

　また、ゴール型のボール運動に共通した「状況判断」や「サポートの動き」を積極的に学習できる簡易ゲームとして「サークルボール」を開発し、その効果的な適用方法や有効性を確かめるための授業研究を繰り返し行ってきました[*5]。これまでの研究によって、サークルボールの有効性は確認できましたが、現在、このゲームを通して児童がどのような戦術的行動を発見したり、ゲームで発揮したりできるのかについて検討しています。同様に、このような簡易ゲームでの学習が、ハンドボールやバスケットボールでの戦術行動にどれほど転移するのかについても検討したいと考えています。

　さらに、2010年度はベースボール型の授業研究を試みました。ゲームパフォーマンスの向上には、ボール操作の技能の発達も不可欠ですが、とりわけ

ベースボール型のゲームでは技能がゲームパフォーマンスの向上に大きな役割を占めています。そこで長研生の石塚教諭[*6]は、ボールをもたない動きにくわえて、投能力と打撃能力の発達にも焦点をあてて、児童にとって興味がもて、しかも技能習得に有効な教材・教具を開発し、単元（10時間）を通して授業前半にドリルゲームとして取り組ませました。その結果、遠投能力はクラスの平均で5.5m以上の伸びを示し、打撃フォーム得点でも有意な伸びを示しました。

このようなゲームパフォーマンスを確実に向上させ、子どもたちにボール運動の真の楽しさを味わわせるための教材開発に関わった授業研究が、今後さらに積極的に行われるべきでしょう。

❹わかる・できる・かかわることの関係についての研究

新しい学習指導要領において、体育の目標や学習内容の構造が、「身体能力」「態度」「知識、思考・判断」で捉えられたことから、現場ではこれらをより平易に「わかる」「できる」「かかわる」という言葉で表現するようになっています。

いずれにせよ、これらの学習内容が確実に指導され、大きな学習成果をあげることが期待されますが、危惧されることは、これらの内容がばらばらに指導されることです。それぞれの学習内容が独立して存在する側面がないわけではないとしても、運動学習の場合には、目的とする運動学習に統合的に指導・学習されるべきです。

私見では、「運動技術（戦術）の学習」を中核にして、この学習をいっそう意味深く効果的に進めるために「知識・思考・判断の学習」や「協力的・共同的学習」が展開されるべきと考えます。

技を達成すること、記録を達成すること、ゲームで勝利すること、ゲームで作戦を成功させること、おしなべて「できること（achieving）」が子どもたちにとって最大の学習目標であり、楽しさ経験を生み出す源泉です。したがって、子どもたちにとっては、この目標実現に向けて「わかり、考え」、そして「かかわる」という関係が成り立つはずです。このような関係を仮定にして統合的な学習指導過程のモデルを構築し、その関係的事実や学習成果を授業研究によって証明していくような研究を試みたいものです。

また、「わかる」と「できる」ということについても、運動学習においては「頭

でわかる」と「体でできる」という単純な関係が存在しているだけではありません。具体的にいえば、側方倒立回転の技術ポイントを頭で完全に理解したとしても、直ちにできるようになるわけではなく、体の動きとして表現するためには、基礎になる感覚が身に付いていなければなりません。頭でわかると同様に体でわかる（身体知）必要があるのです。したがって、技の習得のためには、技術を理解させる方法に加えて、基礎になる感覚を習得させるためのやさしい類似の運動を教材として提供する必要があります。

　このことから、さまざまな具体的運動技能に関わって、「頭でわかる」「体でわかる」「運動ができる」の関係について研究する意義が見出せます。このような意味で、今後は運動学や運動発達学の知見を生かしながら授業研究を進める必要があるでしょう。

［引用・参考文献］
*1　高橋健夫（1987）体育科教育学の構造．成田十次郎・前田幹夫編、体育科教育学．ミネルヴァ書房、p.30.
*2　佐藤孝祐・高橋健夫ほか（2009）小学校体育授業における首はね跳びの学習可能性の検討．スポーツ教育学研究29：1-15.
*3　中丸直也（2010）マット運動授業における倒立回転系の技の習得に関する検討．高橋健夫研究代表、体育科のナショナルスタンダード策定の試みとその妥当性の検証（平成19～21年度科学研究費（基盤研究A）研究成果報告書）：219-228.
*4　鬼澤陽子・岡出美則・高橋健夫ほか（2008）小学校6年生のバスケットボール授業における3対2アウトナンバーゲームと3対3イーブンナンバーゲームの比較─ゲーム中の状況判断力及びサポート行動に着目して─．体育学研究53：439-462.
*5　末永祐介・高橋健夫（2010）サークルボール教材の有効性の検討．高橋健夫研究代表、体育科のナショナルスタンダード策定の試みとその妥当性の検証（平成19～21年度科学研究費（基盤研究A）研究成果報告書）：336-345.
*6　石塚学（2011）児童が意欲的に取り組み、基礎的技能を身に付けるティーボールの教材教具の開発．平成22年度埼玉県長期研究教員報告書．

（『体育科教育』2011年5月号）

［注］本稿の初出「これからの体育授業研究に求められること」をここに再録するにあたっては、著者高橋健夫氏の他界に伴い、編者の責任において字句の一部を修正・補正した。

第1章-2

体育の可能性を拡げるために

桐蔭横浜大学教授　松本格之祐

［1］体育の授業で何が変えられるか

　これまでの経験から、体育は豊かな可能性、つまり多様な教育的価値をもっており、授業によって多様な価値ある目標が達成できると確信しています。以下、まず体育の多様な価値について述べてみます。

❶身体的可能性が拡がる

　昭和52年の小学校学習指導要領で教科の目指す方向が、体力向上から楽しい体育へと大きく転換しました。体力向上・技能向上を主要な目的とする体育から運動そのものを楽しむ体育になったのです。

　学習指導要領を補足する解説書もそれまでの約300ページから半分ほどに減りました。指導よりも支援という言葉が指導案で多く使われるようになり、教師の直接指導は好ましくないという風潮も生まれました。「運動ができる、体力を高める」ことで子どもを追い込み、「体育嫌い・運動嫌いを生み出している」という認識からこの大転換は実施されました。

　しかし、できるようになること、すなわち「身体的な可能性が拡がること」は、基本的に体育の授業で保障すべきことです。逆説的に言えば、何度取り組んでも少しも向上しない、達成できないとなれば、これほど楽しくない体育はないでしょう。

今回の学習指導要領では学習内容の明確化と学習成果の保障が謳われていますが、その中心に「できるようになること」を位置づけることができます。教師の一方的な押しつけにならぬよう気をつけながら、子どもたちの技能向上に取り組みたいものです。

❷自分自身への自信を持つ
　前項と密接に関連しますが、子どもたちが「できるようになること」によって「自分自身への自信を持つこと」が重要になります。
　教育は個々の子どもの優劣を明確にすることが目的ではありませんが、体育では各自の運動技能、パフォーマンスが一目瞭然なので、教師が意識するしないにかかわらず、子どもたちの中に優越感と劣等感を育ててしまいやすい教科です。その意味で、教師は特に技能的に遅れている子に焦点を当てた教材づくり・課題づくりに心がける必要がありますし、評価の方法にも工夫が必要でしょう。

❸仲間と豊かにかかわる
　かつて小学校3年生に鉄棒運動「こうもり振り下り」（両膝掛け下がり振り下り）の指導の途中で感想を書いてもらいました。その中に「助け合うこと」というタイトルで、「みんなが見ていてくれて、たすけあうことができるからこうもりふりおりはおもしろい」と書いた男児がいました。また、「なかまができるととてもうれしい、あとK君ができればもっとうれしい」と書いた女児もいました。
　授業の中でかかわりが必然的に生まれるような指導を心がけ、その上でかかわりそのものを評価し、より豊かなかかわりになるよう指導を心がける必要があります。その結果として、技能向上や学習の満足感がついてくると認識すべきです。運動学習を通して仲間と深くかかわるチャンスが他の教科よりもはるかに多い教科が体育なのですから。

❹運動や運動とのかかわり方を学ぶ
　鉄棒運動の後方支持回転を例に、子どもの運動とのかかわり方について考え

てみると、まず取り組む後方支持回転の動きと運動のポイントについての理解が必要です。また、実際の授業では、回転不足を補って最後まで運動を経験するために仲間の補助が必要になるでしょう。

さらに、後方支持回転に関連した運動に取り組むことも運動の達成に役立ちます。例えば、後方支持回転の準備運動として、同じ後方に回転する逆上がりが有効ですし、回転軸が固定されやすい肘支持後方回転（後方だるま回り）や膝掛け後方回転の学習によって後方への回転感覚を高めておくことも有効です。

子どもは運動学習を通して、運動の経験と体感による運動への理解、運動のポイントへの理解、課題解決に向けた学習方法への理解と活用といった、運動や運動とのかかわり方を学ぶことができるのです。

❺健康の維持・増進や体力の向上に寄与できる

健康の維持・増進や体力の向上は、社会から体育に強く期待されています。とりわけ今回の学習指導要領の改訂で小学校1〜4年および中学校の授業時数が復活した背景には、体育授業で体力の低下傾向に歯止めをかけ、反転攻勢を目指して取り組んで欲しいという期待がありました。

もちろん体育授業だけでなく、学校での教育活動全体を通して体力向上を図るとともに、地域や家庭とも連携しながら取り組むことになっています。しかし、全ての子どもに運動の機会が保障されているのは体育の授業だけです。したがって、まずは体育の授業を充実させることが大切です。

日々の授業の中で子どもたちに意識される目標・めあては具体的で個別的です。ですから、健康の維持・増進や体力の向上は、毎回の体育授業や毎日の生活の積み重ねによって可能になるのです。つまり、❶〜❹で述べたことの充実によって結果として達成されることになります。

[2]体育の授業を変えよう

私事ながら、50歳を過ぎて、これまで以上に授業を工夫する面白さを実感することができました。その経験も踏まえながら、授業を改善するいくつかの視点にふれてみます。

❶同じ種目・教材であっても目標が変われば授業は変わる

　小学校3年生のマット運動、6年生の水泳の授業で「シンクロ（集団演技）」を取り上げたことがありました。中間発表会、最終発表会に向けて意欲的な取り組みがみられ、楽しい授業になりました。2つの実践では、基本的に高めたい運動や動きを練習する時間を毎回設定しました。また、子どもたちは仲間と動きを合わせるために繰り返して運動に取り組みました。結果として個々の運動技能も十分に高めることができたのです。

　また、卒業を控えた6年生の3学期にクラス全員で取り組む活動を連続して取り上げたいと考え、長なわとび・マット運動・陸上運動といった多様な種目・領域を総括して「クラスでチャレンジ」という大きなテーマ（単元）を設定したこともありました。

　指導する時期や学級・子どもの実態等から目標を検討し、新たな取り組み・工夫のある授業にチャレンジすることもできます。

❷同じ目標であっても教材は多様に準備できる

　仲間づくりという目標での教材づくりについて触れてみます。10年くらい前のこと、体ほぐしの運動の登場に関連して、学級替えがあったばかりの2つのクラスでチャレンジ運動の実践に取り組み、仲間づくりに有効であることを検証したことがあります[*1]。集団的な達成感を味わうことのできる長なわとびの指導に着目し、クラスの一体感が生まれる取り組みの提案もあります[*2]。また、体育の授業では仲間との関係が重要だと考え、仲間とともに育つ体育の授業についてまとめたこともあります[*3]。

　掲げた目標に対する具体的な方策とその成果の確認こそ重要になります。

❸使う用具やルール等を工夫することで子どもたちの取り組みは一変する

　子どもたちが意欲的に取り組んでいる授業には、間違いなく教師の工夫がみられます。

　たとえば、ボールの大きさや空気の入り具合、素材、形状等の違いによって扱い易さやボールを受けた時の痛さ、弾み具合も変わってきます。長野県の澤田浩先生は、自作のボールで子どもたちの意欲的な取り組みを引き出していま

した。

　全チームが同じ長さのロープをそれぞれ結んで使用し、チームでロープの形状を考えることのできる「変身ロープリレー」(名古屋市の小島信行先生)の授業には、その卓抜なアイデアに思わず唸ってしまいました。

　出張授業で2年生のボール運動を指導する機会があり、教材としてシュートボールを取り上げました。目標として「全員シュート」と「投球力の向上」(3m先の的に当てることができる投力・コントロール)の2つを掲げました。「全員シュート」という目標の達成に向けた方策として、各人の最初の得点だけは10点として得点板の10桁の方の得点をめくるという方法をとりました。多く得点するためには、まだシュートを決めていない仲間にゴールを決めてもらう方が有利である、そのことによって多様なメンバーのシュートが生まれるだろうと考えたわけです。

　教師に問題意識があれば、子どもの学習意欲を引き出すアイデアは必ず見つかるものです。

[3] 私たちが体育の可能性を拡げよう

❶学生の実態
(a) 小学校全科を学ぶ学生

　北海道で小学校教員の免許取得を目指している男子学生が、鉄棒運動の前回り下り、踏切板付き・1段の跳び箱(高さは10cmほど)での台上前転ができませんでした。また、京都の女子学生も、踏切板付き・1段の跳び箱での台上前転ができずに涙を流しました。彼らは、できないことは無理をしなくてもよいという指導を受けて現在に至っていました。同じような状況のままで教師になった方の体育の授業では、このような学生を再生産しているのではないかと心配になります。

　出井雄二先生は『体育科教育』2011年4月号で、大学生が受けたダメな体育授業について報告しています。「それはないだろう!」と疑いたくなるような内容です。

表　スポーツ学部生のアンケート結果

領　域（種　目）	○	△	合計
陸　上（持久走）	38	46	84
ボール運動・球技（サッカー）	63	28	91
器械運動（跳び箱）	22	28	50
水　泳（水　泳）	57	39	96
武　道（柔　道）	11	10	21
表現運動・ダンス（ダンス）	13	6	19
体つくり等（なわとび）	29	7	36

(b)スポーツ学部の学生

　スポーツ学部生246名に私の授業で「私と体育の授業（小学校から高校まで）」というテーマで書いてもらったアンケートの結果があります。種目・時期と、○か△（○＝よい思い出、△＝よくない思い出）、どのような理由でそうなのか、ということを尋ねた調査です。主な種目とその結果を表に示します。

　表からは、スポーツ学部生であってもよくない思い出が多々あるという実態が見えてきます。サッカーを例にその理由をみると、

　　○：経験者から、教えてもらい上達した
　　△：ほとんどボールに触った記憶がない、接触プレーでケガをした

という内容が多くありました。

❷学習指導要領の改訂への意識

　ちょっと古いデータ（平成5年）ですが、学習指導要領改訂の趣旨を熟知していると答えた教員は小学校で2.0％、中学校で2.3％に過ぎず、かなり知っていると回答した教員を合わせても約3割程度であったということです。また、平成9年の調査でも同様の結果であり、改訂の趣旨をほとんど知らない教員も2割を超えていたということです。

❸体育の雑誌を読んでいるか

　勉強仲間の先生が、講習会に参加した体育主任20名とのやりとりの中で、月刊誌『体育科教育』を読んでいる先生が1人もいなかったことがわかってがっ

かりしたそうです。専門雑誌を読んで勉強しなくても体育の授業は問題がないということなのか、体育のリーダーの実態として悲しくなる話です。

❶〜❸をお読みいただき、どのような感想を抱かれたでしょうか。その程度だと思われたのか、それともちょっとひどいなぁと思われたでしょうか。

読者の先生方がご自身の授業を改善し、さらなる成果を上げていくことはとても大切です。一方、体育に関心を持たないおよそ9割（体育以外の教科・領域に所属）の先生方の体育の授業に対する取り組み方を変えていかなければ、体力の向上や体育の可能性を拡げるという目標は達成困難と言わねばならないでしょう。

そうであるならば、学校の教師に、教員を志望する学生に、もっと積極的に私たちから発信していく必要があります。それは、月別の指導内容の周知徹底であったり、学習カードの配布であったりするのでしょう。また、学生に体育の授業参観の機会を数多く提供することも重要で、そのために協力してくれる現場の教師とのつながりを密に保つ努力を払う必要があります。「よい体育授業」が一つでも多くの現場に生まれ、これによって子どもたちの育ちの姿を明らかにし、教員や保護者、一般の人々にまで体育の豊かな可能性を認識してもらいたいものです。

＊

2011年3月11日、未曾有の被害をもたらした東日本大災害が起きました。生きることが最優先される状況下でスポーツの優先順位は、決して高くありません。

その一方、仙台市で再開した書店に長蛇の列ができたというニュースが流れました。人間が人間らしくあるためには、生命を維持することに加えて、何らかの文化的活動が求められることの象徴であると感じます。その活動の中にスポーツが入ること、そのために大切な教科として体育が位置づけられる必要があります。

［引用・参考文献］
＊1 松本格之祐ほか（2002）体育授業における仲間づくりの可能性を検討する．体育科教

育50（13）：67-71.
*2 木下光正（2007）クラスの一体感が生まれる長なわとびの指導法．学事出版．
*3 松本格之祐（1995）仲間とともに育つ体育の授業．日本書籍．
*4 松本格之祐（2008）指導内容の明確化が体育教師にもたらすもの．体育科教育56（7）：14-15.

（『体育科教育』2011年6月号）

第1章-3

専門職コミュニティで身に付けるべき知識や技術の創出と共有に向けて

筑波大学教授　岡出美則

[1] 専門職コミュニティの必要性

　教育の専門家として教師が社会から認められるためには、専門職として備えておくべき知識や技術が生み出され、生み出されたノウハウが継承・共有されていく仕組みを持たねばなりません。研究会や学会などの専門職のコミュニティ（learning communities）はその重要な仕組みの一つです。「体育授業研究会」の存在根拠もこのような文脈に位置づくといえます。コミュニティの一員であることは、プロの教師に必要な条件の一つに挙げられています（Siedentop et al., 2000, p. 5）。

　また、専門職コミュニティの一員であることは、教師個人が備える知識や技術の妥当性・再現性がコミュニティの中で絶えず吟味されることを意味しますが、その意義は決して小さくありません。

　たとえば次のような場合です。

　良質な体育授業を生み出しているにもかかわらず専門職コミュニティに所属していない教師がいるとします。彼らは成果を収めるために必要な知識や技術を確実かつ緻密に使いこなしている場合が多い。しかし、自身の持つ知識や技能に自覚的でないケースも多いのが事実です。このような教師の場合、専門職コミュニティの中で自らの備える知識や技術の妥当性・再現性を吟味することによって、授業の質をさらに高めることができるでしょう。

他方で、専門科学や専門競技への理解が深ければ授業はできるので、専門職コミュニティに属する必要はない、という指摘もみられます。
　しかし、「大学で物理学を専攻していたので物理の授業は問題ない」「サッカー選手としてのキャリアを積んでいるのでサッカーの授業はできる」という考えは、安直で短絡的な発想です。教科内容の源泉である専門科学や専門競技の知見は重要であるにしても、授業のプロフェッショナルであるためには教科教育学における課題に目を向ける必要があるからです。
　教科教育学は、教えるに値する内容の確定、教えることの可能な教材の開発といった、専門科学とは異なる独自の課題を担っています。さらに、専門職として求められる知識や技能の学習には長い時間を要するがゆえに、専門職としての成長は生涯にわたるとの立場が今日では支持されています。
　実際、教師は、質の高い授業の実現に向け、必要な知識や技術を日々学習し続けています。それはまた、自らの依拠している知識や技術を常に問い直す過程でもあるのです。専門職コミュニティの中で創出される知識や技術は、この過程を支援してくれる有力な手がかりを与えてくれることになるでしょう。

［2］日本の体育授業の質を支えるもの

　世界の中で日本の体育授業を評価すれば、特に小学校の授業の質は全体的に高いといえます。しかし、個々人のレベルで見ていけば、質の高い授業を行っている教師は世界各国に数多く存在します。
　逆に言えば、日本にいるだけで誰もが質の高い授業を実施できている訳ではありません。教師は生まれるのではなく育てられるのであり、教師としての成長には、専門家の指導のもとで専門職としての知識や技術を指導されていくことが不可欠です。
　日本において良質な授業が生み出されてきたのは、教育の専門職コミュニティを維持・継承していく取り組みが日常的かつ継続的に営まれてきたからです。実践を通して獲得した専門職としての知識や技術が、専門職コミュニティの中で検証・伝達されてきたのです。
　もっとも、授業を営む力量を高めるにはとにかく経験を積むしかないという

指摘もあります。確かに、自ら実践を行ったり、人の授業を観察したりしながら学ぶことは必要ですが、しかしそこではどのような経験をどのような手順で積めばいいのかについては見えてきません。また、学ぶべきモデルとなる先人が、教えるべき知識や技術、さらには、その教え方を意識していないケースも多い。「目で見て盗め」というわけです。だが、学ぶべき知識や技術が膨大で、複雑である場合には、それを徒弟制度的な手法で学ぶことは、非効率的です。

　この問題を携帯電話端末の技術者にたとえてみましょう。

＊＊＊

　設計図がなくても携帯電話の金型が作成できるほど高度に熟練した技術者は、長い時間をかけて専門技能を身に付けてきたが、その技能の実態や伝え方が曖昧であるがゆえに、次世代に技術を効果的に伝え切れずにいた。その結果、熟練工の高齢化に伴い、ノウハウの伝達方法が問題になっていった。この溝を埋める試みが、科学の営みであった。

　匠の技を、モーションキャプチャーを使って再現し、伝えるべき技術の構造やその効率的な伝え方が次第に解明されていった。その結果、自信に満ちた新しい熟練工が生み出されていった。

＊＊＊

　質の高い体育授業を生み出す教師を育てるプロセスにも、このような試みが求められます。

[3] 教師の身に付けるべき知識や技術とその共有の仕方

　かつて、我が国で楽しい体育が志向されていた時期、授業の画一化が問題視されました。個性化、個別化が志向されているにもかかわらず、授業の進め方が画一化しているとの批判です。他方で、授業のマニュアル化が没個性的な授業を生み出すとの批判が示されました。しかし、このいずれもが、専門職の育成という観点からみれば生産的な議論ではありません。マニュアル化を進めることで専門職として身に付けるべき知識や技術が明らかにされていきますし、また、それを身に付けていく手続きの検討も可能になるからです。

　他方で、英語圏では当時すでに授業の進め方は授業の目的に対応して多様で

あり、一時間の授業が同じ進め方で展開されるわけではなく、エピソードという単位で展開されることが指摘されていました。

同時に、2000年を前後する時期には、成果の出る授業では教師が意図的かつ積極的に授業を展開していることを裏付ける研究成果が示されていきます。そこでは、教師の自己効力感や価値観、授業の計画やモニタリング、相互作用といった教授技能、生徒理解、さらには省察能力が、授業の成果を大きく規定していることが指摘されていました（Silverman et al., 2003）。

また、目的に応じた学習指導やカリキュラムのモデルが提案されるとともに、教授技能の習得を促すテキストも出版されるようになっていきました（Graham, 2008; Lund et al., 2010; Metzler, 2000; Siedentop et al., 2004）。それは、授業中の教師の行動が複雑に構造化された知識や技能によって支えられていることが明らかにされていった過程でもあります。

その結果、専門職としての成長過程において幅広い知識や技術を意図的に学習させる必要性やその手続きが意識されるようになっていきます。また、我が国でよい体育授業が語られてきた時期、すでに「効果的な授業」が問題にされていました。目標の達成度という観点から授業の成果を評価し、授業の改善を図るという意図がそこにはみられたのです。

しかし、教師教育に関する研究は、教師として身に付けるべき知識を暗記させたり、技術向上に向けた機械的な反復練習を強要したりしたわけではありません。むしろ、自らの実践を正当に根拠づけることのできる省察能力の育成を求めることになりました（Schulman, 1987, p. 13）。教師が自らの経験を超えた学習指導を展開することが難しいためです。

教師を志す大学生だからといって授業研究の成果を即座に受け入れられるわけではありません。その人が持つ信念や価値観は、科学的な知見を受け入れる際の促進剤にも抑制剤にもなるためです。逆に言えば、個人の知識や価値観の妥当性を問い直す機会を意図的に設定することで、科学的な知識や技術を受け入れることになると考えられます。

実際、大学生が模擬授業や実際に学校で行われている授業の観察を通して、学習者が変わりうるといった認識をもったり、適切なフィードバックをする際の知識の必要性を認識するようになったりします。あるいは、学習者の立場に

立つ必要性を実感していくことになります。

　このような認識を促すには、一定の手続きを踏まえた、意図的な省察過程が必要になるのです。そのため、アメリカでは、教師の成長段階が複数設定され、各段階に応じた教師教育の課題や方法が提案されています（Graham, 2008, pp. 215-218）。また、教師の卵や初心者に対して期待する資質、能力の中に授業の省察能力が一貫して位置づけられてきています（NASPE, 2009）。

　加えて、省察のレベルや方法が複数存在することや効果的に省察を促す方法についても提案されるようになっていきました。例えば、指導主事が教育実習生に対して省察を促す際には、①多面的なデータ収集を促すこと、②様々な指導法を受け入れさせることが必要であると指摘されています。後者に関しては、特定の手続きがなぜ用いられなければならないのか、また、その手続きの長所や短所は何か、あるいは、その代案としてはどのような手続きが想定できるのかを教師の卵たちが考えるように、指導主事は励ますべきであると指摘されています。

　さらに、そのためには、実習生に対して発問することや実習生が自信をもてるようにする方法を用いることが提案されています（Tsangaridou et al., 1994）。例えば、初心者がスポーツ教育モデルを用いる際には、指導内容に関する専門的知識への不安を軽減するために、自分の得意なスポーツを用いて始めた方がいい、といった具合です。

　実際、非専門の内容領域では、単元中に用いる活動に関心が置かれます。しかし、専門としている内容領域に関しては、生徒の動機に関心を抱いたり、個人差への対応ができたり、熱意がもてるといいます。また、専門家は、領域固有の幅広い知識に短時間で効果的にアクセスできるともいいます。そのため、生徒に合わせた内容を教えることのできる知識を発達させていくために、①学校という文脈内で生徒が教材をどのように学習していくのかを知ること、②実際に教える経験を積むこと、③経験豊かな教師によるメンタリングを受けること、④教える内容に関する重要なアイデアを学習することが必要になるといわれています（Rovegno et al., 2003, p. 428）。

[4] 研究成果の伝え方を検討することの必要性

　もっとも、様々な研究会に参加したり、同僚に指導されたり、専門書に目を通したりしてもその内容が理解できない、という指摘もよく耳にすることです。このような状況を改善するには、研究成果の伝え方に配慮する必要があります。オサリバン（O'Sullivan, 2007, p. 253）は、読者にわかりやすい研究論文を書くために、①背景／文脈、②目的／研究の焦点、③研究のデザイン、④セッティング、⑤参加者／人数、⑥介入方法／実践（適用された場合）、⑦データの収集、分析方法、⑧結果、⑨結論／提案に分けて報告することを提案しています。

　専門職としての成長に必要な知識や技術を、先人の遺産を踏まえながら、専門職コミュニティとしてどのようにして創出し、共有化していくのか。このような問題意識が専門家集団の中で共有されていくことがますます求められるのではないでしょうか。

[引用・参考文献]
○Graham, G. (2008) Teaching Children Physical Education. 3rd ed. Human Kinetics: Champaign.
○Lund, J. and Tannehill, D. (2010) Standards-Based Physical Education Curriculum Development. 2nd ed. Jones and Barttlett Publishers: Sudbury.
○Metzler, M. W. (2000) Instructional Models for Physical Education. Allyn and Bacon: Boston.
○NASPE (2009) National Standards & Guidelines for physical education teacher education. 3rd ed. AAHPERD Publications.
○O'Sullivan, M. (2007) Research quality in physical education and sport pedagogy. Sport, Education and Society. 12 (3): 245-260.
○Rovegno, I., Chen, W. and Todorovich, J. (2003) Accomplished Teacher's Pedagogical Content Knowledge of Teaching Dribbling to Third Grade Children. Journal of Teaching in Physical Education. 22: 426-449.
○Schulman, L. S. (1987) Knowledge and Teaching: Foundations of the New Reform. Harvard Educational Review. 57 (1): 1-22.
○Siedentop, D. & Tannehill, D. (2000) Developing Teaching Skills in Physical Education. 4th ed. Mayfield: California.

○Siedentop, D., Hastie, P. A. and van der Mars, H. (2004) Complete Guide to Sport Education. Human Kinetics: Champaign.
○Silverman, S. J. et al., (Eds.) (2003) Student Learning in Physical Education. 2nd ed. Human Kinetics: Champaign.
○Tsangaridou, N. & O'Sullivan, M. (1994) Using Pedagogical Reflective Strategies to Enhance Reflections Among Preservice Physical Education Teachers. Journal of Teaching in Physical Education. 14 (1): 13-33.

(『体育科教育』2011年7月号)

第1章-4

哲学の視点で体育の授業を考えてみる

早稲田大学教授　友添秀則

［1］集団疎開と「つき殺すお稽古」

　2011年3月11日は、私たち日本人には決して忘れることができない日になりました。午後3時少し前に発生した大地震とそれに続く津波は多くの人々の命を奪い、家や財産を失わせ、未曾有の被害をもたらしました。福島の原子力発電所を襲った津波による事故は、被害に打ちひしがれた人々を一層不安に陥れました。そして、放射線による被曝を避けて、多くの人たちが後ろ髪を引かれる思いで故郷を後にしました。特に、放射線による被曝は子どもに甚大な影響を与えるので、子どもたちを集団で避難させる集団疎開が提案されました。

　実は、六十数年前の第二次世界大戦下の日本でも、都市部での空襲による戦火を逃れて、多くの子どもたち（小学生）が父母のもとを離れて、集団疎開をしたことがありました。次の作文は、昭和19（1944）年の夏、集団疎開をした9歳の子どもの絵日記の一部です（読みやすくするために原文を現代文にして、適宜、ひらがなを漢字に変えています）。

＊＊＊

　今日は全校鍛錬日だ。いつもとかわって白兵戦技をやった。岩丸先生が色々なお話をして下さった。それから向こう列の人をおぶって走ったりした。その次は、あくざわ先生の手榴弾（しゅりゅうだん：手で投げる小型爆弾のこと、筆者注）投げだ。小さいボールを手榴弾の代わりにして…（中略）…でっかいボールを敵の頭だと思っ

て投げた。思いっきり投げたがなかなか当たらなかった。今度は交代して八くわ先生のところへ行った。木刀で殴り殺すお稽古だ。右構えや左構えなどをした。またしばらくしてから、今度は石田先生のところに行った。みんな裸になった。今度はつき殺すお稽古だ。ひたいで前の人の胸のところを押して手をわきの下に入れぐっと踏ん張って押すのだ。もう一人の人はそれをぐっと踏ん張るのだ。それも終わって、今度は…（中略）…つき殺すお稽古だ。よしかど先生は「まだまだいる。つけつけ」とおっしゃってとても面白かった。疲れたが一人でも多く敵を殺そうと思った。

＊＊＊

　さて、一読してどのようにお感じになられるでしょうか。作文の末尾には、「よくがんばりましたね」と先生の感想が付されています。この文章は、体育・スポーツ研究者の中村敏雄氏が、中根美宝子氏の『疎開学童の日記』（中公新書、1965年）から自らの著書（『教師のための体育教材論』創文企画、1989年）に引用されたものです。

　同書で中村氏は、教師が「小さいボール」を手榴弾と思わせ、「でっかいボール」を「敵の頭」と思わせながら、ボール投げを戦闘技術として指導し、それによって「一人でも多く敵を殺そう」と思う子どもたちを指導していると強く批判しています。教師の思いや指導の仕方ひとつで、「敵をつき殺すお稽古」を「とても面白い」と思わせたり、「ボール投げ」で「一人でも多く敵を殺そう」と思わせたりすることができるということです。

　もちろん、今は時代が違いますから、このような不幸な出来事はあってはならないですし、二度と起こらないと思います。しかし、このことを今の私たちの体育実践に引き寄せて言えば、教師の思いと指導のやり方によっては、まったく想定もしない子どもを育てることになってしまうし、またそのような実践でも、子どもに「面白い」と思わせたり、「楽しい」と言わせたりすることは、それほど難しくないのかもしれません。

　この作文の中の実践は、当時の社会的ニーズに合致した「よい実践」で、かつ「素晴らしい実践だった」と言えるのでしょう。でも、この実践が当時の社会や実践者本人にとって、たとえ「よい実践」だったとしても、今という時代から考えてみれば、間違った実践であることだけは確かです。でも、時代や社会のありようによって容易に変わってしまう「よい」とか「素晴らしい」の内

実とは、いったい、どのようなものなのでしょう。

[2]体育の授業研究と教師としての哲学

　ところで、日本では戦後の混乱期を除いて、戦前の教育の反省からか、現場の授業者を中心とした授業研究は比較的早い時期から活発に行われてきました。体育も例外ではなく、体育のカリキュラム研究と絡めて、実際の体育授業をどのように行うべきかについて、小さな教師の研究グループから全国規模の民間教育研究団体に至るまで盛んに行われました。

　しかし、1980年代に入って以降、特にアメリカの教授学や体育科教育学の研究に触発されて、それまで中心を占めた授業を通しての授業者の主観や経験の積み上げ式の研究や、研究者側の一定の考えや仮説を具体的に授業に降ろすことを前提とした研究から、行動科学の手法に依拠した体育の授業研究が積極的に行われるようになりました。

　授業の名人と評される人には、いったいどんな秘訣や秘密があるのだろう。もし秘訣や秘密を明らかにして、それを教授技術として抽出して学べば、どんな人でもうまい授業ができるのではないか。そこにはこんな問題意識がありました。

　大学の研究者と授業者が一体となって、授業中の教師の行動を観察記録し、うまい授業の秘訣を徐々に明らかにしてきました。と同時に、子どもたちの授業での行動も分析の対象として、現場と大学が、授業者と研究者が一体となって、よい体育授業の秘密探しを懸命に行ってきました。

　これらの研究を提案して主導したのは、筑波大学におられた高橋健夫先生ですが、本会の草創期のメンバーの多くがこの一連の研究の中で授業者として、あるいは研究者として鍛えられていきました。今では多くの人が知っていることですが、よい体育授業は、教師が明るい雰囲気と授業の勢いを作り出し、子どもたちと肯定的な相互作用を行いながら、運動学習場面の時間量をしっかり保障することによって可能になります。もちろん、よい授業を創り出すための具体的な教授技術も概ね明らかになってきました。

　このような行動科学的アプローチに立った研究の登場は、研究者が体育につ

いての特定のアイデアを現場に伝えそれを授業者が実践して、その後の授業研究会では研究者サイドに立った主観的な議論をしておしまいという、それまで往々にして行われがちであった授業研究の風景を一変させるものになりました。膨大な数の授業実践を、統計学的手法を駆使して明らかにする授業の客観的事実の前では、思い込みや恣意が入り込む余地はなくなったということです。

言うまでもなく「よい体育授業」とは、目標が十分に達成され、学習成果が上がっている授業です。しかし、個々の体育授業の目標もそうですが、それを規定するより大きな体育の目標（教科レベル）や何をこそ教えるべきかという教科内容は、体育に対する基本的な立場や考え方によっても異なりますし、先にみたように、時代や時々の社会によっても大きく異なる場合があります。

体育では何をどのように教えるべきか、それはなぜか、このような価値的な事柄は、子どもたちや私たちが生きている今という時代や社会をどうとらえ、これからの人々や社会がどうあるべきかを考えることなしには決められません。言葉を換えて言えば、子どもたちの前で対峙する私たち教師の世界観や教育観、授業観、信念、つまり教師としての哲学を抜きにしては考えられないのです。

[3] よい体育授業に必要なもの

さて、多くの教科で採用された授業研究における行動科学的アプローチは、授業の価値的な問題を扱わないとはいえ、ブラックボックスだった授業の秘密を少しずつ明らかにしてきました。

しかし同時に、いくつかの難問も浮かび上がらせるようになりました。このような教授学における問題状況は、体育における授業研究でもまったく同じ状況を生み出しました。授業を克明に観察記録しても、また単元や授業の前後で学習者から授業評価をいくら汲み取ってみても、どうして授業者があの場面であのような行動をとったのかの説明がうまくつきません。

「バスケットボールを教材にせっかくうまく授業が進んでいたのに、どうしてあの場面でグループを解体してしまったのだろう」

「授業の中盤で、どうして子どもからの感想をあんなにうまく引き出し、後半の学習の盛り上がりに活かせたのだろう」

2000年頃を境に、今述べたような、体育の授業で授業者がどのように意思決定を行っているのかという問題に研究の関心が移るようになってきました。また、授業でうまく意思決定を行ったり、成功裡に授業を進めるために必要な教師の知識とはどのようなもので、それを授業でどのように活用しているのかということに、授業研究のパラダイムが移りだしました。

　これは、膨大な数の授業を観察記録して分析するよりも、むしろいくつかの典型的な事例や授業実践を対象に、そして時には授業そのものや授業づくりに研究者が介入しながら、研究者と実践者とが共に質的な側面から授業研究を行う必要を生じさせるようになりました。

　私たちの研究会の仲間も、「こんな体育の授業を創りたい」という思いを共有する研究者と実践者とが、授業研究という場で、ある意味では共同的な社会実践とも呼べる取り組みを行ってきました。このようなプロジェクトは、私たち自身は特段意識してきませんでしたが、今思えば「アクションリサーチ」と呼ぶことができると思っています。

　さて、このような質的分析を中心にした授業研究で何が分かってきたのでしょうか。もちろん、熟達したうまい体育の先生は、教材や授業の進め方についての豊富な知識と目の前のクラスの個々の子どもについての具体的な知識を持っていることがわかってきました。と同時に、授業改善のためには、何よりも日々の授業を反省したり、省察することの重要性も明らかになってきました。しかしそれ以上に、よい体育授業を展開するには、授業者である教師その人の学習観や授業観、教育観などの信念や哲学が大きく関係することも明らかになってきています。

[4] 鳥の目になって授業をみる

　今、私たち教師は大変な時代を生きています。時代の流れや社会の変化が速く、多忙な毎日の中で、教師である自分や子どもたちが今どこにいるのかを見失いがちになってしまいます。それ以上に、教育の在り方が揺れています。と同時に、授業を行う基点となる授業論の定点もよくわからなくなってしまっています。日々感じておられると思いますが、どのような授業論やスタンスで授

業を進めればいいのか、迷うばかりの毎日です。

　権威づけられた絶対的な知識を教師が伝え、子どもがそれを学ぶという長く信奉された授業観が揺らぎだして随分時間が経ちました。現実の荒れる授業や授業不成立という事実の前で、また他方で、一層進展する知識基盤社会の中で、古くなれば使えなくなっていく知識を教えることよりも、意味の理解を重視した機能主義的な学習論が前面に出てきました。いわゆる「ゆとり教育」は、この機能主義的な学習論を基盤に据えています。

　「教え」から「学び」へ、「教師中心」から「子ども中心」への転換、学習への子どもの積極的な参加、知識や技能は子どもが一定の集団の中での経験を通して構成されるものであるとする「社会的構成主義」に立った学習論が教育理論の中心を占め始めて少しく時間が経ちました。体育の授業実践にも、構成主義の授業論は有形無形の影響を与えてきています。今、自分の授業をどう描くかという、教師としての哲学を持たないと前に進めない時代になりました。

　授業は、一定のマニュアルに沿って作業のように済ませてしまえるほど容易なものではありません。再現することができない一回限りの授業は、そして他のクラスに置き換えられない、私の今目の前にいるこの子どもたちとの授業は、まさに作業ではなく「実存的な実践」に値するものでなければなりません。何がよいのかをいつも吟味し、拙くとも教師としての自分の力量と経験をフル回転させながら授業を行っていくことが必要です。

　このような時代だからこそ、自分の授業と教師としてのこれからの生き方を方向づける哲学が何よりも求められます。日々の体育授業に埋没しているだけでは、自分と子ども達のいる場所はよく見えません。広く見渡せる鳥の目を持ちながら心を開き、多くの仲間たちと問題意識を共有して、仲間の素晴らしい実践に感動し、体育の本だけではなく、自分の果実となる多様な良書を相手にまずは自問自答を繰り返し、自らの教師としての哲学を鍛えていくことが、よい体育授業を創り出す確実な道であるように私には思えてなりません。

　よい体育授業を創ろうというモチベーションを維持しながら、冷徹に教師としての哲学を鍛えていくことは大変なことですが、それは何よりも体育を愛する熱い気持ちと授業研究を共に支え合う仲間がいればこそ可能になるのではないでしょうか。

［引用・参考文献］
- 秋田喜代美（1992）教師の知識と思考に関する研究動向．東京大学教育学部研究紀要32：221．
- Dodds, P. (1994) Cognitive and behavioral components of expertise in teaching in physical education. Quest. 46 (2): 149-152.
- 中井隆司ほか（1999）体育授業における教師の知識と意思決定に関する研究―再生刺激法による体育授業研究の試み．スポーツ教育学研究19（1）：87-100．
- 中村恵子（2007）構成主義における学びの理論―心理学的構成主義と社会的構成主義を比較して―．新潟青陵大学紀要（7）：167-176．
- Tsangaridou, N. et al. (1997) The role of reflection in shaping physical education teachers educational values and practices. Journal of Teaching in physical education. 17: 2-25.

（『体育科教育』2011年9月号）

第1章-5

私の歩んだ授業研究の道程から今後の実践研究の課題を考える
——授業研究に取り組もうとするみなさんへ

白鷗大学准教授（元東京学芸大学附属世田谷小学校教諭）　内田雄三

「小学校教員になりたい！」という夢をかなえたのが28年前。この間、体育授業研究会とともに多くの時間を過ごしてきました。会の発足から18年、前身の会への参加も含めると20年以上経つことになり、本会の存在は私の体育授業研究に大きな影響を与えてくれています。本稿ではこれまでの取り組みを振り返り、今後の授業研究への期待を述べてみます。

[1] 他者の評価に一喜一憂した頃

　教師1年目から数年は先輩からの助言を忠実に実行しようと躍起となり、なりふりかまわず子どもたちと毎日格闘していました。
　この初任期に幾度も研究授業をする機会をいただき、特に1年目は国語と算数を1回ずつ、体育を3回と多くの経験を得ることができました。校内向けの授業にせよ研究発表会にせよ、研究授業の意味や意義など考える余裕はなかった、と今になって思います。予定日までに学習指導案を仕上げて授業に取り組み公開の日を迎える、そんな状況でした。研究協議会では学習指導案への注文や授業への厳しい評価をもらい、反省というよりは落ち込むことの繰り返し。2、3年が過ぎても「自分は成長しているのか」「このまま教員を続けていけるのか」と悩む。それでも子どもたちとの生活は楽しくやりがいのあるものでした。

当時を振り返ると、私は研究授業を自分のためには行っていませんでした。むしろ与えられた場をこなすことだけで精いっぱい、授業に対する主張や思いより他者からどのように観られたかという評価に気を取られていたように思います。褒め言葉に安堵し厳しい指摘に怯えていたのです。ですから、自分の授業を振り返る視点を他者評価に依存しているのは当然で、誰かからの評価を気にしてそれらを自分の授業評価としていたのです。

　ただこの時期には体育だけでなく、授業や教材研究についての雑誌や書籍を夢中になって読んでいたことも記憶にあります。何かをやらなければ、との思いでもがいていたのかもしれません。

　そんな頃に民間の研究サークルに参加し授業について考える場をもったことは、それまでの自分から一歩前進した気もします。さらに数年後、前身の「体育の授業を創る会」に初めて参加したことも刺激となりました。会場は筑波大学の体育科教育学研究室、大学教員と現場教員が会の名称通り体育授業を正面から議論する姿に圧倒されたことを覚えています。私は体育授業のことをそこまで真剣に考えていたかと考えさせられたと同時に、議論を聞きながら自分の中にある知識や情報が、少しずつ具体的になったり組み合わさったりといった成果も実感できました。会で知り合った先生方に授業参観の機会を作ってもらい、大学院生諸氏と連絡をとって授業を観に来てもらい、体育の授業づくりについて議論することもできました。

[2]自分の授業を「主体的」に評価した頃

　それ以後、この会が「体育授業研究会」として新たに発足した頃、私の目標は授業に自分の主張を持つことと、仲間の考え方に触れることでした。また、そうした自分の主張を裏付ける手立てを探っていました。

　そんな時に授業評価法、例えば単元前後の児童の変容を評価する診断的・総括的授業評価法、毎回の授業を評価する形成的授業評価法と出会います。この方法は必ず自分の授業づくりに生きるはずだと感じ、早速知り合いの先生から助言をもらって授業評価に取り組むことにしました。毎授業後の形成的授業評価は、子どもたちが本時の授業をどう受け止めたか、もし評価が厳しければそ

れは何に起因しているのかなど、さまざまな授業の事実を明らかにしてくれました。さらに「この項目についてもう少し詳しく知りたい」という時には、該当の項目についてコメントを子どもたちに書き加えてもらいました。こうした取り組みによって、授業における自身の傾向が見えてきたのです。

　40歳を間近にした頃は「子どもとともに考え実現する体育授業」という理想の授業像を描いていました。客観的なデータから見える授業の事実への興味とあわせ、さらに追究したい授業の仕掛けや仕組み、学び手である子どもたちの変容や心の動きも知りたくなりました。子どもたちの思いや願いを受け止め、私自身の考えをすりあわせ、柔軟に授業を考えていくことに興味関心が向いていたのです。教師が目の前の子どもとともに授業を創り続ける、そんな理想に近づこうと思えたのは、授業研究を通して少しずつ子どもたちの動きを見る視点をもてたことや、それらを支える自信が生まれたからだと思います。その挑戦は大変やりがいのあるものでした。

　この時期に取り組んだことを二つ紹介すると、一つ目は細越淳二氏（研究委員長・国士舘大学）、松井直樹氏（さいたま市教育委員会；当時、現在東京学芸大学附属大泉小）とともに始めた「学級経営と体育」に関わる研究です。これまでよく語られてきた「学級経営のうまい先生は体育授業についても力があり、その逆もまた言える」との言説を、教師と子どもとの関わりの実際から明らかにしようと試みるものでした。

　また、鈴木理氏（日本大学）他大学院生らと取り組む「授業者自身による授業研究」では、授業者が授業前後あるいは最中に何を考え子どもとともに授業を進めているのか、授業者自身の語りを重視した研究を進めています。ある教授行為（例えば「あの時の○○君へのサポートは……」）には日頃の学級経営や子ども理解を理由とした授業者の思いがあり、それらに焦点化した研究の必要性を感じています。

[3] 多様であってよい授業研究

　あくまで私の例ではありましたが、初任から現在までの長い時間の中で興味関心が移り変わり、そのことが授業研究への意識の変化に反映していることが

うかがえます。教師の年代は幅広く、興味関心も多様であり授業研究のとらえ方もかなり異なっているでしょうから、授業研究へのアプローチは多様であってよいと考えられます。その教師がその時に知りたいことを研究対象にして授業研究に取り組む。こうしたスタンスで授業研究をとらえることが大切なのではないでしょうか。

　授業研究という言葉は、多くの教師に高い壁を感じさせてしまうかもしれません。しかし、日々繰り返される子どもとの生活の中心は授業であり、そこには教師と子どもがいます。授業の中で自身の教え方や子どもの反応について悩んだり戸惑ったりすることは、年齢の別なく多々あることです。自分が抱く小さな問いに、授業研究へのヒントが隠されている可能性があることも考えておきたいものです。私たちが考え続けていきたい「よい体育授業」の在り方は、それらを視点にして取り組む授業研究によって明らかになるものと考えています。

[4]これからの授業研究

　これまで多くの研究会や研究発表会に参加して、比較的似たような場面に出会ってきました。いくつかの授業が公開されるものの、それぞれの授業についての協議の場がない（ほとんどない）ことです。実際に授業を公開した先生方はどのように考えているのでしょうか。「せっかく授業を公開したのだから、自分の授業について検討してほしい」と願っているのではないでしょうか。参会者は参観した授業について自分の授業観や授業の事実に対する考えを授業者に問いたいのではないでしょうか。短時間では語り尽くせぬ授業者の思いや子どもたちへのまなざしにも、興味があるのではないでしょうか。私ならそうした語りをじっくり聞いてみたいものです。授業者と参会者が目の前で起きた授業の事実を巡って繰り広げる議論には、現場教員の力量向上へとつながる内容があると考えています。教員の年齢や経験年数、興味関心等の違いによりそれぞれのニーズは異なるでしょうが、授業研究をどのような視点で進めればよいだろうか、いくつか考えられる取り組みを紹介したいと思います。

❶「知りたい、やってみたい」と思うことにチャレンジする

　例えば「教材づくり」を視点にしてみます。以前から私は低学年の鬼遊びの教材化に興味を持っていました。ボールゲームにつながる動き方や身体操作の可能性を鬼遊びに感じていたのですが、例えば単元全体を通して鬼遊びを取り上げるような先行実践を見つけることが難しく、次の一歩が踏み出せませんでした。それならば「鬼遊びのよさを生かした教材を作ってみよう」と考え、「たからじまゲーム」（内田・吉永、2006）という低学年向けの教材を作りました。何年か試行錯誤を繰り返し、子どもたちの姿から修正を加えゲームを創っていく取り組みを通し、教材づくりに終わりはなく、また子ども（または学級）によって異なったアプローチが必要であることも見えてきました。次の授業づくりの大きなヒントを得られる新たな教材づくりの営みは授業研究の成果の一つと考えられます。

❷自分の理想の授業を求めて

　体育に限らず「授業の名人」と呼ばれる教師がいます。その授業を観るために授業会場は満杯状態となり、声だけが聞こえて授業の様子は見えず、といった話も聞きます。また授業会場から出てくる参会者の表情を見れば、その授業の成否のおよその見当がつきます。いい表情で会場を後にする参会者からは、よい時間を過ごした満足感が感じられるものです。

　いずれにしろ、私たちが真似をしてみたいと思える授業にはいくつかの要因があります。その要因を明らかにしてくれたのが先述の授業評価ですが、「こんな授業をやってみたい」と思えるような授業に出会う機会を積極的に自らが作っていく必要があるでしょう。

　多くの授業に立ち会いその授業の雰囲気や事実を共有することで、さまざまな問いが生まれ、それらを授業者に問い、自身の考えとの整合性を図る営みは、教員を続ける以上ぜひ続けていかなければなりません。またその取り組みを通じて理想の授業の姿を思い描くことは、授業研究への意欲を持ってさえいれば実現できることです。

❸「教える─教えられる」からの脱皮

　これまで見聞きした大学教員と現場教員の関係は、教える側の大学教員と教えてもらう側の現場教員という図式によって成り立っていたようです。

　その点、本会所属の大学教員は、体育授業に関する知識を得よう、新しい知見を生み出そうと意欲的です。また授業者と共同（協働）し、よい体育授業を実現したいと願っています。その意味から考えると、「教える─教えられる」という両者の関係が変わると、どんな可能性が広がるのでしょうか。おそらく授業研究の進め方にも変化が生まれるのではという期待を持っています。

　例えば大学教員に情報提供やアイディアの創出といった役割を担ってもらう。現場教員は子どもの実態把握に努め、両者がそれぞれに想定する授業像を交流しながら授業実践を作り出していく。両者はそれぞれの立場で大いに議論するといいでしょう。互いに遠慮しながらの授業実践では、本当に知りたいことや明らかにしたいことが語られず、それぞれの力が発揮されないまま授業だけが予定調和的に進行していくことになります。大学教員と現場教員が「私たち」の授業実践として双方の持つ力を注ぎ込んでこそ、両者が成長し合う関係となるはずです。

❹授業実践を整理しまとめ報告する

　タグラグビーやフラッグフットボールの授業は今や多くの学校で実践されていますが、私たちが授業研究に取り組んだ1997年頃はまだまだ先行実践が少ない状況でした。それでも当時筑波大学技官だった日野克博氏（愛媛大学）とともに、数少ない先行実践を検討しそれらの成果や課題を整理しました。その検討をもとに、本実践で明らかにしたいことや実践上の新しい視点を踏まえて授業研究に取り組みました。

　次は実践終了後の取り組みです。当時筑波大学の大学院生だった吉永武史氏（早稲田大学）を加え授業記録や映像や学習感想、作戦図といった資料を分析し、それらの結果を吟味整理する作業を続けました。結果として一つの論文（内田他、1999）が完成したわけですが、その成果もさることながら自身の授業実践を整理する機会を得たことは、以降の授業研究に大きな推進力を与えてくれました。論文でなくても報告書やレポート、レジュメ1枚でもかまいません。

自分の実践をまとめ研究会や研究サークルといった場で実践報告することは、積極的かつ主体的に他者の評価を得るという意味で重要な取り組みです。また、自分の実践を客観的に見つめ直すことで、実践中に気づかなかった手立てや理解できなかった子どもの言葉の中に次の実践の鍵を見出すこともできます。一度自分の実践を離れて見つめ直すことから、次の実践への足掛かりをつかむチャンスが生まれると考えています。

[5] 今後望まれる授業研究の姿

今後は授業者と研究者が授業における子どもの姿をともに継続観察する授業研究にも注目したいものです。例えば、子どもの語りやつぶやきを教師がどのように解釈し子どもへの関わりに反映させたか、また子どもの何を見取りどう授業を運営しようとしたか、また当の子どもは何を考え行動したかなどを、授業者や子どもの言葉や行動、それらを生み出した思いなどを解釈するような研究です。根気と時間を注ぐだけの意味はあると思いますが、いかがでしょうか。

授業は教師と子どもという人間同士が織りなす営みです。授業者と研究者双方にとって有意義な研究にこそ授業研究の醍醐味があると考え取り組みたいものです。

[引用・参考文献]
○内田雄三・吉永武史（2006）小学校低学年期・鬼遊びの教材化に関する検討―小学校低学年期児童を対象とした戦術の学習可能性―．体育授業研究9：19-25.
○内田雄三・日野克博・吉永武史（1999）戦術学習への意欲を高めるボールゲームの実践―「作戦づくりのおもしろさ」を味わわせることをねらいとして―．体育授業研究2：17-25.

（『体育科教育』2011年8月号）

第1章-6

「よい」体育授業とは何か

元東京都調布市立国領小学校教諭　大貫耕一

[1]体育の授業を創る会

　この本の作成母体である体育授業研究会は、「体育の授業を創る会」(以下、創る会)が発展する形で創設された。創る会は1989年の発足当時、『体育科教育』誌の編集者であった伊藤政吉が、高橋健夫、藤井喜一、林恒明、大貫耕一を集め、『体育科教育』誌への連載や別冊『体育科教育』誌を発刊させたことから始まった。

　伊藤を、創る会発足や別冊発刊へと突き動かした動機に、当時の法則化運動があった。体育科教育における実践研究は、法則化運動を超えるものであるのか、という思いが、長年『体育科教育』誌の編集を担ってきた伊藤のプライドを揺さぶったのであろう。

　体育授業研究会に集う者たちによって、この本が世に出るに当たり、前身の創る会発足における伊藤政吉の存在を記しておきたい。

　さて、当時の伊藤、高橋、藤井、林、大貫は、創る会を発展させて体育授業研究会を発足させるに当たって以下の方針を掲げた。

　「私たちは、体育の授業に対する多様な考え方と多様な授業実践のスタイルを認め、互いに異なる考え方やスタイルを『授業』という場面で検討し、交流していきたいと考えている。したがって、本会はあくまでも研究団体であり、運動団体的な性格をもつものではない。」(「体育授業研究会発足に当たって」

1997年8月11日）

　この方針において重要な点は、「特定の立場やイデオロギーに基づいて運動論的に体育授業の在り方に影響を与えようとする」（高橋、2011）運動団体的な性格ではないこと。そして、あらゆる主義主張を超え、研究者、実践者がその立場にとらわれずに参加し、研究を推進していく、あくまでも研究団体としての研究会の創設という点にあった。

　私も当時、この「特定の立場やイデオロギーに基づかない」オープンな研究団体という性格、そして多様な主義主張を内包できる「『よい』体育授業」という目標に賛同し、創る会を発足させた。

　しかし、この「よい」という目標設定、そして「特定の立場やイデオロギーに基づかない」という会の在り方に、現在の私は疑問と批判をもっている。

[2]「よい」体育授業と「思想性」

　批判の1点目は、「特定の立場やイデオロギーに基づかない」体育授業実践などあり得ないということにある。

　体育授業実践を対象にした研究会について、私は学校体育研究同志会、全国体育学習研究会、教育科学研究会・身体と教育部会を取り上げて、次のように述べた。

　「目標論の違いを明確にしたうえで、トータルに現れる『子どもたちの事実』を対象として体育実践研究を協同的に行うことによって、日本の子どもたちにおける体育分野の実践研究は豊かになっていくはずである。」（大貫、2009）

　ここで取り上げた3つの研究会には、それぞれ明確なイデオロギーがある。明確な立場やイデオロギーをもとにして「子どもたちの事実」を対象に実践研究を行っている。それぞれの目標論の違いを認め合った上での「協同的実践研究の必要性」を私は求めたが、それは「特定の立場やイデオロギー」あってこそ成り立つことである。

　一方、「特定の立場やイデオロギーに基づかない」＝「主義主張を超えるすばらしい方向性」という考え方では、体育授業実践の意義や価値の根拠を示すことができない。イデオロギーとは「人間の行動を左右する根本的な物の考え方

の体系」(岩波国語辞典)であり、「思想・信条」と言いかえてもよいと思うが、思想・信条が明確でないところに意義や価値の根拠は存在しない。

「よい」を「特定の立場やイデオロギーに基づかない」という方針で現す限り、体育授業研究会が「子どもたちの事実」に向き合う際の思想・信条は無いに等しく、思想性が明確でないということは、己の「主体性」が明確ではないということになる。

[3]「よい」体育授業と「主体性」

教育は、現状肯定と現状変革の二面性を持つ。歴史性や科学性に立脚しつつ、変革創造の方向性をもたなければ、現在の地球的な課題を乗り越えることはできない。そして、その変革創造のためには批判的精神に基づく「主体性」が拠り所となる。

教師の主体性について柴田はつぎのように指摘する。

「教育課程に関する国家的統制がどんなに厳しくても、また学校でどんなに立派な教育計画を立てようとも、その教育課程を実行に移すのは教室における一人一人の教師と児童・生徒たちである。つまり、個々の教師が立てる教育計画をくぐり抜けることなしには、国が定める教育課程の基準も学校の教育課程も、児童・生徒に直接の影響を及ぼすことはできないのである。」(柴田、2007)

国が具体的内容を決め、学力テストによってその習得状況を把握し、免許更新制で教師にその実施を強要したとしても、結局は個々の教師が指導目的や内容の必要性、重要性を自ら判断することなしには子どもたちへの直接の影響を及ぼすことはできない。子どもたちは、その鋭く豊かな感性で、教師が自ら大切だと考えて教えているのか、それとも上から示されたことをただそのまま教えているのかをかぎ分けてしまう。

体育授業においても「基礎的・基本的な知識・技能の習得」が大切だと文部科学省が考えるならば、学習指導要領解説などで具体的内容を示すのではなく、各学校の教師一人一人が主体的にそれぞれの指導目標や内容、方法を明確にするよう援助するべきなのである。

教師の主体性の土台は、目の前の子どもたちが「わかり・できた」ことを感性的・論理的に認識できることであろう。そして、わかり・できたかどうかをめぐって、自らの授業を反省・省察するところから、本来の授業づくりはスタートする。教師の「主体性」とは、このように子どもの事実を受け止め、それをより自らの思想性をもとに高めようとすることを基盤としている。

　「特定の立場やイデオロギーに基づかない」という方針によって、体育授業研究会が依って立つべき思想性を明確にしないことは、研究会としての「主体性」が脆弱であることにつながり、それは国家権力への従属という危険性を招く。研究会としての思想性を明確にしないことは、体育授業の目的論を自ら「考えない」で、学習指導要領の方針に沿うことが「よい」体育授業の方向性であるという主張へと連なる危険性を持っているためである。

　体育授業に対する自らの思想性を持たず、体育授業の目的論を「学習指導要領」に依拠するのであれば、体育授業研究会の「主体性」は危ういと私は考える。

[4]「よい」≒「できる」批判

　批判の2点目は、体育授業の目標における「できる・わかる」ことについてである。[‡1]

　体育の授業において、何を「できる・わかる」ようにするのか、という教科内容への問いは、「できる・わかる」ことによってどのような人間を育てようとするのかという目的論としての「めざす人間像」に結びついている。

　ここまで述べてきたように、体育授業研究会では「特定の立場」に基づかないという基本方針を掲げているがゆえに、この目的論における「めざす人間像」を論じることが弱くなる傾向を持つ。このため、「『できること（achieving）』が子どもたちにとって最大の学習目標であり、楽しさ経験を生み出す源泉である」（高橋、2011）という「できる（運動技能獲得）」を主目標とする目標論になりやすい。

　一方、私は体育授業において単に「できる」ようにするだけでは、「よい」授業とは言えないと考えている（大貫、2010）。

体育学習の対象である運動文化は、歴史の中で変革創造されてきた。そしてこれからもより「よい」文化として変革創造されていくべきであるし、それを担うのは子どもたちであり私たちである。学習の対象である運動文化について「できる」ことを目標とするだけでは、その文化の継承でとどまることを意味するし、「できる」こと重視の目標論は、既存の運動文化を「享受する」だけの人間育成という方向性が強くなる。

　一方、既存の運動文化を享受するだけでなく、批判的に捉え、変革創造の対象とする目標論からは、「できる」ことよりも「考える」ことが重視される。それを中村敏雄は、「体育は何を教える教科であるか」あるいは「うまくしてどうする」という問いによって究明しようとしたのである（丸山、2011）。

　私も運動文化が人間にとってどのような価値と課題を持っているのかを考え、より「よい」文化へと変革創造していく主体性と協同性を育てることが体育科の使命だと考えている。つまり、「できる」ことを主目標にする「よい」体育授業からは、運動文化における価値と課題を批判的に変革創造していくという方向性の「よい」が軽視される危険性を持つのである。

　体育授業研究会の今後のために、「よい」とはどのような思想性を基盤とするべきかを問い、その主体性において「よい」体育授業の思想性について明らかにしていくことを切望している。

［注］
‡1　「わかる・できる」学習過程の研究について筆者は、以下のものを公表してきた。
　　○「ボールゲーム教材における他者認識」『体育の実験的実践・子どもたちが創る体育の授業』中村敏雄編、1988年、創文企画
　　○「第5節　ボール運動の授業研究」『小学校体育実践指導全集15　体育の授業研究』高橋健夫編、1990年、日本教育図書センター
　　○「マット運動・連続技づくり」「ハードル走の教材づくり」『体育の授業を創る』高橋健夫編著、1994年、大修館書店
　　○「子どもの他者認識」『スポーツコミュニケーション論』中村敏雄編、1995年、創文企画

［引用・参考文献］
○高橋健夫（2011）これからの体育授業研究に求められること．体育科教育59（5）：47-48．

○大貫耕一（2009）第9章 体育．柴田義松編著、教科の本質と授業．日本標準、p.190.
○柴田義松（2007）4　教育課程の3層構造．柴田義松監修、子どもと教師でつくる教育課程試案．日本標準、pp.12-13.
○大貫耕一（2010）体育科における教科内容の検討．体育授業研究会編、体育授業研究13：37-45.
○丸山真司（2011）体育教師としての中村敏雄の研究と経歴．たのしい体育・スポーツ30(10)：9.

（『体育科教育』2012年2月号）

第2章

よい体育授業のための
授業研究の方法

第2章-1

授業研究が支えた
ボール運動実践

東京学芸大学准教授（元東京学芸大学附属世田谷小学校教諭）　鈴木　聡

「相手チームの子が僕の前に3人もいたけど、うまくかわしてシュートできた！」

「円のまわりをみんなでぐるぐる回って守りの子がついてこられなくなったらシュートする作戦がうまくいった！」

これは、筆者が小学校の教員時代に行った「まとあてゲーム」に対する子どもたちの感想です。12時間にも及ぶ1年2組の「まとあてゲーム」の最終日は、いきいきとした雰囲気に包まれて歓声が響き渡り、「相手をかわしてまとにあてる」という面白さの世界に子どもたちが浸っていました。

このゲームでは、一斗缶を2缶積み上げた3つのまとにボールを投げ当てて倒すことをめざします。「カーン」といい音が響くこのゲームに、子どもたちは没入していったのです。

[1] 難しくなければ面白くない

ゲームは大きく4つの形態に変化していきました。はじめのゲームは私から提示。一人1個ボールを持ち、一重の円の外（半径2m）から3つのまとにボールを投げ当て、「全部のまとを早く倒したチームが勝ち」という簡単なルールのもと、10人ずつの4チーム、4つのコートにわかれて行いました。

ある日、負けが込んでいるチームが勝ち始めました。すると、別のチームの

子どもたちが叫びます。「あのチームは、まとを線のすぐ近くに置いているからずるい！」そのチームも負けていません。「まとはどこに置いてもいいはずだよ。」

確かにその通り。まとを置く位置は、ルール上では明確に決められていません。すると次の試合からどのチームも線のぎりぎりにまとを置くようになりました。試合開始の合図、子どもたちは一斉にボールを投げます。案の定、大きな音を立て、4チームともあっという間に3つのまとを倒すことができました。歓声を上げつつ、どのチームもほぼ同時にまとが倒れて勝敗が決まらない状況に子どもたちが言います。「もうちょっと難しくないと、面白くならないよ。」

実に的を射た言葉です。自分たちの技能と挑戦課題とのバランスが釣り合うときに、人はそのゲームに没入するのです。「さあ、どうしようか？」私の問いかけに対して子どもたちは、「まとは『真ん中ら辺』に置くようにする」というアイディアを出してきました。私は、一重円の「真ん中ら辺」にもう一つ円を描きます。その中に3つのまとを置いて、ゲームは再開することに。このような展開は、もちろん私のねらうところです。

次に子どもが夢中になったのは、3つのまとの置き方。横並びに壁のように配置し、一方から思いっきりまとをめがけて投げる作戦が登場したり、程良く間をあけて縦に並べ、一つ目のまとにボールを思いっきり当てて、そのままドミノのように倒す作戦が出たりしました。まとを高く積み上げて、一番下のまとに当て、全てのまとを崩す作戦も登場したものの、これは風の影響でうまくいきません。ともかく、ゲームは再び盛り上がっていったのです。

［2］ゲームを進化させよう

このゲーム形態で充分に楽しんだ子どもたちに満足感が訪れた頃、「今度はどんなゲームにしようか？」と投げかけると、まとを置くため二重円になったコートに目を付けた子が、「攻めと守りに分かれてまとあてゲームをしたい」と提案しました。ドーナツ状の部分に守りが入り、攻めは守りをかわしながらまとにボールを当てることに挑戦。3分間で攻守交代して点を競うというゲームです。「まとは『真ん中ら辺』にバランスよく三角に置く」「ボールをわざと相手にぶ

つけてはいけない」「ボールは一人1個持って始める」「得点したら自分で得点板に点数を入れに行く」というルールをみんなで決めて、第3ステージが始まりました。

　このゲームで子どもはよくもめます。「当たっていないのに点を入れている子がいる」「まとのすぐ近くで（円の中に入って）守る子がいる」という問題点が出され、解決策をみんなで話し合い、「ルールを守ってこそ、ゲームは面白い」ということを子どもたちが見つけていきました。「相手をかわしてボールを投げるのは難しい」と悩む子もいます。すると、「相手の頭を越えて投げるといいよ」「すばやく動けば相手がいないところで投げられるよ」等のコツがたくさん出てきました。

　なかなか勝てないチームがありました。「僕たちのチームはもう勝てないよ」ゲームの終了後、運動の得意な男児が不満げです。このチームは、その子にボールを集めて、一人でまとをねらう作戦を行っていたのです。当然限界があります。他の子どもたちの本音を聞くと、「私たちもボールを投げたい」と言います。休み時間に私を含めて話し合いました。「みんなが上手になってボールを投げた方がたくさん点を取れるんじゃないかな」。その頃から、チームで集まって練習をする姿が見られるようになります。投げるのが得意な男児が、チームの仲間に教えているのです。次の授業で、このチームは勝つことができました。授業は、時に絵に描いたようなドラマが生まれることがあります。

　ゲームはさらに進化しました。最後は、ボールを1個にして対戦する、「パスの必要性」が出てくるゲーム様相になりました。1年生にパスは難しいと思われるかもしれませんが、まとあてに没入してきた子どもたちはボール操作が本当にうまくなってきています。円の周りをぐるぐるまわって味方に手渡しして、マークが外れたところでシュートするような動きが出てきました。自分の前に相手がいるとき、360度あるコートを利用して、反対側にいる子にパスをする作戦も見られます。当然、自分でかわしてシュートしたり、相手が前にいても果敢にシュートをねらったりする子もいます。それぞれにゲームを楽しんでいるのです。

　いい動きが見られると、私は瞬時に褒めました。その繰り返しで子どもたちはどんな動きがいい動きなのかを理解できたはずです。まとに当たると一緒に

喜び、外れると「おしい！」と叫ぶ。私の声かけは、隣のコートの子どもたちもよく聞いています。自分が知りたい情報に対する子どものアンテナの感度は素晴らしい。その効果をねらって大きな声でアドバイスします。リーグ戦で1勝もできないチームは1つもなく、最後の感想は「もっとやりたい！」でした。

[3] 教師の手立て

　単元後半は、1年生であっても子どもたちだけでどんどん学習を進められるようになり、充実したグループ学習が成立しました。このような授業を創るためには、2つの大切な手立てがあります。「丁寧なマネジメント」と、「子どもたちの見とり」です。

　「まとあてゲーム」はたくさんの用具が必要です。誰が何を用意して片づけるのかを決めさせ、毎回同じスタイルで進めることでこれらの時間を短縮すると、ゲームの時間を充分に確保できます。話し合いの場面でも「何を話し合うのか」を明確にして行うようなマネジメントが必要です。「ルールのこと」なのか、「動きや作戦のこと」なのか、これを明確にしないと漠然とした話し合いに陥ってしまうからです。

　そして、話し合いの中身は、子どもたちの問題意識から生まれる「切実性」を伴ったものであるべきです。そのためには、教師が子どもたちの状況をよく見つめ、つぶやきや声を丁寧に聴いていく営みが不可欠です。特に私が大切にしているのは、子どもたちが書く「学習感想」。1年生に毎回の授業で感想を書かせることはしませんが、「あのねちょう（日記）」に子どもたちの本音を見つけることができます。先述の「私もシュートしたい」という願いや、「1点だけどシュートできてうれしかった」という思いをくみ取りながら、子どもとともに授業をつくっていく姿勢が大切です。全体での話し合いの場面では、発言力のある子の声だけで進んでしまうことは否めません。発言しない子が何を思っているのかに敏感な教師でありたいし、そこに本質が潜んでいることがあるのです。

[4] ゲーム中の声かけ

　もっと大切にしていることがあります。ゲーム中の子どもたちへの声かけです。ボール運動のゲームは展開が早く、めまぐるしく様相が変化します。子どもたちにただゲームをさせていても変容は望めません。いいプレイを評価したり、一緒になって喜んだり悔しがったり、時にアドバイスしたり賞賛したり励ましたりすることが大切です。子どもたちがそのゲームの面白さの世界に没入し、仲間と関わりながら運動することの愉しさを学んでいくためにも、教師の声かけは重要な鍵を握っているのです。

　私が勤務していた学校は、教員養成大学の附属小学校であるため、たくさんの教育実習生が来ます。ボール運動の授業づくりで学生が一番悩むのは、ゲーム中の「声かけ」。マネジメントや指示などの教師行動は何時間かの経験で上達します。しかし、ゲーム中の教師の声かけは本当に難しい。私が若いときに抱いていた課題でもあります。ゲームが進行していく中で、瞬時に判断して声をかけたいのですが、「どんな声をかけたらいいかがわからない」のです。

　いつの頃からか、それができるようになっていきました。子どもたちのプレイが「見える」ようになると同時に、どんなプレイがよい動きなのかが「わかる」ようになっていったのです。

　どんな声をかけたらいいかわからないのは、どんな動きがいいのかが授業者として胃の腑に落ちていないからです。私の場合、これが見えるようになったのは「授業研究」のおかげでした。

[5] 授業研究が育ててくれた

　私は、若い頃から自分の実践を研究サークルで報告したり、官製の研究会の授業者になって他者と協働しながら授業をつくったりする機会に恵まれていました。研究発表会で授業を公開し、たくさんの意見をいただける場に毎年恵まれてきたのです。

　10年目を迎えた頃からは、所属する「体育授業研究会」で実践報告を何度

も行いました。毎月参加している「学校体育研究小学部会」という研究サークルでは、数えきれないほど自分の実践を語り、仲間や先輩、そして自分よりも若い方々に検討していただき、授業に正対してきました。共感的に省察してもらったこともあれば、自分の甘さを指摘され、徹底的に「たたかれた」経験もあります。体育教育の専門誌『体育科教育』にも実践を書かせていただき、そのつどたくさんの他者の声をいただいて自分の授業を見つめ直す機会を得てきました。その過程で実践者としてのこだわりが少しずつ変容していったことも述べておきます。

　初期の頃は、子どもたちにとってやさしくそして変容が期待できるボールゲームの教材開発に力を注いだものです。「セストボール」の実践では、子どもたちの「シュートにつながる意図的なコンビプレイ」の中身と授業による変容について、徹底的にビデオ分析しました。「アルティメット」の実践では、有効空間（スペース）への気付きの過程をやはりビデオ分析で明らかにしようと試みています。「シンクロマット」の実践では、側転を核にした集団演技づくりをしていく過程で、低学年の子どもたちがどのように合意形成して作品をつくっていくのかを省察しました。「キャッチバレーボール」や「バットレスベースボール」では、「子どもが何に挑戦しているのか」を考え、運動の本質的な面白さから授業を創ることに取り組んでいます。そして子どもたちが運動の世界に没入し、自分たちでゲームを変容させていく学習過程を研究しました。

　自分のこだわりを振り返ると、「教材開発」「パフォーマンス分析」「子どもたちの合意形成過程」「子どもから見た運動の面白さ」というキーワードが出てきます。授業を見つめる視点が、「教材」や「教師」から「子ども」に変わってきたという見方もできるでしょう。実践者としての関心の変化は確かに存在しているのです。

［6］他者からの影響

　授業研究で出会う様々な他者に、私はたくさんの刺激と影響を受けてきました。授業へのこだわりは、決して自分だけで構築してきたものではなく、その時々に授業研究をともに進めてきた仲間から影響を受けながら今に至っている

のです。

　自分の性格なのかもしれませんが、一つの考えや主張にこだわるのではなく、そこで出会う他者から新しい視点をいただくと、その目線で授業や子どもを見てみようと常に努めてきたように思います。今までとは違う視点を得て、自分の見方が更新されていったのです。ものの「見方」を授業研究で学び、子どもを見つめ続けたことで、ボール運動での「子どもたちの動き」が見えるようになり、「子どもたちの声」が聞こえるようになってきたのではないか、と思っています。

　影響を与えてくれた他者の中に、目の前の「子どもたち」がいたことも事実です。「子ども」との出会いが、自分の授業を省察し修正していく上での一番大きな存在だったかもしれません。そのおかげで、瞬時に子どもたちに声かけができるようになり、「あえて何も言わない」という選択もできるようになったと考えています。この、「あえて何も言わない」選択ができるようになったのは、やはり授業実践や授業研究を積み重ねたことが背景になっています。子どもがどのように変容していくのかという「見通し」がもてるようになったため、私が声をかけなくても子どもたちが自ら気づく姿を期待したり、信じたりすることができるようになったのだと思います。多くの実習生が、子どもたちの動きに声をかけられないのは当然です。彼らが教師になり、授業研究の場に身を置くことでそれができるようになるのでしょう。

[7] まとめ

　私は、授業研究の場で授業や子どもの見方を身に付けていきました。一見、日和見主義だと思われるかもしれません。しかし、私自身がそれを「よい」と感じ、影響を受けながら主体的に自分自身を成長させてきたと思っています。

　そしてこれに満足することなく常に学び続けたい。教師は不完全な存在だと自覚しているからです。周囲にはたくさんの素敵な他者が存在しています。同時に、自分自身も決してぶれていないという自負があります。扇の要のようなものです。「よいボール運動」の定義は、実践者それぞれでしょう。しかし確かなのは、それを決めるのは子どもであり、子どもと授業から実践を振り返り、

授業研究で学び続ける教師の姿勢です。子どもにとって「よい授業」を、今後も授業研究を通して追究していきたいです。

(『体育科教育』2011年12月号)

第2章-2

実践者と研究者が"共同研究者"として取り組むアクションリサーチ

東京学芸大学附属大泉小学校教諭　松井直樹　　国士舘大学教授　細越淳二

　体育授業と学級経営（肯定的な学級集団づくり）の関係について、これまでの研究からその実態が明らかにされてきています（日野他、2000）。筆者らは、この両者の関係がどのように推移するのかを知るとともに、教師のどのような思いや願いのもとにどのように子どもたちが成長・変容したのかについて、アクションリサーチ[1]の方法論を用いて検討することにしました。以下、その概要と成果の一部を示します。

[1]カンファレンスで学級の課題と体育授業をつなぐ

　対象は、S市立O小学校3年生の1クラス（男子14名、女子17名、計31名）で行われた1学期間の実践でした。体育授業単元が終了する時期に（概ね毎月1回）カンファレンス（検討会）を開催し、①対象学級の様子、②学級経営上の課題の確認、③その解決に向けた体育授業の構想等について継続的に検討を行いました。

　授業観察については、新年度の始業式当日から1週間、その後は毎週1回（体育授業のある曜日）、朝の会から帰りの会まで、対象学級に入り込んで観察しました。

　観察は、主にカンファレンスで確認された学級経営的課題に対して教師が子どもたちにどのような働きかけをしているか、体育授業においても学級経営的

表1 カンファレンスの内容と実践

〈カンファレンス〉　　　　　　　　　　　〈実　践〉

年度はじめ
○めざす学級像の確認
○子どもたちの印象
・仲間を大切にできるクラス
・パワーのある子どもたち
・配慮を要する子どもの存在

4月実践
・めざす学級像の提示
・約束事の提示
【体育授業】
・「体育の指定席」の確認
・約束事の提示
・リレーの実践：仲間の走りに気づかせる
【教師の配慮事項】
・各児童のよいところを見つめる

4月末
○学級の様子について
・仲間のよさを見つけられるようになってきた
・仲間意識が見えてきた
○課題
・学級集団意識「人間関係」の評価が低下
○対策
・ダルマ回りの授業で克服したい（特にT君、Aさん）

5月実践
【学級経営】
・仲間のよいところ見つけ
・T君、Aさんへの配慮
【体育授業】
・ダルマ回り
・仲間と関わりながら達成する喜びの経験
【教師の配慮事項】
・T君、Aさんへの配慮
・長期欠席から戻ってきたIさんへの配慮

5月末
○学級の様子について
・T君、Aさんも含めた学級の凝集性の向上
○調査について
・学級集団意識「人間関係」の評価向上
○課題
・互いのよさを認め合えるクラスづくり
○対策
・リズムダンスの授業の実施
・水泳による各自の課題達成

6月実践
【学級経営】
・仲間のよいところ見つけ
・T君、Aさんへの配慮
・転校してきたSさんへの配慮
【体育授業】
・リズムダンスで表現
・水泳で自己の目標達成

6月末
○学級の様子について
・T君、Aさんも含めた学級の凝集性の向上
○調査について
・各次元ともに評価向上

7月実践
【学級経営】
・仲間のよいところ見つけ
・T君、Aさんへの配慮
【体育授業】
・リズムダンスで表現
・水泳で自己の目標達成
【教師の配慮事項】
・1学期のまとめになるような取り組みの実施
・1学期の成果の実感をもたせる

7月末
○学級の様子について
・クラス全体が肯定的な雰囲気になる
○調査について
・各次元ともに評価向上

課題を意識した働きかけがなされているか、子どもたちはどのような反応を示しているのか等の視点から、気づいたことがらをフィールドノーツに記録しました。また、体育授業と教室の様子をVTRに収録し分析検討の対象としました。加えて、実践者には、観察者から見て感じたことや疑問に思ったことなど、そのつど非公式なインタビューによって確認をとるようにしました。

学級集団意識調査票（日野他、2000）と体育授業態度評価票（高橋他、1994）を適用し、その結果を成果検証の基本的視点として設定し、そのような結果を導いた要因を授業観察、インタビュー、カンファレンスを通して確認していきました。表1は実際にカンファレンスで検討された内容です。

[2] 学級開きにおける課題

学級開きは、新しい学習、そしてこれからともに過ごす仲間との人間関係を少しずつ作り上げる時期になります。筆者らは年度はじめ及び4月末のカンファレンスで対象学級における次の課題を確認しました。

＊＊＊
〈カンファレンスでの授業者の思い〉

学級の子どもたちは素直で子どもらしい反面、基本的な生活習慣、学習習慣、また、他者への気づきには課題があった。言葉づかいにも気になることが多く、そのことでトラブルになることも多い。友達の短所ばかりを口にする子どもたちが多いことも分かった。

そこで、5月に行う鉄棒・高跳びの授業の中で、2人組で学習に取り組ませることによって、他者への気づきの促進をめざすことにした。特に生活行動面で気になる子どもたちには、仲間とのかかわりの中で達成経験を得させることで、他者の存在を認め、自分にも自信を持てるようになることが必要だと考えた。彼らが自分に自信を持ち、他者の存在を大切にするようになることが学級集団づくりの課題であるととらえて「仲間とのかかわりの中で、友達の大切さやお互いの『できる』を大切にすること」を教え、認め、そしてできた子がヒーローになるような授業展開をめざすことにした。

＊＊＊

［3］5月の授業実践「のびてちぢんでダルマ回り、へそまで跳ぼう！ ゴム高跳び」

　5月の体育は、ダルマ回りと高跳びを組み合わせて行いました。
　ダルマ回りについては、体重の軽い低中学年のうちに身につけさせておきたい回転感覚を十分に経験させることをめざし、この技を学年重点種目として生活化しながら取り組ませました。授業では、1人でダルマ回りができた、お手伝いしてもらってできた、回数、技の発展など、いろいろなダルマ回りの「できた」段階をつくりました。「ふとんほし」の動きから「ふとんほしブランコ」そして「ダルマ回り」と動きのつながりがわかるように動きづくりを進めました。また、中学年の児童は目標が明確な方が意欲的に取り組むことから、高跳びでは具体的に胸、へそ、また、もも、膝等、個に応じた目標を設定させました。これらの活動を、常にペアの子とともに行うようにしました。
　加えて、肯定的な人間関係づくりを促進させるための行動（合言葉、かけ声、

表2　ダルマ回り・高跳び指導計画

写真1　ダルマ回りでの児童

図1　気になる児童の意識調査

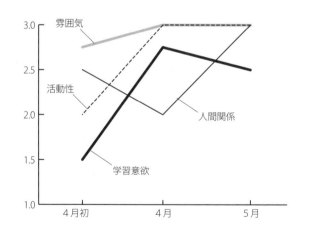

声かけ）を指導し、場面をつくり、評価するプロセスを繰り返し行うようにしたのもこの時期でした。学級開きの段階で「かかわり方」を教わった子どもたちが、その後も肯定的なかかわりを続けていくことで「かかわることのよさを学んだ子は、できるようになるためにかかわるという"本質的なかかわり"への発展がある」と考えたからです。

　このような思いをもって授業実践を行いました。その結果、実践後の映像、カンファレンスから、特に生活行動面で気になる児童は「できるようになった」と自信を持つようになったことが確認されました。具体的には図1にあるように、クラスの人間関係を肯定的にとらえるようになったこと、加えてクラスの雰囲気を肯定的にとらえるようになったことに、その心情的変化を読み取ることができました。また同時に実施した「体育授業態度評価」でも非常に高い評価を示していたこと、実際のダルマ回りも単元はじめは0回であったものが、単元中盤は友達の「お手伝い」で2回、最後は1人で7回、回れるようになりました。これらのことから、「かかわりながらできる・わかる」ことが課題を抱える子どもたちを変化させるという事実を見て取ることができました。

［4］グループの人間関係の課題

　一般に、子どもたちが学級集団に慣れて生き生きと活動する時期を迎えると、互いの考えがぶつかってもめごとに発展し、トラブルも多くなります。5月末のカンファレンスでは、もめごとは学級を成長させるチャンスであり、小さな単位の集団で人間関係を育むよい機会であることを筆者らは共通理解しました。

＊＊＊
〈カンファレンスでの授業者の思い〉

　生活班の中でのもめごとが多い原因は、他者への気づきを大切にしようとする子の意見と、自分の意見を第一に考える子のぶつかり合いが大きいためではないかと考えた。子どもたちが互いを理解し合い、これまで以上に意見を出し合うようになってきた6月の体育学習では、毎日をともに過ごし、言葉を交わす機会も多い生活班を基軸に、みんなで話し合いながら、基本的な動きとしてのロックとサンバ、そして発展的な課題としてヒップホップも取り入れて、子どもたちが心と体でつながり合

うことをめざすことにした。同時にそこでは、運動会を見通した学級全体の凝集性をねらうことになる。特にあるひとつの班を注目したいと考えた。この班は、気になる児童のいる班だからである。

＊＊＊

[5] 6月の授業実践「めざせ！ のりのりダンスマン！」

　リズムダンスを基本的な動きであるロック・サンバ、そして発展的な内容としてのヒップホップという流れで展開し、①へそを中心に体を動かすこと、②みんないっしょからみんながちがう動きへ、と学習内容をシンプルに設定しました。即興表現を大切にしつつ、毎時間、動きの工夫を自分たちの引き出しとして紹介します。また、基本的な「手たたきダンス」を基礎学習でしっかりと身につけさせました。さらに、毎時間、空間のくずしをねらい、上下、左右、斜めなど、くずす空間を考えながら取り組ませていきました。踊る時間と同様に、一つの作品に向かって考えをつなぎ合う時間こそが課題解決には重要ととらえ、学級での生活班を活動単位に設定して、単元末のダンスフェスティバルを目標にしました。

　気になる班の子どもたちは、2時間目の手たたきダンスで手をつなぐことができませんでした。また、ペアチェンジの際に、いつまでもペアが見つからないことが多々ありました。授業者は、気になる班を育てるために、それぞれの「動き」と「かかわり」のよさをつなぐ提案をしました。回る・弾む（膝）・腕を上手に使うMくん、まねる、写す動きが得意なKさん、Sさん、進め役としてMくんがつなぎ合わせ、少しずつ笑顔で取り組めるようになっていきました。「よさをまねる」ことによって、Tくんも安心して踊るようになり、手をつなげなかったことが嘘のように「のりのり」になっていきました。

　実践後のカンファレンスでは、集団的思考・相互作用・人間関係の高まりに注目して検討を行いました。実践を振り返って、「空間のくずし」を学ぶリズムダンスの学習の場合、高低・左右をジャンプや姿勢を変えて「手たたきダンス」のように基礎的な中味が入った基本の動きを「できるようにする」過程で、班で話し合わせ、成果を発表し、評価される場面のサイクルを保障することが、

表3 リズムダンスの指導計画

	1	2	3	4	5	6
10	準備運動　ohto steps 2	先生といっしょに友達のまねをしてみんなで踊ろう‼ (ロック)				ダンスパーティー発表会
20	学習オリエンテーション ・先生といっしょに体を弾ませてみよう。	2人で手たたきダンスで始めよう (いろいろな曲でおどろう)				
		学習内容：へそを使って空間くずし！		学習内容：グループでダンスづくり		
30	・のって、弾んでゆかいになあれ。 ・先生といっしょにのって弾んでおどろう。	・2人で即興で踊る。 ・2ペアで発表会をする。		・生活班で話し合う。 ・ためしにおどってみる。 サビはくりかえし これまでのおどりの中から		
40	2クラス合同授業					

表4 気になる班の仲間づくり評価の変容

項　　目	3時間目	5時間目
1. 課題の達成	2.60	3.00
2. 達成の満足感	2.40	2.60
（集団的達成）	2.50	2.80
3. 友だちの意見を聞く	2.80	2.80
4. 友だちと意見を交換し合う	2.60	2.80
（集団的思考）	2.70	2.80
5. 友だちへの補助や助言	2.80	2.80
6. 友だちへの賞賛や励まし	2.60	3.00
（集団的相互作用）	2.70	2.90
7. グループの一体感	2.60	2.80
8. 友だちからの支援	2.60	2.80
（集団的人間関係）	2.60	2.80
9. 運動の楽しさ	2.80	3.00
10. 今日の課題への意欲	2.60	3.00
（集団的活動への意欲）	2.70	3.00
平　　均	2.64	2.86

写真2　手をつなげるようになった子ども達

図2　学級集団意識と態度評価の総合評価の推移

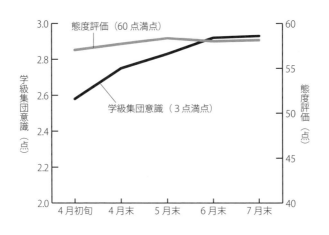

子どもたちのかかわりや達成に向けて重要な要素になるということを授業者・観察者間で確認しました。

　7月末のカンファレンスでは、1学期間を通した子どもたちの成長・変容について話し合いを行いました。具体的には、図2からわかるように、子どもたちが体育授業に対する非常に肯定的な態度を維持しながら、同時に自分の学級に対する意識も肯定的に変容させていたことを、1学期の体育授業と学級経営（肯定的な学級集団づくり）の成果として確認することができました。

[6]おわりに

　このアクションリサーチの取り組みは、実践者の立場からいえば、実践者自身がとらえきれない子どもたちの変化や成長、この後の取り組みの適否について、そのつどデータやディスカッションをもとに検討できるという点で意義があり、観察者（研究者）の側面からは、これまで明らかにされてきた体育授業と学級経営の関係が、実際のどのような活動や教師の働きかけによって形成されているのか、また体育授業を中核にした学級集団づくりを志向する際の要点について、授業場面／教室場面の具体例を通して検討する貴重な機会を得ることができる方法であると実感しています。

　子どもたちにとって真に意味ある授業実践・学級経営を展開するためにも、それぞれの環境に合った形でのアクションリサーチが幅広く展開されることが望まれると考えています。

[注]
‡1　筆者らは、秋田他（2001）、秋田・市川（2001）を参考に、実践者による授業実践と研究者のコンサルテーションを積極的に結びつけてアクションリサーチを実施した。

[引用・参考文献]
○秋田喜代美他（2001）アクションリサーチによる学級内関係性の形成過程．東京大学大学院教育学研究科紀要40：151-171．
○秋田喜代美・市川伸一（2001）教育・発達における実践研究．南風原朝和他編、心理学研

究法入門．東京大学出版会、pp. 153-190.
○日野克博他（2000）小学校における子どもの体育授業評価と学級集団意識の関係．体育学研究45：599-610.
○細越淳二・松井直樹（2009）体育授業と学級経営の関係についてのアクションリサーチの試み．体育授業研究12：45-55.
○高橋健夫他（1994）体育の授業分析の方法．体育の授業を創る．大修館書店、pp. 233-245.

（『体育科教育』2012年6月号）

第2章-3

質的研究のすすめ
——子どもの姿を語り合おう

高松市立川岡小学校教諭　起　祐司　　高松市立中央小学校教諭　世古辰徳
高松市立東植田小学校教諭　窪田啓伸

[1] 量的研究の課題と質的研究の可能性

　夏休みのとある研修会。管理職と思しき年配教諭と若い教諭の会話が耳に入ってきました。
年配「この間A小学校で見た体育の授業は、あまりよくなかったなぁ」
若手「どうしてそう感じたのですか」
年配「子どもたちの活動時間を調べてみたんだけど、15分ほどしか無かったぞ」
若手「ああ、それは短いですね。25分くらいは欲しいですよね」
　授業について語る際、運動を量的に捉える手法が一般化し、この種の会話は日常的に耳にします。また、近年、授業成果を検証する手掛かりとして「形成的授業評価法」等を取り入れたレポートが増えています。実際、筆者らが所属する自主研究グループでも、こうした評価方法を用いて研究協議を行っています。体育授業の成果を客観的に捉えようとする「量的研究」は、授業改善に大きく寄与していると言えます。
　一方で、日々の授業において、客観的には捉えることのできない「事実」や「学び」があることも、我々は感じています。それは、「教師―子ども」また「子ども―子ども」という相互作用の中で生じる子ども一人ひとりの発言や表情などに表れます。そのような学びの事実をすくい上げ、丁寧に省察して授業展開

を構想したり、以後の授業への指針としたりすることが重要だと考えます。このような「質的研究」は、子どもの実態に応じて授業をデザインしていく上で重要な視点となります。

ここでは、この質的研究の意義について考えてみます。

［2］質的研究の意義

教材の選定・改変、単元目標の設定など、単元全体を通しての計画を立てる際、「子どもの実態に応じて」という言葉をよく聞きます。もちろん、計画段階において子どもの実態を考慮することは重要です。ただ、計画通りに授業が進行しない時も多く、なかなか教師の思い通りにはならないこともあります。

そのような時にどうすればよいのでしょうか。今思えば、以前の私は計画を変更することができず、「この時間にはこれをしなければ。ここまでは進まなくては」と思い込み、教師の勝手な解釈で子どもの現実を無視した授業を展開していたと思います。そこにあったのは、解決しようもない課題を目の前にして教師の期待に応えようと右往左往する子どもの姿や、計画通りに授業が進まずに何かイライラしている私の姿でした。本当にこれでいいのでしょうか。

子どもにとって価値ある学習が展開されるために、また、子どもも教師も授業の中で生き生きと活動できるために大切なことは、子どもの「今」の実態・現実に応じて計画を変更し、その後の授業をデザインし直すことではないでしょうか。子どもの発言や表情、つぶやき、プレイの事実、会話の内容などがそのきっかけとなるでしょう。数値に表れる現象だけではなく、「どんなことを発言したのか」「どう動いたのか」「何を考えていたのか」など、子どもの内実を見ていくことが大切です。

それは一人ひとりの子どもを大切に、より深く注目していくことです。窪田（2008）は、授業は不確実で複雑なものであるとし、子どもの発言や表情、場の雰囲気などから状況を認識し、省察を基に次の行為を決定していくことの繰り返しが、教師の力量形成につながっていくと述べています。目の前の子どもの実態を捉えて、授業をデザインし直すことのできる教師を目指し、自身の授業観を問い直していく、そこに質的研究の意義があると考えます。

[3]実践を通して考える質的研究の具体

　質的研究の展開について、中堅のO教諭の実践記録を基に、授業者のO教諭と経験2年目の若いS教諭の省察活動を紹介します。省察の概要は、O教諭によって質的に分析された実践記録をS教諭が読み、抱いた疑問点について協議・検討したものです。

❶実践の記録
　表参照。

❷省察の実際
　ここでは、授業を質的に振り返ることが、授業に対する教師の授業観の変容につながることについて、若いS教諭（＝私）の省察活動から考えてみたいと思います。

表　実践の概要

対　象	小学4年生32名。初めてのネット型ゲーム。
教　材	フロアーボール ※岩田靖氏らによって考案された連係プレイタイプのネット型ゲーム。詳しくは、『体育科教育』2009年11月号を参照。 ※ただし、本実践においては、岩田実践における「3回触球」「アタックエリアから返球」のルールはあえて設定せずに行った。
単元における戦術的課題	自陣で攻撃を組み立てる必要性を感じ、攻撃の組み立て方を見つける（ネットに近い位置からの攻撃の有効性、レシーブ→トスを経由することによるアタックの打ちやすさ）。
質的な分析方法	ビデオ撮影の記録・体育ノートの記述・教師の見取り（つぶやきや表情など）——これらの記録をもとに、プレイの事実や発言した内容、子どもの感じ方などを把握した上で、単元計画を随時変更し、次時の授業をデザインし直していった実践である（量的分析については、毎時間、形成的授業評価を行っている）。

(a) B君への「どうしてパスをしようと思った？」の発問場面への検討から

　第2時で、O教諭がBチームの試合中にB君に声かけをしている場面。チームのリーダー的な存在であるB君は、「何回触ってもええんやから、もう1回打て」と言いながらチームメイトにパスを回すよう声かけをしていた。その作戦が成功して得点した時、O教諭がB君に「どうしてパスをしようと思ったん？」と問う場面があった。

　これは、単元目標である「自陣で攻撃を組み立てる動き」に通じるものである。もし、私（S教諭）であれば、試合中にねらいとする動きが出てきた時点で直ぐにその動き・発言を取り上げて賞賛し、パスの有効性を共通理解する場を持っていただろう。O教諭は、なぜそこで即座に価値ある動きを学ぶ場を設けずに、「どうして？」と子どもに"問い返した"のだろうか。疑問を抱かずにはいられなかった。O教諭はこう語った。

＊＊＊

　まだ、第2時で「ゲームの慣れ」の段階であり、子どもたちはパスの有効性を実感できる状態ではない。パスの有効性を感じる前に、教師が価値づけるべきではないと判断した。むしろ、「なぜ？」と問いかけることによって、課題とする内容を、運動経験を重ねる中で子どもたち自身が気づけるようにしたかった。

＊＊＊

　実際、B君の第2時終了後の体育ノートにはパスに関する記述があったが、チームの他のメンバーにその記述はなかった。B君自身も、「なぜパスをするといいのか」に対して明確な答えは持てていなかった。チーム全員が明確にパスの有効性を感じることができたのは単元終盤（第10時）であったという。

　この省察を通して私は、「子どもと相互作用する中で実態を捉え、教師の意図と子どもの願い、動きの事実とをすり合わせていく」ことの重要性を学んだ。なるほど、子どもがパスの有効性を実感できない状況で、その良さを価値づけたとしても、必要感を持って取り入れていこうとはしないだろう。教師の思いを重視するあまり、子どもの実態に目を向けることなく、内容に直結する動きに飛びつくのは拙速である。例えば今回のO教諭のように、プレイの意図を問いかけたり、ワークシートから個々の実態をつかむなどの、「まずは受け容れる」という教師のスタンスが重要であろう。それが子ども理解を深めることにもつ

ながる。

(b)「どんなボールを打てば点が取れるのか？」の発問場面への検討から

　O教諭は、第3時において、「どんなボールを打てば点が取れるのか」と子どもに問いかける。そして、子どもから出てきた「速いボール」をキーワードに、「速いボールを打つことはできるか」と質問し、「速いボールを打つためにはどうすればよいか」という課題に焦点化していった。この第3時の授業後、O教諭は「教師が期待するような『速く打つ技術を身につけたい』という意欲的な姿勢は子どもたちから感じられなかった」と反省している。確かに現実として、課題に取り組もうとしている子どもは一部に限られていた。私（S教諭）は、教師の発問に対する子どもの反応のうち「何を、いつ取り上げるのか」の判断をする上で重要なことは何であろうかという疑問を抱いた。

　子どもの反応の背景についてO教諭は、「子どもたちに、速いボールを打つ必要感がなかったのではないか」と述べている。結果として、速いボールを打とうとする数少ない「運動が得意な子」と、その必要を感じていない多くの子どもとの意識の"ズレ"がクローズアップされる形になってしまったのである。この事実を踏まえたO教諭はこう述べている。

＊＊＊

　「うまく打てないと感じる人？」など、そう感じている子どもの数を捉えるだけでなく、運動が得意な子どもと他の子どもの間にある感じ方のズレについて、もっと前面に出すべきであった。

＊＊＊

　この省察を踏まえ、次時の第4時の授業プランでは、「チーム全体で取り組むべき課題だという必要感をもたせること」をテーマとして掲げている。そのために、課題確認場面で「うまくいかなくて困った」という意見を取り上げ、子どもたちが感じていることを明らかにした後、速いボールを打てる子どもとそうでない子どもの得点を比較するデータを提示した。そのことによって、速いボールを打つことがチーム全体の得点アップにつながることに気づかせていった。第4時では前時とは違い、子どもの意識が課題に迫っていったという。前時では見られなかった子どもの姿が見られたのである。

　「子どもの発言の何を、いつ取り入れるか」という課題について、O教諭は、「運

動が得意な子どもの発言だけが取り上げられがちになる」という現実を反省的に振り返り、運動が得意な子とそうでない子の感じ方のズレを明らかにする教師の支援が必要であると述べている。それによって、課題意識を学級全体で共有し、子ども同士がつながっていけるとも述べている。

　教師が意図する動きにつながる発言を取り上げて課題設定をすれば、教師のねらいに沿って授業は展開するかもしれない。しかし、そこには教師の意図と子どもの意識とのズレが生じてくることも多い。そこで、省察を通して、教師の意図と子どもの意識や実態をすり合わせ、軌道修正しながら授業を展開していく必要がある。それによって、単元を通して子どもの意識の流れをつくることができる。例えば、第4時のように、運動が得意な子とそうでない子の感じ方を明らかにする支援が、子どもが必要感を感じる課題へとつながるのであろう。

　また、授業における一つの出来事を振り返ることは、子どもの実態を捉え直すことにつながる。そして、次時の授業を創っていく上での手がかりとなる。この作業の繰り返しが、「個々の実態を見取ろう」という教師の意識を喚起し、より的確な子どもの実態把握にもつながる。さらに、そのことは子ども理解の深まりとなり、学級経営を行っていく上での重要な財産になる。実際に単元後半には、運動が苦手で発言も少なかった子どもが友達にアドバイスをしている姿も見られるようになり、そのアドバイスがチームメイトにも受け入れられるようになってきたという。運動が苦手だった子どもの姿を捉え、時間をかけて自分と他者の感じ方のズレを考えさせていくことで、チームとしての絆が深まっていく。それは、教師が個々の実態を捉え、個々の考えを大切にした授業展開を行ってきたからこそ生まれたかかわり合いであろう。一人ひとりの理解の深まりが、一人ひとりのよさを認めることにつながり、学級経営につながっていくのだと改めて感じた。

[4] 量的研究と質的研究は「車の両輪」

　実践記録を中心に質的研究の意義について述べてきました。しかし、筆者らは、量的研究と質的研究の一方だけを肯定的に捉えているわけではありません。

両者は、「車の両輪」のようなもので、相互補完させながら授業をより詳細に分析していくべきだと考えています。このような授業分析を話題にしていると、教職経験5年の20代の研究仲間が次の話をしてくれたことを思い出します。

「大学院生の時にも、ある学校で単元を通しての授業をさせてもらったことがあるんですよ。そのときは、クラス全体の形成的授業評価が上がったか、下がったかに一喜一憂していました。でも、教員になるとクラスにはいろいろな子どもがいるんですよね。形成的授業評価も、全体の値ももちろん気になるんですが、値が下がっている子どもに対して『どうしたんだろう？』と疑問を持つようになりました。そうなると、やっぱりその子どもを見るようになるんですよね」

このように、量的研究をきっかけに質的研究を問い、子どもをより注意深く見るようになることもあります。また、今から7年ほど前、香川県で体育授業研究会を開催したときにも、単元を通して、毎時間の量的な分析と質的な分析を行い、リフレクションをもとに次時を練り直すスタイルの授業を行い、研究会で発表しました。ある先生が、発表後すぐに我々のところに近づいて来られ、「これこそ授業研究だよな！」と言っていただいたことをよく覚えています。

量的研究と質的研究、それぞれの方法によって、子どもの現実に向き合おうとした教師の姿勢に対し、言葉を送っていただいたと感じています。この2人の話からもわかるように、学習が教師と子どもの相互作用の中で成立していくために、教師は、量的研究と質的研究を「車の両輪」と捉え、子どもの現実から学ぶ姿勢を忘れないことが大切なのではないでしょうか。

[引用・参考文献]
○窪田啓伸（2008）いま必要な教師の「授業力」とその形成のために．体育科教育56（1）：64-67．

（『体育科教育』2013年2月号）

第2章-4

フィールドの〈内側〉からの体育授業研究

日本大学教授　鈴木　理　　日本大学助教　伊佐野龍司
白鷗大学准教授　内田雄三

[1] はじめに

　全国津々浦々で行われている体育授業のどれもが「よい体育授業」であること、それはたしかに大いなる理想ではありますが、その実現をストレートに信じ込む人はほとんどいないでしょう。

　むしろ教育実践の現場は、お世辞にも「よい」とは呼び難い、いやそれどころか幾多の困難を抱えた「問題ありあり」の授業に満ち溢れていると見たほうが的確かもしれません。淀んだ雰囲気、希薄な人間関係、マナーやエチケットの頽廃、そしてこのような状況を何とかしようと孤軍奮闘する教師……。それは決して稀なケースではなく、どこにでもある体育授業の光景ではないでしょうか。

　この（残念な）現状に思いを致すとき、授業研究の問題意識は、「よい体育授業」よりもむしろ「ありふれた日常の授業実践」の中から導き出され、その研究成果は常に自己反省を通じて日常へと再帰的に埋め戻されるべきであると考えられます（根上、2012）。それは、「よい体育授業か否か」の価値判断を一旦カッコに入れて留保し、現実を「ありのまま」に受け入れるところから出発することを意味します。

　というのも、「よい体育授業」に関する専門的知識をいくら演繹しても、そうしたコンテクストフリーな言葉では、現場の生々しい世界を雄弁に語り出すこ

とはできないからです。もとより、どのような理念や論理に依拠しようと、体育授業は常に「単なるひとつの授業」であって、それ以上でもそれ以下でもありえません。たとえ「成果が上がっていない」(ineffective) とか「失敗」(unsuccessful) などとネガティブに評される授業でも、それは教師と子どもに生きられる臨床的〈場〉として存立し、決して抹消することはできないのです。ここに至っては、その体育授業の良否を裁定することにもまして、現場の当事者たちの営み（practice）が織り成す「物語」を読み解き、意味了解することが第一義的な問題関心となってきます。

このように、体育授業研究の基本的コンセプトを「ありふれた情景の記述」と定立すると、これに最も長けた人は他でもない、その授業を担当した教師であることに気づくでしょう。ここで、そのような実践者の授業の内実に迫ろうとすれば、彼らの生きられる世界としての授業の臨床的〈場〉に潜入し、ひたすら彼らの経験（出来事）に寄り添うことを通じて「対象との深い相互作用のプロセスで、人間の内部に生ずるもの」（高橋、1992）を記述することが欠かせません。

そこで本稿では、私たちがしばらくの間、小学校の体育授業の〈場〉に身を置きながら進めてきたフィールドワーク（参与観察）を手がかりとしながら、体育授業研究の新たな方法論的可能性について考えてみたいと思います。

[2]フィールドワークの方法

一般に自然科学が志向する真理は、客観的・普遍的・無時間的なものであり、それゆえいつでも誰にでも当てはまるものです。しかし、一回的・個別的現象が繰り返し起こる体育授業の現場では、そうした完全な真理を手に入れることは原理的には不可能です。したがって、現場で求められる「現象に当てはめることが可能な一般的な知」とは、自然科学的な真理ではありえません。

だからといって、教育実践に資する一般的な知を得ることの可能性が全くもって閉ざされてしまうわけではありません。実際、さまざまなスポーツ競技で名声を博したアスリートたちが残した言葉（桑原、2008）は、つとめて特殊な状況下の個人的見解であるにもかかわらず、それが日常世界に生きる多く

の人々を惹き付け、「希望の言葉」として受け取られることは少なくありません。

では、実際の体育授業の現場で、私たちが体験する現象を説明し、実践活動における予測と指針を与えてくれる「知の体系」を構築するためには何が必要なのでしょうか。この問題に迫る上で、近年、さまざまな臨床の〈場〉で体験される「主観的／相互交流的であいまいなもの」を記述・解釈するための研究法が打ち出されるようになったことが注目されます。

例えば、医学領域で提唱されるようになった「ナラティブ・ベイスト・メディスン」（ハーウィッツ、2001）、歴史哲学における「物語り論」（野家、2005）、心理学における「エピソード記述」（鯨岡、2005）、あるいは教育学における「教育詩学」（鈴木、2006）の試みなど、総じて「語り」に焦点化した認識論です。このようなアプローチは今日、社会構成主義や構造構成主義など、広義の構成主義とゆるやかな連係を保ちつつ、多くの学問領域において、人間科学の方法論あるいは文化の基礎理論として多様な広がりを見せています。

これらのアプローチに通底するのは、「本人にのみ接近可能な私秘的『体験』は、言葉を通じて語られることによって公共的な『経験』となり、伝承可能あるいは蓄積可能な知識として生成される」（野家、2005）とする認識論です。その意義は、次の言葉から汲むことができると思われます。

＊＊＊

……私たちは何かの平均的な一般的意味を導こうとしているのではなく、あるいはまたいくつかの事象を概括してそこに一般的な意味を見出そうとするのでもなく、むしろそれとは逆に、あくまでも徹底して個別具体の中に降りて行って、個別具体であることをより鮮明に描き出すことを通して、その個別具体の事象のもつ隠された多声的な意味を掘り起こし、それによってエピソード記述の了解可能性を高めようとします。私たちの立場では、多くの読み手に了解可能であればあるほど、その事象のもつ意義の一般性が認められたということができるでしょう（鯨岡、2012、p. 55）。

＊＊＊

ここで、私たちは今、体育授業の良否について判断停止しているということを再度思い起こしておきましょう。このような文脈においては、研究を進めるにあたって、大谷（1997）が指摘する次の4点が重要な参照事項となります。

①仮説検証型アプローチのような実験的な研究状況を設定せずに、対象とする事象そのものを観察する。
②検証すべき仮説や理論を持ちこんでそれを検証することを目的とするのではなく、観察や面接とその言語記録から「意味」を見出し、「概念」を構成して、理論を構築することに努める。
③実証的研究のように、研究者の主観を排さず、むしろ主観や解釈を重視する。
④観察や面接の記録のような一次資料を重視するが、書物やその他の資料など、関連する資料は二次資料でも積極的に利用し、それらを総合して分析を行う。

こうして今、私たちはフィールドワークのスタート地点に立ったわけですが、そこから歩を進める過程で予想されるのは、現場から得られた知見の妥当性や信頼性を疑問視して、「それは科学なのか？」と問い質す声が浴びせられるという事態です。

[3]「科学」をめぐるアポリア

前項の疑義は、端的には、間主観的な「解釈」と客観的な外部世界との乖離を指摘するものです。このように「客観的実在」が前提される場合、当該外部世界を正確に写し取ることが科学の生命線となり、これを達成する上で、自然科学的方法が優位であることは明らかです。だからといって、劣勢を挽回するために「現実は言語を通じて社会的に構築される」とする立場に転じても、今度は数多語られた言説の一々を、相対的にすべて現実として認めざるをえないという矛盾を抱えることになるでしょう。

こうしたアポリアを乗り越えるためには、当該知見が「科学であるか否か」を裁定するに先立って、「科学とは何か」を支持する根本原理の検討が必要となります。ここで従来広く支持されていたのは、現象を数量化して記述し推論を行うことによって、他の研究者に対して再現性や比較可能性が開かれている、という要件でした。

しかし、池田（1998）によれば、科学とは「同一性（構造や形式）の追求」であって、自分の意識や経験（内部世界）とは独立して存在している世界（外部世界）の実在性を仮定しなくても、科学は十分に成立すると断じています。

この見解に従うならば、体育授業の物語はもちろんどれもが個別的ではありますが、それらに通底する「物語の構造」を見出すことができれば、そこに一つの「メタ物語」が構成されるのであり、そのような営みは科学と呼びうる、ということになります。

　なお、個々の物語はもとより間主観的な解釈の産物であるため、別な解釈の仕方も十分ありえます。この「解釈の複数性」は、必然的に「構造の存在論的複数性」を導きます。したがって、私たちが依拠する人間科学的な立場においては、単一の構造によって現象を遍く説明しようとするのではなく、現場の実践者の関心に応じて、有用と思われる構造を複数提示したり、その構造を視点として用いることにより、複雑な現象をどのように理解することが可能となるのかを示したりすることがめざされるのです。

[4]〈内側〉からの研究事例

　これまでに述べてきたような考え方に立って進められた授業研究の事例を紹介します。

　この研究は、筆頭著者である大学院生（執筆当時→現職は日本大学助教）の伊佐野、授業者である内田（執筆当時→現職は白鷗大学）、そして私（鈴木）が関わり、小学校5年生のセストボールの授業の中で子どもが課題を解決していく過程でどのような意味生成がなされるのかを記述・解釈したものです。

　授業の参与観察に先立って、観察者（伊佐野）は約6ヶ月にわたって週1回のペースで当該学級に通い、授業（体育以外の教科も含む）や休み時間を子どもたちと過ごすことで友好的な人間関係を築きました。こうして、セストボールの単元に入る頃には、子どもたちと情況を共有する「仲間」として授業の場に居合わせることができたのです。以降、図1とともにお進みください。なお、本稿では紙幅の都合で大要を示すに留めますので、詳細は伊佐野ほか（2011）をご参照いただければ幸いです。

　さて、単元当初、ゲームが展開するコート上では、ボールを持った子どもの意識は「いかに仲間やゴールに向かって投げるか」に焦点化される一方、受け手のほうは「それをいかに捕球するか」という〈行為〉に執心しており、競争

図1　セストボール単元における児童の意味生成過程

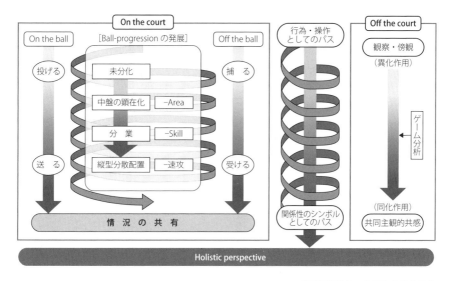

(伊佐野ほか、2011より引用)

課題を解決するための具体的な手だてについては未開拓でした。

　その後、単元が進む中で、精度の低いロングパスを用いるよりも短いパスをつないでいくほうが有効であるという声が上がるようになり、次第に自陣から相手側へと攻め上がっていく際の「中盤」の重要性が高まってきます。すると、そこでボールを失うことなく攻撃を続けるための具体的な解決策をめぐって、チーム内で合意形成が見られるようになりました。やがてコート上のメンバーは、チームとして取り組む攻撃過程の全体像（ボールを奪取したところからシュートを放つまでの過程全体）を把握しつつ、それを仲間とうまく分業しながら担うようになり、〈情況の共有化〉が進展しました。

　一方、チームの仲間が行うゲームを外から観察するコートサイドの子どもたちは、当初、競争課題の解決がままならない仲間に対して有効な言葉掛けを行うことができず、〈傍観者〉に甘んじていました。

　とはいっても、そうした子どもたちも自らコートに立って当事者となる出番

はすぐに回ってきます。また、VTR収録されたゲームをチームごとに観察・分析する時間が別途設定されたりもしました。こうして、ゲームの〈内〉と〈外〉の往還が螺旋的に繰り返されると、やがてゲームを「行う者」と「見る者」の分節化は消滅し、そこには共同主観的共感が生まれてきます。

　こうした過程を通じて、子どもたちにとっての「パス」は、単に「投げる／捕る」という行為としての意味合いを脱して、それ以上の意味を帯びるようになっていきました。

　すなわち、ボール操作（on the ball skill）に直接関与する者はもとより、ボールから離れたところで戦術的行動（off the ball movement）をとる者、さらには、そうしたコート上（on the court）のプレイヤーばかりでなくコートサイド（off the court）の観察者も含め、ゲームのあらゆる当事者の間に取り結ばれた関係性の現れとして、「投げる」から「送る」へ、また「捕る」から「受ける」へと意味構築されていったのです。

　このようにして提出された知見は、教師と児童に生きられる世界における記述のバリエーションの一つであって、後に更新されたり書き換えられたりする可能性に対して常に開かれています。だからといって、それは「いい加減」とか「何でもあり」ということではありません。

　なぜなら、現場で「何が見えたのか」を示すだけでなく、それに先立って「どこから、どのように見たのか」という〈メガネ＝解釈枠組〉を明示することによって、読み手の誰もがそのメガネを装着し、書き手と同じ地平に立って情況にコミットすることを保証しているからです。

　鯨岡（2012）が指摘するように、私たちは唯一絶対の正しさではなく、多くの読み手にとっての了解を導くために、「多声的な意味の掘り起こし」の一端を担っているのです。

［引用・参考文献］
○グリーンハル・ハーウィッツ：斎藤清二・山本和利・岸本寛史監訳（2001）ナラティブ・ベイスト・メディスン：臨床における物語りと対話．金剛出版．
○池田清彦（1998）構造主義科学論の冒険．講談社．
○伊佐野龍司・内田雄三・鈴木理（2011）小学校体育授業における意味生成過程：セストボー

ルを対象にして．体育科教育学研究27（2）：1-17.
○鯨岡峻（2005）エピソード記述入門：実践と質的研究のために．東京大学出版会.
○鯨岡峻（2012）エピソード記述を読む．東京大学出版会.
○桑原晃弥（2008）「トップアスリート」名語録．PHP研究所.
○根上優（2012）大学体育授業の意義と効果．橋本公雄・根上優・飯干明編、未来を拓く大学体育：授業研究の理論と方法．福村出版、pp. 14-44.
○野家啓一（2005）物語の哲学．岩波書店.
○大谷尚（1997）質的研究手法：教育工学からみた質的授業研究．平山満義編、質的研究法による授業研究：教育学、教育工学、心理学からのアプローチ．北大路書房、pp. 140-153.
○鈴木晶子（2006）これは教育学ではない：教育詩学探究．冬弓社.
○高橋勝（1992）子どもの自己形成空間．川島書店、p. 38.

（『体育科教育』2013年5月号）

第2章-5

指導力量を高める体育授業研究の方法

筑波大学准教授　長谷川悦示

[1] 専門職的な知識と技能、優れた意思決定能力

　大学の教員養成課程の大きな使命は、養成から研修の継続的な教師力の発達段階をみすえて、教職志望学生に学習指導に関する専門職的な知識と技能の習得、実践場面において学習者や状況に応じてそれらを効果的に使いこなせる意思決定能力を養成することにあるといわれています（Siedentop, 1991）。

　体育教師を志す学生たちには、幼少期から学生時代にかけて豊富な運動経験を有していて、卓越した運動技能を身につけているものがいます。しかしそうした知識や技能を実際の指導場面で、学習者に効果的に伝達することは容易ではありません。

　しばしば、子どもには理解できない専門用語を使ってしまったり、情報処理能力を超えた複数の課題を要求したりします。学習者の思考や目線で伝えることができないのです。また一方で、丁寧な教え方でわかりやすく指導していても、肝心の伝える内容が誤っていて、結果として学習成果を生まないこともあります。指導する教科内容についての専門的知識の欠落です。

　大学・大学院の教師教育に携わる教育者・研究者には、学生に教科に関する専門的知識と同時に教授学的知識など専門職として必要な知識や技能をバランスよく習得できるようにカリキュラムや指導法を構築することが強く求められています。

ここでは、筑波大学における模擬授業を中核とした授業実践を例として挙げ、そこでの理論的な考え方、そして授業力量を高めるための授業省察の方法について考えてみます。

[2]「体育授業理論・実習」の概要

筑波大学では、平成12年度以降、模擬授業を中核とする授業「体育授業理論・実習Ⅰ～Ⅲ」(以降、理論実習)を開設して、基礎的な実践的指導力の養成を図ってきました(長谷川ほか、2003、図1)。理論実習ⅠとⅡでは、受講生は教師役・生徒役を務める模擬授業を計画、実行、反省、そして最後に修正指導案を作成します。そのなかでは、撮影された授業映像の視聴、組織的観察法による期間記録および教師の相互作用行動記録、授業省察シートの記載等が学習課題とされ、体育教師に必要とされるさまざまな知識と基礎的な教授行動に関するスキルを高めるように設計されています。

なお、平成24年以降は、筑波大学大学院体育学専攻でも同様の模擬授業を中核とする「体育科学習論」を開講して、専修免許状を取得する際の必要科目として位置づけています。

❶授業展開・学習課題

理論実習ⅠとⅡはそれぞれ3年春学期(4-7月)と3年秋学期(10-12月)に10回(1授業75分)の授業からなり、前半5回を理論(組織的観察法、省察方法)と指導案作成(単元計画と授業案)に充て、後半5回で模擬授業を実施します(なお平成25年教育課程変更以前はそれぞれ2年3学期、3年1学期に実施していました)。

11回目のテストでは、最終反省会を開き、記述した授業省察シートを受講生が要約して、各自の省察内容を検討します。75分という授業時間の制約もあり、受講者には授業外で多くの学習活動が要求され、次のような学習課題が位置づけられています。

①授業グループ内の協議会およびリハーサルと指導案提出(10点)。
②模擬授業前の担当教員との打合せ(briefing、10点)——ここで指導案に書

図1 筑波大学の体育模擬授業を活用した教師教育カリキュラム

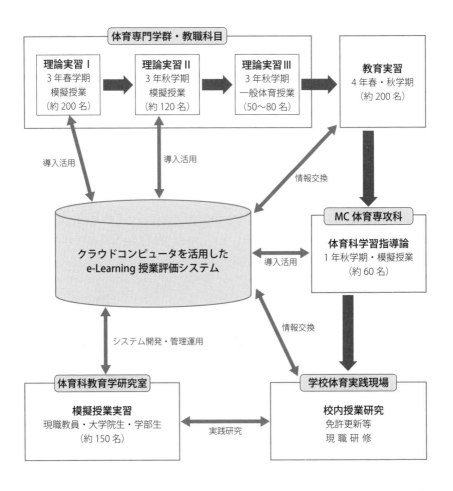

図2　模擬授業評価システムの概要

かれていない細部(集合場所、ボールの数、待機場所、練習時間・回数・ローテーション方法など)を確認して授業に臨ませています。時には大幅な修正もあります。

③授業実施後の授業グループの反省会(debriefing、10点)——授業グループごと昼休み等に集まり、組織的観察データならびに教授行動チェックリストを評価しながら授業を振り返り改訂指導案について考えます。

④授業評価システムによる授業評価とリフレクション(50点)——Web上で授業映像を視聴しながら、評価や省察を記述します。

⑤修正指導案の作成(20点)——受講生による授業評価・省察は、評価サマリーシートなどに集約されて受講者に即時にフィードバックされます。そこで指摘された評価(問題点、改善策)を踏まえて、当初の指導案に赤字で訂正を

記した修正指導案を作成します（図2参照）。

❷対象受講生

　受講生は理論実習Ⅰで約200名、理論実習Ⅱで約120名が履修します。平成25年度教育課程改訂で、理論実習Ⅰは教育実習の前に必ず履修する科目とされています。それぞれ40名を1クラスとして担当教員1名、TA2～3名が担当します。理論実習Ⅰを履修しないとⅡは履修できません。

　理論実習Ⅰは、自分が主に専門とする運動種目の授業を担当とすることができ、Ⅱではそれ以外の運動種目を担当することとしています。この方針は、教師体験のない受講生に教師としての成功体験を与え、教職志望の動機を強めて欲しいという願いと、受講生が持っているより高度で最新の専門的な知識を模擬授業のなかで発揮することの大切さとその難しさを同時に実感して欲しいという期待からです。

❸模擬授業の進め方

①受講生は1グループ8名からなる運動種目ごとのグループに分かれ、5授業グループが集まり1クラスを構成します。
②各授業グループは、学習指導要領、実技書や国立教育政策研究所の例を参照して、単元計画と授業案を作成します。その際、授業は4パート（導入、展開1、展開2、応用）から構成して、それぞれに運動教材を設計するように求めます。メンバーは2人組となり分担パートの運動教材と約12分の学習過程を指導案にする協同的学習を進めます。
③各クラスが20名の2つの小グループに分かれて模擬授業を実施します。8名のメンバーはそれぞれの小グループの4パートのいずれかの教師役を実行することになります。結果として受講生全員が最低1回は教師役を経験することができます。

❹理論実習Ⅲ

　理論実習ⅠとⅡをともに履修した者（例年50～80名）が、3年秋学期に理論実習Ⅲを受講可能となります。理論実習Ⅲは、筑波大学体育センターが開設

する一般学生を対象とする「共通体育」に指導補助として参加します。受講生は担当教員の指導のもと参与観察しながら、一授業時間または一部を指導したり、担当グループを指導したりして実習します。受講生は、授業ごとにノートに省察をまとめ、担当教員のコメントや指導を受けます。

[3]理論実習の基本コンセプトと理論的背景

開設当初からの理論実習の基本コンセプトは以下の通りです（長谷川ほか、2003）。
①体育授業を実施するために必要な最低限の知識を提供する。
②マイクロティーチング、模擬授業などの実習形式で、授業を経験する機会を提供する。
③教師、生徒、観察者の役割として授業を組織的観察法により分析・評価する機会を提供する。
④分析・評価のデータに基づいて省察（リフレクション）を要求する。

❶体育教師の知識構造

まず、①については「体育教師の知識構造」に関する研究を背景としています。Shulmanの提案した教師の知識構造から多くのモデルが考案されてきましたが、そのなかで、Cochran（1993）は、教師は4つの知識の要素、つまり指導法（pedagogical knowledge）、学習環境（environmental contexts knowledge）、教科内容（subject matter (or content) knowledge）、学習者（learners knowledge）に関する知識を識別して、それらが相互に関連し合いながら、学習者に応じて内容を指導する知識であるPCK（pedagogical content knowing）を発達させることを提案しました。

この構造モデルで、学習環境に関する知識を主要な知識として位置づけているところに注目したいものです。体育のように屋外や体育館で授業を実施する教科では、環境条件（施設・用具、天候等）はきわめて重要です。教育実習生にとっても、実習校の施設の大きさ、用具の数等の情報は授業を設計するために知っておかねばなりません。また天候によっては複数クラスが同時に施設を

共有することになり、対応能力が問われます。Jenkinsほか（2005）の教育実習生を対象とした研究では、実習生のPCKをもっとも発達させるのは対象の学習者と同時に学習環境であることを報告しています。つまり、誰にどこで教えるかに直面することで内容の具体性や学習の手順をより明確に意識することができるようになるのです。

❷協同的学習法

　②に関連して、「協同的学習法」（cooperative learning）が授業に組み込まれています。受講生がグループの中で責任ある一定の役割を担うことで模擬授業は完遂します。これは教師役の4パートだけではなく、生徒役や観察役の受講者がそれぞれの立場から授業目標・課題に対して適切で意味のある省察を繰り返すことを要求するものです。この学習過程を繰り返すことは、よりよい授業の姿を受講生のなかに構成させていく力となるはずです。

　こうした協同学習での受講生間の関係性は、大学のなかで閉じるものではなく学校や社会における同僚性につながります。理論実習で仲間とコミュニケーションをとりながら協同的に学習することによって、教員が自律的に成長するために必要な同僚性とそれをもたらす専門職コミュニティーの形成の意義を学ばせたいのです。

❸組織的観察法

　③については、代表的な観察法である「期間記録法」と「教師相互作用記録法」を学習させています。また、「授業評価法」（質問紙法）として、生徒による形成的授業評価法と観察者による体育授業評価法で模擬授業を相互評価します（高橋、2003参照）。特に組織的観察法は、体育教科教育学の科学的アプローチを切り開いてきた有効なツールです（長谷川、2007参照）。期間記録法からは、全体での説明である学習指導場面を20％程度に抑え、移動・待機などのマネジメント場面を10％台とすることで、運動学習場面は50〜60％を確保する、また認知的学習場面を設定して生徒の理解度を高めるように配慮する、などが教師役の目標となります。

　また教師相互作用行動記録では、教師の生徒に対する言葉かけを記録します

が、学習成果につながる相互作用行動として、発問、励まし、フィードバック（FB）があり、それぞれ個人、グループ、全体の対象ごとに記録します。FBについてはさらに肯定的（ほめるなど）、矯正的（助言を与えるなど）、否定的（厳しく叱るなど）に区分され、それぞれ一般的か、具体的かに分けられます（「いいよ」「やりなおそう」などの一般的FBと「手足が前よりも良く伸びてとってもいいよ」「もう少し、足を上げるのを意識するといいよ」などの具体的FB）。ベテラン教師であれば、相互作用行動は一授業で100回を超えますが、学生であれば10回に満たない者もいます。また、学生のFBは具体性が乏しく、対象が不特定で個別に向けられた回数がベテラン教師に比べて少ない傾向にあります。担当12分を考慮すれば、25〜30回程度の相互作用行動を実行することが目標となります。

　組織的観察法のデータと授業評価との関係性をみると、生徒や観察者からみて評価が高い授業の特徴は、上述の目標を達成した授業であることが裏付けられます。これは受講者が組織的観察カテゴリーの教師行動を意識的に実行しようとした証拠とみることができます。

❹授業省察

　④の「授業省察」(reflection) を求めることは、模擬授業のもっとも核心となるところです。協同的学習を通して模擬授業を実行し、組織的観察法などで授業の客観的な現象の側面を把握したからといって、授業力量が育つものではありません。肝心なのは、それらの証拠に基づいて授業を様々な立場から複眼的に振り返り、問題点や優れていた点、改善策を考察する授業省察です（長谷川、2010）。

　PCK知識構造を発達させ教師を成長させるものこそ、授業省察にほかなりません（Jenkins, 2005）。省察には、授業をしながら授業で生起する諸事象や状況との対話として行われる活動中の思考である「行為の中の省察」(reflection in action)と、授業の後に出来事の意味や実践の事実を対象化して検討する「行為についての省察」(reflection on action)があります。模擬授業では後者の力を育み、そして所定のリフレクションシートに積極的に記載させることで、授業中の「行為の中の省察」の能力、つまり、意思決定能力を発達させることを

ねらっています。

　授業では、4パートのそれぞれについて①学習課題（教材・教具）、②学習環境（施設用具・掲示物・学習資料・場の設定）、③教師行動（説明・声かけ・安全管理・時間配分）、④学習者の反応・授業の雰囲気の4観点それぞれについて、「事実」「評価」「原因・理由」「改善策・参考点」の4つの次元に分けて省察を言語化することを求めています。また総合として授業全体を通しての①学習課題（教材・教具）、②授業展開（時間配分・学習過程、4パートのつながり）、③単元計画（単元目標・内容・単元内の本授業の位置づけ）の3観点それぞれに上述の4次元での省察を求めます。

[4]授業力量・教師力を高める授業省察

　省察にはいくつかの水準があります。1つ目は主に教授技術に関する技術的省察で、指導法が目標達成の手段として効果的であったかに関するものです（教師の声の大きさ、説明の仕方、集合のさせ方など）。2つ目は教材に関する実践的省察で、学習課題に対して設定した教材がうまく機能したかというものです。そして、教師の指導観や信念などからの批判的な省察です。この省察には、提案された授業に対して、なぜこの教材や授業であるのかといった社会文脈的制約や政治的、倫理的理念を問い直す省察が含まれます。例えば、男女共習か男女別習か、ある特定の運動種目の重要さを決定するなどの背後には社会的制約や教師の価値観が存在しています。

　学生は、教授技術に関する技術的省察については具体的に述べて改善点を提案できますが、教材についての実践的省察は具体性が乏しいものです。そのため、学生たちには教科内容に関する知識に加えて実際の生徒の反応・学習活動をイメージして深く読み解く能力が必要です。

　それゆえ、模擬授業評価システム（図2）に授業の動画再生機能を加えたことは意味があります。撮影された映像ではありますが、受講者のより正確な記憶再生を手助けするでしょう。最後の批判的省察は、学生の省察のなかで出現するのは稀です。内容としては、実際の中学生に提案した授業が適合するかや、男女のグループ構成、技能水準で生徒を分けた場合の出来ない子に対する処遇

などを問題とするものがあります。

　これらの省察の水準は、教育現場の校内研究授業における授業後の協議会での発話内容を聞き分け整理する時に役立ちます。技術的省察は、活動場所・隊形の設定、マネジメントの良し悪しや学習の規律といった移動の素早さ、生徒の学習に取り組む姿勢が含まれます。実践的省察は本時のねらいが達成できているかに的を絞った省察です。例えば、ボール運動の授業に組み込まれた一連の学習活動が、最後のゲームにつながっていないのはなぜか。前後の学習がつながるように教材を考案し配列する必要があるのではないか。また、マット運動や鉄棒運動で、補助の位置や方法はそれでよいのか。なぜその方法を選択したのか、他の方法はないか。最後の批判的省察は、それぞれの教師の指導観や教材観が衝突するものです。なぜ自分がこの方法や教材がよいと考えるのか、普段は意識しなかった教師それぞれの背後にある信念や価値観が明らかになる場合もあります。こうした時こそ自身の授業力量をあらためて問い直す絶好のチャンスとみることができます。

　現在、筑波大学では、学部での模擬授業と教育実習を経験した大学院での模擬授業だけでなく、他大学と連携して学外での現職教員を交えた模擬授業研究会を定期的に実施しています（http://utpe.tsukubauniv.jp/）（図1参照）。今後さらに、大学と学校現場の校内研究授業とが連携した授業実践研究ネットワークの構築をめざしています。そのなかで教員を志す学生と現職教員にとって意味のある実践経験と授業省察の進め方を探求していきたいと考えています。

［引用・参考文献］
○Cochran, K. F. et al. (1993) Pedagogical content knowing: An integrative model for teacher preparation. Journal of Teacher Education. 4: 263-272.
○長谷川悦示ほか（2003）筑波大学における体育教師教育カリキュラム及び指導法の検討：「体育授業理論・実習Ⅰ・Ⅱ・Ⅲ」の授業展開．筑波大学体育科学系紀要26：69-85．
○長谷川悦示（2007）よりよい授業のための授業分析―その方法と評価の視点―．体育科教育55（7）：18-21.
○長谷川悦示（2010）教師力を高める体育授業の省察．高橋健夫ほか編著、新版体育科教育学入門．大修館書店、pp. 257-262.
○Jenkins, J. M. et al. (2005) Preservice teacher observations in peer coaching. Journal of

Teaching in Physical Education, 24: 2-23.
○Siedentop, D. (1991) Developing teaching skills in physical education (3rd ed.) Mountain View, CA: Mayfield.
○高橋健夫編（2003）体育授業を観察評価する．明和出版．

（『体育科教育』2013年4月号）

第3章
教材づくりから考える よい体育授業

第3章-1

教材づくりとよい体育授業

南九州大学教授　宮内　孝　　信州大学教授　岩田　靖

[1] 教材づくりの思想

　私たちに与えられたテーマは、「教材づくりとよい体育授業」です。「教材づくり」は体育授業研究会において、多くの会員が大きな興味・関心を寄せ、重視してきた事柄であると言ってよいでしょう。

　さて、以前『体育科教育』誌の「教師が変われば子どもが変わる」という特集の中で、「それは『できない』原因が子どもにはないと悟ったとき」と題する小論を書きました（宮内、2009）。それは、授業において子どもにわかち伝えるべきものを、わかち伝えられなかったとき、その原因を子どもの能力不足に求めるのではなく、教師の指導力に問題があることを強調したものでした。伝えようとしていた中身そのものの妥当性を問い直すとともに、伝えようとする方法論のあり方を再検討することの重要性です。

　実のところ、このことが「教材づくりの思想」でしょう。教材づくりというのが、授業の中で「何を、どのように教えるのか」を橋渡しする教師の目的意識的な思考を反映しているものであるからです。

　私たちは、「何を、どのように教えるのか」に関わって、子どもたちが取り組む運動の本質的な課題性のありかと、子どもが往々にしてつまずきやすい側面への接点に、学習内容の中核の抽出と教材づくりの視点を向けてきました。そこで本稿では、体育授業研究会との関わりが深かったボール運動（ベースボー

ル型）の教材づくりを事例に取り上げてみます。

[2] 教科内容（学習内容）と教材化における組み替え

　ちなみに近年、ボール運動（球技）領域の学習指導において、ゲームの「戦術的気づき」（状況に応じた判断・意思決定）の大切さが取り上げられるとともに、「ボール操作の技能」に加えて、「ボールを持たないときの動き」が新たな強調点として指摘されるようになっています。このことはボール運動の教科内容の抽出やその選択に関わる捉え直しが起こっていることを意味しています。

　また、それらを反映した単元教材・下位教材に位置する修正ゲームや練習ゲームなどの工夫が議論されています。これらはこの領域における「教科内容と教材の2つのレベルでの情報の組み替え」についての思考です。そこでは当然ながら、ゲームに実質的に参加できない子ども、ゲームの中でうまくプレイできない子どもへの着眼があることは言うまでもありません（岩田、2010）。

　教科内容（学習内容）レベルでの情報の組み替えとは、当該のゲームに求められる戦術的・技術的内容に関する既存の情報を吟味したり、新たに抽出しつつ、学び手にとってのわかりやすさや技能の獲得のしやすさの観点からそれらの内容の学習過程における位置づけや配列を検討することであると言えます。実際には、それらの情報が子どもの取り組む直接の対象となる具体的な教材に組み替えられる必要があります。この組み替えの論理は、藤岡（1981）が社会科教育の授業実践を下敷きに提示したものでした。

　このような観点から、発達段階に応じたゲームの複雑性を考え具体化した教材づくりの一例を「ベースボール型ゲームの教材の系統性を探る」のタイトルでのもとで紹介したことがあります（岩田、2011）。ここではその発想の原点を少しばかり振り返ってみることにします。

　宮崎県の体育研究サークル・三水会において、1990年代の後半、それまで同会で行っていたボール運動の授業実践を省察し、学習内容の問題に遡っての再検討を試みました。そこでは学習内容を検討する視点として次の2つの事柄を念頭に置いていました。

＊＊＊

⑴ゲームに参加しても、実質的にボール操作に加わることのできない子ども（ボールに触れる機会がほとんどない子ども）の存在。
⑵ゲームに参加するチーム内における子ども同士の相互交流を生み出しうる可能性。

＊＊＊

　この２つの視点から、ボール運動の導入的段階では、ボール操作の仕方や技能に先立って、ゲームの中で「どのように行為するのか」についての理解や判断を大いに問題にすべきであることに着眼点を向けました。換言すれば、「運動能力が低いから」といった理由からではなく、「どのようにすべきなのかわからないから」実質的にゲームに参加できないのではないか、といった発想に立つべきことを確認したのです。また、その「わからないこと」を媒介にしながら、子ども相互の交流を促す授業展開を可能にする手がかりが得られるのではないかと考えました。

　そこで、ボール運動におけるゲームの「状況判断」に問題意識を向けたのです。つまり、ゲームの面白さの源泉として、ゲーム状況の判断を学習内容に位置づけ、クローズアップすべきこと、また、ゲームの中で要求される技能的な内容とのバランスを考慮しながら、これまでのボール運動の指導を組み替えていく考え方について発信していく必要性を意識化していったと言えます。

　このようなところから、バスケットボールを素材にした議論と実践を、本会の第１回つくば大会（1997年）で発表し、この経緯の詳細について機関誌『体育授業研究』の創刊の巻に論述しました（児玉ほか、1998）。この発想の延長線上において、ベースボール型の教材づくりの端緒になったのが、「並びっこベースボール」の修正版です（小学校中学年対象）。

　ベースボールのゲームで、ボールが飛んできても次の行動が起こせない子、ボールを捕球してもそれをどうしたらいいのか戸惑う子、またボールが来ない限り一定の場所に立ち尽くしている子どもがいるのは頻繁にみられる光景です。特にこのゲームでは、守備側の行動が非常に難しいのです。

　攻撃側の進塁の阻止に向けて、ボールをどこに持ち込むのか（送るのか）、また、その協同的プレイの中で自分がどのような役割行動をとるべきなのかがわからなければ、ゲームを楽しむことはできませんし、そもそもゲームをしているとは言えないでしょう。私たちは、そう考えたのです。したがって、ゲー

ムの中で求められる判断を、子どもたちの能力で実現可能な技能的要求のもとで促進できる教材づくりの発想を探究し始めたと言ってよいでしょう。

この修正版「並びっこベースボール」については、第4回高知大会のひとときにアイディアを共有し、授業に持ち込み、翌年の第5回千葉大会でその実践について報告しました（宮内ほか、2001、2002）。なお、第10回岩手大会では、研究企画の実技研修でも紹介させていただきました。

[3] ゲームにおける戦術的課題の「誇張」

アメリカのグリフィンら（1997）によるゲーム指導の「戦術アプローチ」（tactical approach）に関した著書が訳出されたのが1999年でした（高橋・岡出監訳、1999）。この前年に改訂された学習指導要領における、特に小学校段階のゲーム・ボール運動領域の構成や運動種目の配置の変化を視野に入れつつ、グリフィンらの主張を大きく取り上げながらこの領域の学習内容の問題について記述した経緯があります（岩田、1999）。

戦術アプローチはTGfU（Teaching Games for Understanding＝理解のためのゲーム指導論）を基底にしているものですが、ボール運動の教材づくりに大きな示唆を与えたのがそこでのゲーム修正論（modification of games）です（ソープら、1986；岩田、2000）。

そこで特に注目すべきと考えたのが、ゲームの中で問題とされる戦術的課題を誇張する修正でした。なぜなら、この「誇張」の視点にこそ、ゲームの中で求められるプレイ状況の「判断」の複雑性を緩和し、判断の選択肢を条件づけ、子どもにとって判断の対象を焦点化していく機能が含意されているからです。ここに、ボール運動の教材づくりにおける「組み替え」のターゲットの中心が焙り出されるのです。

このようなところから、打球状況に応じて、「どこでアウトにするのか」という判断をベースボール型のゲームの発展軸に位置づけ直したのが、先の修正版「並びっこベースボール」における学習内容の組み替えの中心的なコンセプトでした（岩田ほか、2009）。

その昔より、我が国の、特に小学校段階のボール運動では、「簡易ゲーム」や

「リードアップゲーム」といった名称において、より易しいゲームづくりが試みられてきたことは間違いありません。ここで明記しておきたいことは、大人のゲームの運動技能を緩和しさえすればゲームができると錯覚してきた傾向はなかったであろうか、ということです。つまり、ここで言うところの、「誇張」の視点を看過してきたのではないかということです。ベースボール型のゲームもその例外ではないでしょう（滝澤ほか、2004）。

このような観点に立てば、既存の「キックベースボール」や「ハンドベースボール」などは大いに再検討の対象に据えられるものとなるでしょう（宮内ほか、2002）。

[4]「確かな学力」に向けて

現在の学習指導要領では、「確かな学力」の形成に向けて、「指導内容」の明確化、またその体系化が大きなポイントとして意識されています。

ただし、厳密に言えば、学習指導要領に記述された内容は、総体的にそれぞれの運動領域における下位「目標」レベルを意味すると理解してよいのではないでしょうか。

教科教育学的に考えれば、子どもたちがわかるようになり、できるようになるために、何をこそ「わかち伝える」必要があるのか、また「わかち伝える」ことができるのかといった「教科内容（学習内容）―教材」に関するさらなる探究が授業実践者である教師に、そして研究者に求められていると言えるでしょう。

「教科内容と教材の2つのレベルでの情報の組み替え」というのは、これらの仕事のプロセスを映し出す論理の一つだと言えます。本稿で振り返ったベースボール型の事例は、私たちの思考の具体的な一例です。

体育授業研究会に集う私たちは、教師の授業実践を支える共有財産づくりに積極的に参画したいと考えています。この意味で、教材づくりに向けての新たな発想、新たな着眼を促していくためには、過去の研究・実践の中で蓄積されてきたものについての真摯な学びと批判的検討が必要不可欠になるでしょうし、それらについてのコミュニケーションを活性化させるべきなのは多言を要しな

いでしょう。

　いかに生産的な議論にコミットできるか、私たちの集団的で、共同的な実践研究に問われていることだと考えています。子どもたちの笑顔のために……。

[引用・参考文献]
○宮内孝（2009）それは「できない」原因が子どもにはないと悟ったとき．体育科教育57（8）：14-15.
○岩田靖（2010）ハードル走の教材化過程における情報の組み替え．体育科教育学研究26（1）：23-28.
○藤岡信勝（1981）二つのレベルの「組みかえ」．社会科教育18（6）：94-100.
○岩田靖（2011）ベースボール型ゲームの教材の系統性を探る．体育科教育59（5）：10-14.
○児玉秀人・宮内孝・岩田靖（1998）状況判断能力に着目したボール運動の指導―バスケットボールの「課題ゲーム」づくりに関する事例的研究．体育授業研究（1）：28-36.
○宮内孝・河野典子・岩田靖（2001）小学校中学年のベースボール型ゲームの実践―ゲームの面白さと子どもの関わり合いを求めて．体育科教育49（4）：52-55.
○宮内孝・河野典子・岩田靖（2002）小学校中学年のベースボール型ゲームの実践―ゲームの面白さへの参加を保障する教材づくりの論理を中心に．体育授業研究（5）：84-91.
○Griffin, L. et al. (1997) Teaching Sport Concepts and Skills: A Tactical Games Approach. Human Kinetics.
○リンダ・L・グリフィン他著、高橋健夫・岡出美則監訳（1999）ボール運動の指導プログラム―楽しい戦術学習の進め方．大修館書店．
○岩田靖（1999）問われる球技の学習内容．学校体育52（5）：38-40.
○Thorpe, R. et al. (1986) A Change in Focus for the Teaching of Games. In Pieron, M. & Graham, G. (Eds.), Sport Pedagogy: The 1984 Olympic Congress Proceedings, Vol. 6, Human Kinetics: 163-169.
○岩田靖（2000）ボール運動・球技の教材づくりに関する一考察―「課題ゲーム」論の「戦術中心のアプローチ」からの再検討．体育科教育学研究17（1）：9-22.
○岩田靖・竹内隆司・大野高志・宮内孝（2009）もっと楽しいボール運動⑥　修正版「並びっこベースボール」の教材づくり．体育科教育57（10）：66-71.
○滝澤崇・岩田靖（2004）体育におけるベースボール型ゲームの教材づくりの傾向と課題．信州大学教育学部附属教育実践総合センター紀要・教育実践研究（4）：101-110.

（『体育科教育』2011年10月号）

第3章-2

教材づくりと教授行為をつなぐ

長野県教育委員会スポーツ課　中村恭之　　信州大学教授　岩田 靖
（前長野市立西部中学校教諭）

[1] 教材づくりの視線

　私たち二人が初めて出会ったのは体育授業研究会第3回東京大会（1999年）の会場でした。以来、数多くの授業づくりを共同で試みてきましたが、改めてこの10年余りの実践を振り返ってみたとき、私たちが大切にしてきたものは何であったのでしょうか。
　構想する単元の中心的なコンセプトを学習内容の観点から明瞭にしつつ、単元終末の子どもたちの活動の姿を鮮明に描き、共有し、そこにどのように辿り着こうとするのかを大いに話し合ってきた気がします。私たちが行ってきた教材づくりも、授業のイマジネーション（授業展開の先取り）に基づいていたと言えます。
　その中でも特に意識の中心に置いてきたのは、「運動が苦手な子どもたち」への視線です。その子どもたちが積極的に学習活動に参加しうるプロセスの創出こそが、「わかる」「できる」「かかわる」ことが密接に結びつく授業を生み出し、体育授業に対する子どもたちの価値意識を高める不可欠なポイントであると考えてきました。また、そのプロセスを焦点化し、増幅させていく教師の教授行為、とりわけ子どもたちの意識を紡いでいく積極的な働きかけを重視してきたのです。

[2]「生徒たちの声」から振り返る西部中の体育授業

　「よい体育授業とは何か？」という問いに対する回答を共有することは、なかなか難しいものです。その答えは「教師の数だけある」のかもしれませんが、私たちは「すべての生徒が成果を実感し、みんなでかかわり合いながら取り組む授業」を大切にしてきました。特に、スポーツ・運動から距離を置いている生徒（苦手な生徒、興味・関心の低い生徒、否定的に捉えている生徒）がどれだけ本気（夢中）になり、仲間とかかわり合いながら学習に意欲的に取り組むことができ、大いに成果を感じ取ることができるか、そこにこだわりをもって日々授業づくりと授業改善に取り組んできました。

表1　3年間の体育授業とは何でしたか、何を学びましたか？

○西部中の体育は常に本気で、仲間とも体育を通して分かり合えたところもあるし、本気でやれたから悔しくて泣いてしまったことも何度もあった。（男子）
○得意な子も運動オンチな俺も楽しく運動ができて、みんなで一緒に学習を深めることができる。（男子）
○みんなが本気で一つのことに取り組むことで、本当の面白さに気づくことができ、チームワーク、絆が生まれるものだとわからせてくれる授業だと思った。（男子）
○技術だけでなく、人やスポーツとのかかわり、仲間の大切さ、人間力を学ぶことができる授業。（男子）
○みんなが本気になってやろうとして、そこに本当の楽しさや面白さや友情がある。どこよりも楽しい体育である。（女子）
○一人ひとりが本気になって授業に取り組み、自分自身の課題解決に向けて努力している。（女子）
○みんなができる運動をやっているので、前向きに授業に取り組めて、楽しく感じる人が多いと思う。（女子）
○男子や運動の得意な人（女子も）だけが楽しむのではなく、全員で協力して楽しむ体育。自分のことだけではなく、チームや他の仲間のことも考えられる体育。（女子）
○一つ一つ課題が明確にあることで自分の目標を定め、一時間を充実したものにできる授業だと思う。（女子）
○ただ単に「バレー」「バスケ」をやるのではなく、ルールやコートなどいろんな工夫を凝らし、苦手な生徒のために考えてくれる授業でした。苦手な生徒に対する周りの生徒のフォローが、単なる「偽善」で終わらない。本当に上達するようなフォロー、サポートでありがたかった。（女子）

さて、表1に示すのは中学3年間の終末に、全員を対象にした「カリキュラム評価カード」のなかで、「3年間の体育学習を振り返って、あなたにとって西部中の体育授業とは何でしたか？何を学びましたか？」との問いへの回答です。
　これらはほんの一部ですが、非常に多くの生徒がほぼ類似した内容を記述しています。また、本校の研究授業「長距離走—3分間セイムゴール走」（中村ほか、2007）や「ダブルセット・バレーボール」（岩田ほか、2009）を参観された先生方からは、次のような声が寄せられています。

＊＊＊

○毎回感じるのですが、ただネット型のスポーツ、ただ長距離走にしてしまうのではなく、種目の特性を捉えた上で、教材研究がなされ、能力差のある子ども達のための工夫がいろいろな場面で見られ、とても勉強になります。また、これだけの教材を使い授業ができるということは、日頃の先生方の授業の受け方に対する指導がなされ、それに対応できる子どもの質もあり、目指す姿が明確になっているからだと感じた。

○苦手な子どもが特に嫌いと思うものをどれだけ好きにさせるのかが、体育の授業にかかわらず、どの教科でも難しいと思う点であります。今日の授業を見させていただいて、苦手な子どもでも、よい意味で注目されるような教材で、とても学ばせていただくことが多くありました。

○生徒や学校の実態を踏まえ、教科としてのねらいやつけたい力を明確にし、教材化が工夫されていると感じました。また、授業や研究の成果と課題を生徒の生の声や数値等、様々な視点で検証されている点は大変参考になりました。

＊＊＊

　ここで生徒が評価するよい授業には、よい教材づくりがその第一歩になっていることは確かです。ですが、さらに、できる限り生徒に適した教材を年間カリキュラムの中に位置づけつつも、毎年変わる生徒の実態を加味しながら、教材にさらなる修正を加えて授業実践をしていくことの重要性を強調したいと思います。その積み重ねによって教材がよりシンプルになり、その教材を生徒に解きほぐしていく教授行為もより洗練化されていくのではないかと考えています。つまり、生徒によりわかりやすい学習過程を提供する方向でスリム化がなされるのです。さらに、肝要なことは、「みんなでみんながうまくなる体育を」「苦

手な生徒に眼を向ける」といった確固たる信念を学校・教師がもち、教師間の共有化を図りながら熱意をもって生徒に伝え、実践しているかを問うべきだということです。授業を受ける生徒の眼差しは、まずそこに向けられているのではないでしょうか。

そして、年間・単元・一時間レベルにおいて生徒がともに学び合いますが、工夫された教材ではその学習過程において、すべての生徒に居場所があります。また、個々の生徒から、「なるほど、そういうことか。わかった！」「ここを解決すればできるよ！」「私達の問題点は、ここだ！」といった声が仲間の中で行き交うようになります。その結果、授業に対する好意的な思いが姿や声となって具現化されてくるのです。

[3]教材づくりに連結した教授行為

ただし、よい教材を提示するだけでは極めて不十分です。よい教材はよい授

表2　教授行為で重要視してきた事柄

〈生徒の願いや思いを捉え、反映していく〉
○オリエンテーションの充実を図る
・体育を学ぶ意味や各種の運動を学ぶ意味を問う（何のために、何を、どのように学ぶのか）。
・映像や資料等を活用し、単元終末になりたい、目ざす姿（プレイ）のイメージをつかませる。
○個々の生徒に寄せる
・学習カード、生活ノート（日記）の記述内容、授業場面における発言やつぶやきや行動にみられる思いを大切に見取り、聞き取り、受け止める。
・単元の中での既習の内容を想起させ、引き続く学習のポイントを確認していく。
〈生徒の声を「拾い」―「つなげて」―「返す」〉
・「拾　　い」……何がわかって、できているのか。何がわからないのか、できないのか（問題点や困っていることを出し合う）。
・「つなげて」……拾い出された問題点をどの生徒にも、どのチームにも共通するものとして関連づけ、共通課題として設定していく。
・「返　　す」……個人やチームそれぞれの中で、うまく解決できた事柄の要因やポイントを全体に投げかけ、全体に広げて共有化を図る。

表3 「ダブルセット・バレーボール」の単元における授業の組み立ての素描

> 自ら課題をつかみ、仲間とかかわり合いながら追求する生徒に

ダブルセット・バレーボール（ネット型・連携プレイタイプ）の教材づくりの着眼点
【バレーボールの難しさ（ボール操作・ボールを持たない時の動き方）】
- 空中を動いてくるボールに対する時間的・空間的感覚が未熟な生徒にとっての困難
- レシーブ、セット（トス）、スパイクといったボール操作の技能的な課題が高く、特に安定したセット（トス）ができるかどうかが大きな課題（素早い動きと判断の難しさ）
  → トス技能の習得と段階的な指導の必要性 → 基本的なトス技能を習得できるゲーム条件の緩和

	学習過程と教師の指導のポイント	ダブルセットバレーでの子どもの意識
	【オリエンテーションを大切にしよう】 ①〈単元を通して何をどのように学習するのか、どういうプレイができるようになればよいのか等の見通しをもたせよう〉 ②〈学習する運動の目標像をイメージし、その技術的・戦術的課題をつかませよう〉（課題認識）……映像等を利用してイメージをつかむ ・「単元終末にはどんなプレイができるようになればよいのか」 ・「球技共通の課題」→「ボール操作の技術」「ボールを持たない時の動き方」 ・課題把握や振り返るための学習カード、成果と課題を見出すゲーム分析カード等を用意しておこう。	○チーム力で競い合う ・ネット型の特徴として、自チームの守備と攻撃を連携してプレイする。自分たちのミスが得点となり、そのミスをカバーし合いながら、相手の嫌がるところ（拾いにくいところ、レシーブの弱いところ）へ意図的に攻撃する。 ○球技の主要課題は、「ボール操作の技術」と「ボールを持たない時の動き方」に大別される。
つかむ	③〈現時点での自己やチームの運動の出来ばえや問題点をつかませよう〉（実態認識） ・「できていることとできていないことは何か？」を整理する。 ・「何につまずいているのか？」「その原因は何か？」 ・「ボール操作のつまずきか？」「連携にかかわる動き方のつまずきか？」にわけて考えさせる。 ※解決すべき課題の優先順位を話し合って課題の共有化を図ろう。	○ゲームを通して、ルールやボール、人間関係に慣れながら、自己やチームの問題点を出し合う。 ・レシーブがセットゾーンへ返らない。 ・トスが上がらない、不安定である。 ・トスの位置がネットから遠い。 ・役割行動が機能していない。
取り組む	④〈課題を達成するための手段や練習方法を選択したり工夫したりして取り組もう〉（方法認識） ・「課題に対してどのような練習を選択したか？」 ・「課題とずれた練習を選択していないか？」 ・「ゲームをイメージし、ゲームで起こりうる場面想定で練習を行っているか？」等、問い返す。 ・個々のプレイのよしあしを観察する視点や、ゲーム分析カードの記述のし方、見方について助言する。	○ゲーム場面を想定し、課題に応じた練習方法を選択する。 ・作戦板で動き方を確認してからコート上で動きながら練習をする。 ・コート内の空いたスペースにスパイクを打ち、レシーブ練習や予備セット―トス―スパイクの技術や役割行動の確認練習をする。
確かめる	⑤〈課題についての成果と新たな課題（問題点）をつかませよう〉 ・試合結果だけではなく、試合内容から課題が解決できたか、分析カードや話し合いを通して確かめる。 ・課題解決できたこと、できなかったこと（できなかった原因）、新たな問題点等を話し合って学習カードに記録し、次時の課題をつかませよう。 ・解決できたチームの取り組みを全体に返して共有化を図る。	○相手チームからの助言や分析カードをもとにゲーム内容を振る。 ・ファーストレシーブのセットゾーンへの返球率が低い。その原因は？ ・アタック率や成功率が伸びているか。 ・課題解決できているチームのよい点は何かを教えてもらう。

業の必要条件ではあるものの、十分条件ではないからです。教師は、その教材のエキスが生徒に届くように、授業としての組み立てを考えていく必要があります。その組み立ての重要な一側面は教材に取り組む生徒の意識を方向づけ、単元の展開を見通す教師の「教授行為」にあると言ってよいでしょう。表2に記述したのはこれまで重要視してきた事柄の一端です。

　教師の独りよがりで授業を進めていくとすれば、折角のよい教材も機能不全で終わってしまいます。ましてや、生徒の自主的な活動が芽生えることもありません。生徒主体の活動に仕向けていくために、生徒の思いや声、姿を敏感に感じ取り、見取っていく必要があるのです。特に、運動の苦手な生徒はとかく黙りがちです。そのような生徒の声なき声を拾い、つなげて、返していく働きかけを大事にしたいものです。このように、工夫された教材の提供に加えて、その教材の意図やねらいを熟知した教授行為がよい授業には不可欠でしょう。表3は、このような観点から記述した「ダブルセット・バレーボール」の単元における授業の組み立ての素描です（この教材による授業実践については、第13回東京大会で報告しています）。

[4]「すべての子ども」ということ

　かつて、イギリスの体育研究者、レン・アーモンドは、その編著『学校における体育』(1997)の中で、学校期の体育を超えた豊かなスポーツ活動への参加を促すという視角から考えた場合、教師の教育学的思考において、「すべての子ども」という概念が強調されなければならない、と指摘していました。このコンセプトにおいて、教師は次のような事柄を認識する必要があり、それらは時として「見過ごされてきた要素」であったと記述しています。

＊＊＊

・すべての子どもが大切である。
・すべての子どもが意義深い身体活動に向けて有能でありうる。
・すべての子どもが学ぶことができる。
・すべての子どもが成功を成し遂げ、伸展をみることができる。
・すべての子どもが自信をつけることができる。

・すべての子どもが満足を得ることができる。
・すべての子どもが最善の体育を受けることができる。

＊＊＊

　体育授業が「子どもたちから期待され、信頼されているかどうか」……そんな問いかけが実は今、最も重要なのではないでしょうか。ただただ運動（スポーツ）の形式をなぞっているだけの体育授業が行われてはいないでしょうか。また、その中で、達成感を味わうことや、他者との肯定的な関係づくりを諦めてしまっている子どもたちを数多く生み出してはいないでしょうか。さらに厳しく、体育授業が運動嫌いを増幅してはいないでしょうか……。

　終わりに、次の生徒がこれまでの授業にどんな思いで参加していたのか重く受け止めたいと考えています。私たちは、何をしなければならないのでしょうか。

＊＊＊

〇西部中の体育を3年間学んで、私の考えが大きく変わったことは、「こんな私でもちゃんと授業の中で主役になれるということ」です。先生方ありがとうございました。
　　　　　　　　　　　　　　　　　　　　　　　——3年女子（傍点筆者）

＊＊＊

［引用・参考文献］
〇Almond, L. (1997) Generating a new vision for physical education. In Almond. L. (Ed.) Physical Education in Schools (2ed.), Kogan Page: London.
〇中村恭之・北原裕樹・小川裕樹・岩田靖（2007）長距離走の教材づくり―「3分間セイムゴール走」の実践を通して．体育科教育55（6）：50-53.
〇岩田靖・北原裕樹・中村恭之・佐々木優（2009）学びを深める教材づくり（第19回）・もっと楽しいボール運動⑧「ダブルセット・バレーボール」の教材づくり．体育科教育57（12）：60-65.

（『体育科教育』2011年11月号）

第3章-3

教材づくりへの熱き思い

園田学園女子大学准教授　澤田　浩

　2014年度、新卒の先生（中学校美術）の指導教員を務めました。その際、地域の先生方を招いて研究授業を行ったときのことです。単元名は「マイボックスを作ろう」。モダンテクニックを身に付けさせ、偶然性から生まれた美しさを感じ、自分の作品を粘り強く制作して愛着を持ってほしいという願いの下に展開された授業でした。

　練習段階では、モダンテクニックを用いて何枚かの用紙（試作品）を作りました。そこで用いられたモダンテクニックは、吹流し（ドリッピング）、霧吹き（スパッタリング）、合わせ絵（デカルコマニー）、墨流し（マーブリング）の4種類でした。

　写真1のように、それぞれに偶然性から生まれた模様が描かれています。本時では、正方形の枠（スケール）を用いて試作品のよいところを再発見し、その部分を箱に貼り付けていくという授業でした。工夫した点はモダンテクニックを使ったいくつかの試作品を、箱という立体にラッピングするようにコラージュしたことです。生徒が毎時間意欲的に学習へ取り組み、次の授業を楽しみにしてい

写真1　モダンテクニックを使った試作品

る様子を毎日の日記から読み取ることができました。

　授業後の協議では、発問や指示の仕方、活動させる量などいくつかの改善点も指摘されましたが、この教材の魅力や可能性に関わる意見が多く出されました。この教材は、美術の教科書や参考資料から生み出されたものではなく、授業者が提案したものに研究主任や私が意見を述べ、①授業者が教材を修正し、試作品を作り、②生徒が実際に描いたモダンテクニックを見て、③さらに生徒の活動の様子も見ながら創り上げていったものでした。

　この一連の取り組みに、体育の教材づくりとの共通点を感じませんか？

　①今あるスポーツを修正した教材（ルールや場・用具の工夫）をまず実際に自分たちがやってみて、②子どもたちがどのように活動するか（あるいは現段階でどの程度の技能を身に付けているか）実態を捉え、③子どもたちの活動の様子を見ながらさらに修正を加えて創り上げていく。

　佐久体育同好会の先輩である赤羽根直樹先生（現園田学園女子大学教授）から、教科書のない体育の授業だからこそ、「『体育授業のバイエル』を作りましょう」と言われたことがあります。私はこのとき、「教科書」ではなく「バイエル」であるという点にとても魅力を感じました。

　ちなみにバイエルとは、ドイツの作曲家バイエルが作った初心者向けのピアノ教則本です。この教則本を手がかりにして、基本的技術などを段階的に学ぶことができます。教科書には、何年生で何を学ぶかが具体的に示されています。ところがバイエルに何年生で学ぶかは示されていません。小学校入学前に学ぶ子もいれば、教員になるために大学生になってから、あるいは還暦を過ぎてから初めて学ぶ人など様々です。しかし、いつ学び始めてもピアノの技能は向上しますし、曲の魅力を感じたり、上達していく自分への満足感を得たりすることができます。また、1番から100番まで全てをやるのではなく、途中から、あるいはいくつか飛ばしながら学んでいくこともできます。

　私自身、体育の教材にも似たようなところがあると感じています。後述する「ザ・シューター」は、小学校中学年を対象に開発した教材ですが、高学年でも、中学校3年生でも、そして私たち大人でも、ゴール型のハンドボールの魅力を十分に味わうことができます。教材づくりは、いつ誰がやっても「楽しい」と思える魅力が内在していなければならないと思っています。そして、その魅力

をより深く味わうための工夫が、発達段階や学習のレディネス、経験などに応じてなされているのだと思います。

以下では、私自身そして私の仲間たちが10年以上実践を続けている教材を2つ紹介します。

[1] ザ・シューター

ゴールをゲート型にし、90度向きを変えて、360度どこからでもシュートが打てるハンドシュートタイプのゲームを実践しました。自分たちのオリジナルゲームに子どもたちは大喜び。みんなで一生懸命に作戦を考えてゲームを楽しみました。全員が得点を上げる喜びも味わうことができ、チームの人間関係も深まりました。

● **教材づくりの意図**

ゴールは塩ビ管をつないで作製しました。ゲート型にしたことで、360度どこからでもシュートを打つことが可能です。さらに、ゲームをゴール前の攻防に焦点化するために、図1のように両サイドのゴールを近づけ、ゴール中心部同士の距離を12mに設定しました。

図1　ザ・シューターのコート

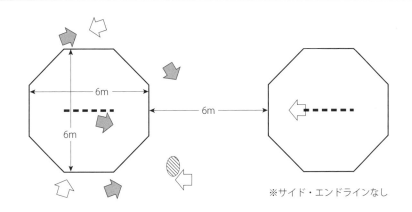

図2 ザ・シューターのゴール　　　写真2 ザ・シューターの様子

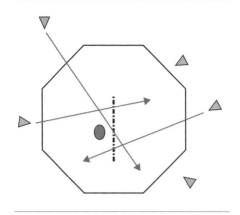

　ゴールの向きは、エンドラインに対して90度回転させました。ゴールを近づけたことによる正面からのロングシュートを回避するためです。これによって、正面からのボール回しがサッカーやハンドボールなどの左右からのサイド攻撃と自ずと似てきます。

　ゴールエリアは八角形にしました。これは斜め45度からの攻撃も意識できるようにするためです（図2）。

　ゲームは、4対4の少人数で行います。オフェンス側のキーパーも攻撃に参加しやすい距離にあるため、コート上では4対3のアウトナンバー状況になります。この単元で初めてキーパーが飛び出し、ノーマークでシュートを決めた瞬間はとても感動的でした。それを見ていた子どもたちは「キーパーシュート」と名付け、クラス共通の作戦になりました。

　その他のルールの工夫として、「ボールを持って歩いてはいけない」「ドリブルはできない」などがあげられます。これらのルールによって味方同士でパスをつなぐことが必須となり、空いている場所を見つけて素早く走り込むことを意図的に学ぶことができます。

　また、使用するボールにも工夫を凝らしました。フリース地あるいはタオル地の布を6〜8枚縫い合わせて作りました（妻が作ってくれました）。柔らかく小さくしたことで、どの子も片手でボールを摑むことができ、肘を上げたオー

バーハンドスローが可能になります。また、しっかりと握ることができるので、シュートやパスのフェイントも巧みに仕掛けることができます。対象学年や経験によっては、小学生用のドッジボール0号球などを用いたこともあります。

＊

　先述した初任の美術教師の授業後に、「これから毎年、またどこの学校へ行っても使える教材ができましたね」と声をかけました。先生は笑顔で「はい、私のマイボックスができました」と答えてくれました。

　「体育授業のバイエル」と表現した以外に、「体育授業の鍵盤ハーモニカ」づくりという考え方も持っています。大人にとっては正式な楽器ではありませんが、日本中の子どもたちが真剣に取り組み、上達し、聞いている者を感動させる演奏をしています。この「ザ・シューター」という教材が、ゴール型ゲームの鍵盤ハーモニカになってくれればと思っています。

　次に、バウンドキャッチバレー「ザ・アタック」の実践について紹介します。この教材の基本的なイメージはずっと変わっていませんが、この10年間で様々なタスクゲームが開発されました。教材開発では、子どもたちの発達段階や技能の習熟状況への配慮が重要になります。

[2]ザ・アタック

　ボールの正面に入って肘をしっかり伸ばし、アンダーハンドでレシーブをする。セッターがトスを上げ、アタッカーがスパイクを打つ。ブロッカーがそのボールをブロック。ブロックをすり抜けても、スパイクされたボールのコースに入りまたまたレシーブ。うまくコントロールできなかったボールは味方がカバーし、攻撃を立て直してくれる。単発の攻撃で終わるのではなく、ラリーが続く、白熱したゲームを子どもたちが楽しみました。

●教材づくりの意図

　ザ・アタックは、子どもたちにバレーボールの醍醐味である三段攻撃の面白さを味わってもらいたいと思い、開発した教材です。バレーボール型のゲームで身に付けるのは、「レシーブ・トス・スパイク」であると考えています。この

写真3 ザ・アタックの様子 　　　　図3 ザ・アタックのコート

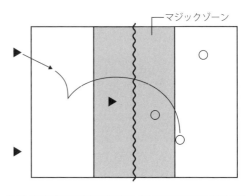

「1（ワン）・2（ツー）・3（スリー）」のリズムを共有させたいのです。この教材の最大の魅力は、何よりもスパイクを打つことにあります。スパイクを打ちたいと思うからこそ、コート内での組み立てが重要になるのです。しかし、味方がレシーブしたボールを、アタッカーがスパイクを打ちやすいようにトスをあげることは至難の技といえるでしょう。

　そこで、キャッチトスを取り入れることでセッターのセットを易しくし、ミスを減らすことが可能になります。球技に苦手意識を持っている子は、「ミスをしてしまってボールが変な方向へ飛んでいったらどうしよう」と不安を抱えています。キャッチトスの導入は、そのような苦手な子どもたちの不安感を取り除いてくれます。サーブやアタックのレシーブがそれほど正確でなくても、かなり広範囲にわたってボールを追ってセッターが動いてカバーしてくれます。技能が未熟な場合はレシーブキャッチも認めることで、積極的にボールに関われるようになっていきます。

　セッターをネット際のゾーン内に固定したときもありますが、バレーボールのイメージがある子どもたちであればその必要はないでしょう。

　キャッチしてからの両手によるトスアップであるため、それほど練習をしなくてもクイック・セミ・オープン・バックへのトスをあげることができます。また、セッターがボールを持っている間に、アタッカーは自分が助走しやすい

位置に動いたり、誰がどこで打つかを判断する時間的な余裕も生まれます。

　この教材では、ワンバウンドありのルールも採用しています。レシーブは必ずワンバウンドさせるルールにすることで、子どもたちはコート後方にポジションを取るようになります。バレーボールはラリーごとに後ろに下がり（ホームポジションへ戻る動き）、前に出ながらレシーブを行います。ラリー中に「下がって出る。下がって出る」を繰り返す感覚とリズムを覚えていきます。また、バウンドしたボールを取りに行くことで、自然とボールの下に低く入れるようになっていきます。

　ブロックについてもルールとして認めています。特別に取り上げて学習させるというよりも、自然に出てくる場合が多く、スパイクが上達すればするほど、ゲームの中でブロックが出現しやすくなります。ブロックは特に練習しなくとも、感動を呼ぶ技術といえるでしょう。

　コートとネットについては、子どもたちの実態に応じて様々ですが、バドミントン用の支柱の高さでも低すぎることはないと考えています。どんなに強いスパイクを打たれても、ワンバウンドさせれば子どもたちは何とかレシーブすることができます。中学校3年生にこのゲームを体験させたことがありますが、バレー部員の強打をコート外にポジションを取っていた生徒がことごとくレシーブしていた姿はとても感動的なものでした。

＊

　この4年間は中学校で体育を教えていますが、同じ学年の同じ単元であっても、毎年程度の差こそあれ、教材に変化をつけながら実践しています。パシュート形式を取り入れた中・長距離走の授業でも、2チームの対抗戦にしたり、チームの記録達成をめざしたり、生徒たちの反応を見ながら最適なものを捜しています。国語教育の大家である大村はま先生が言うように、同じ教材を使っていては教師（私自身）が飽きてしまうのです。私自身がワクワクしながら単元に臨んでいないと、どこか手抜きの授業になってしまいそうな気がします。新たな工夫はメインの活動でも良いと思いますし、ドリルの改良でも良いと思います。何よりも私自身が大きな期待とわずかな不安を持ちながら授業に臨み、子どもたちが運動の持っている魅力や楽しさを十分に味わいながら技能が向上していく。そんな教材づくりをめざして、日々さらに実践を重ねている最中です。

[引用・参考文献]
○澤田浩（2002）チームワークで創るよい授業．体育科教育50（12）：20-23．
○伊藤達也・矢口奈穂子・澤田浩（2003）子どもたちが創るバレーボール．体育科教育51（2）：34-35．
○澤田浩（2006）体育授業「特選素材」を求めて．初等教育研究会、教育研究50（1）：36-37．

（『体育科教育』2014年1月号）

第3章-4

よい体育授業を支える教材史
―― プレルボールの授業の起源と発展可能性

日本体育大学教授　近藤智靖

[1]はじめに

　体育授業研究会が全国組織として活動しはじめて十数年が経過しましたが、多くの会員によってこの研究会が支えられてきたことは、本書を通して明らかになっています。

　この研究会を支える多くの教師たちが新たな教材や研究方法などを提案し、その成果が各種の指導書等にも紹介されています。たとえば、セストボールやベースボール型やネット型の様々な教材など、子ども達が楽しいと感じ、かつ技能面での成果を上げていく試みが数多くなされてきました。

　なかでも、本研究会の創設者の一人であり、2013年7月にご逝去された高橋健夫氏によって提案された数々の教材は、現行の学習指導要領にも大きな影響を与えており、今日の様々な体育授業実践を創造する種にもなっています。高橋氏が残された種の中には、その後、多くの教師たちによって受け継がれ、巨木のように成長しているものもあります。プレルボールはその一例といえるでしょう。

　しかし、この未知なるスポーツ種目が、いったいいつから日本に教材として導入され、また、プレルボールが創られた国ではいったいどうなっているのかなど、この種目に関しては、多くの疑問が残されています。

　そこで本稿では、高橋氏が提案されたプレルボールについて触れ、また、こ

うした疑問に答えつつ、今後のカリキュラムや実践について考察できればと思います。

[2]プレルボールの教材化の意図

　周知の事実かと思いますが、プレルボールはドイツ発祥のボールゲームです。高橋氏が30代の頃にドイツ留学をしていた際、スポーツクラブで出会ったそうです。

　高橋氏は帰国後、奈良教育大学の一般体育などでこの種目を紹介していましたが、雑誌において初めて紹介したのは、管見によれば1986年9月発行の『体育科教育』であり、その論考の中では、プレルボールの歴史的背景やルールをはじめ、教材価値、さらには、実験授業の様子が書かれています（高橋ほか、1986、pp. 74-79）。

　具体的には、プレルボールのルールが確立されたのが1945年であるといった点や、1チーム4人で競い合い、8×16mのコートで、中央に高さ40cmの仕切りがあり、ボールをワンバウンドさせながら打ち返す、といった基本情報が記されています。当時、プレルボールそのものを知っている日本人がほとんどいないとすると、高橋氏がその様子を読者にわかってもらおうと克明に文章を記している跡がみてとれます。

　また、その論考の中では、プレルボールを小学校の体育授業の一教材として取り扱うことの意義についても次のように触れています。

＊＊＊

(1) プレル技術は簡単であり、誰もが比較的短時間で習得でき、ゲームの楽しさを味わうことができる。
(2) 小学校で取り上げられている運動教材の中には「ネット型スポーツ」が含まれていない。このため、将来、バレーボールやテニスに発展する基礎的教材として、プレルボールは価値を持っている。
(3) プレルボールは、個人的技能が容易であるだけでなく、ロープ（ネット）で敵・味方が区切られているため、攻防入り乱れることはなく、意図された戦術が実現されやすい。

⑷チームのメンバーが少なく、一人ひとりの運動量が保障されるだけでなく、チームのメンバーがそれぞれ役割を持って行動することができる（高橋他、1986、p. 76）。

＊＊＊

このように高橋氏は、プレルボールの技術面、戦術面、運動量、そして、小学校にネット型ゲームが位置付いていない点に触れています。この記述は、近年発行されたプレルボールの著書（高橋、2009）の中でもほぼ同様に記されており、約30年前に記述されたものではあっても、その趣旨は現在でも生きていることがわかります。

このように高橋氏は、プレルボールといった未知のスポーツ種目を紹介し、そこに教材価値を見出し、奈良教育大学附属小学校の4年生において実践を行い、大きな成果を収めました。その後、関東地方の学校において地道に実践を繰り返していきました。

当時の学習指導要領の潮流からすれば、高橋氏の考え方は例外的な位置づけであったかと思いますし、たとえいくら教材価値が高いとはいえ、異国の聞き慣れないスポーツ種目を実践していくことに対して、周囲からの批判も数多くあったのではないかと想像します。ただ、高橋氏の試みは、その後、小学校のボール運動のカリキュラムに影響を与える大きな一歩だったのではないかと言えます。

また、時代の流れとは関係なく、価値があると信じる教材を実践し、成果を積み重ねていく高橋氏の姿勢は、研究者として極めて主体的であり、今日残された我々も学ぶべきことであると実感しています。

[3]ドイツとの対比

ただし、高橋氏の一連の著書の中で触れていない情報として二つのことがあります。一つはプレルボールがドイツにおいて現在どのようになっているのか、という点についてです。もう一つは、ドイツにおける体育科の学習指導要領上での位置づけです。

一点目ですが、プレルボールはドイツでは歴とした競技スポーツ種目の位置

づけでもあり、他のスポーツ種目と同様に、全国リーグとしてのブンデスリーグが男女共に存在し、各12チーム構成となっています。また、西・南・北部の3カ所に下部リーグとなる地域リーグが存在しており、それぞれ9チームで構成されています。さらにはその下にもリーグがあり、シニアリーグなども存在しています。

　このようにプレルボールは他のスポーツ種目と同様にピラミッド型の競技としての地位を確立しています（DTB Prellballホームページ。2013年12月10日確認）。

　ちなみにプレルボールブンデスリーグを意味する「Prellball Bundesliga」というドイツ語やプレルボールドイツ選手権を意味する「Prellball Deutsche Meisterschaften」といったドイツ語のキーワードをインターネットで検索をするとおわかりになりますが、競技としてのプレルボールのスピード感はすさまじいものがあり、この映像を見る限り、ユース世代から年配世代までが取り組んでいるスポーツ種目であることがわかります。高橋氏の試みは、小学校の中高学年を中心とはしているものの、実は中高生であっても男女共に十分に取り組める可能性のあるスポーツ種目ではないかと感じます。

　この点と関連して、二つ目のドイツの体育科学習指導要領におけるプレルボールの位置づけはどのようになっているのでしょうか。

　ドイツの代表的な州でもあるノルトライン・ヴェストファーレン州をみると、日本の小学校5年生から高校1年生に相当する中等教育段階の学習指導要領において、連係プレーのあるネット型ゲーム[‡1]として、ファウストボール、インディアカ、バレーボールと並んでプレルボールが位置付いています（MSWFLNW、2001、p. 105）。

　他にもヘッセン州の中等教育段階の学習指導要領でも、連係プレーのあるネット型ゲームは、バレーボール、ビーチボール、ファウストボール、プレルボールとなっています（Hessisches Kultusministerium、2006、p. 10）[‡2]。

　連係プレーのあるネット型ゲームといえば、我々日本人はバレーボールのみを思い浮かべがちですし、日本の中学校学習指導要領解説においてもバレーボールのみが連係プレーのあるネット型として例示されています。一方、ドイツの場合には4種類ほどが併記されており、広がりをみせています。その意味

では、バレーボールを学ぶための前段階としての位置づけになっている日本と、主として中等教育段階で取り扱うドイツとはその位置づけが異なっていることがわかります。

こうしたドイツの学習指導要領の動向を踏まえると、日本の中学校学習指導要領のネット型の中で、連係プレー種目の例示がさらに増えれば、様々な実践を生み出す種になるのではないかとも感じます。

加えて、小学校3〜4年生の中学年段階でプレルボールを実践したことのある読者の中には、「この教材は難しいなあ」という実感をもたれている方もいらっしゃるかと思います。具体的には、プレルという技能が中学年（特に3年生）の児童にとって難しいという点や、相手コートに返球する際に自陣でワンバウンドをするため、アタッカーが比較的後方に位置付かざるを得ず、空間の使い方が難しい、と感じられているからかもしれません。

ドイツでは中等教育段階で実施されていることからすると、日本の小学校3年生がこの活動を楽しむためには、既存のプレルボールの教材をそのまま授業に適用するのではなく、さらにルールや練習の工夫が不可欠になるかと思います。

[4] 日本におけるプレルボールの発展

このように高橋氏によって導入されたプレルボールですが、その後、岩田靖氏を中心として、長野において小学校では竹内隆司氏、両角竜平氏、平川達也氏らの実践（岩田、2012、pp. 160-178）、中学校では中村恭之氏、北原裕樹氏、吉田直晃氏らの実践が創造されていますし（岩田、2012、pp. 227-238）、埼玉の小林淳志氏のシュートプレルの実践（小林、2011、pp. 1-4）、さらには『体育科教育』2013年5月号でネット型ゲームについて組まれた特集において、東京の佐藤洋平氏、埼玉の石田智久氏、愛媛の濱本圭一氏らの実践がみられています（佐藤ら、2013、pp. 14-22／272〜287頁参照）。

これらの実践では、連係プレーを大切にしながらも、手で投げることを許容したり、ノーバウンドでのアタックを許容したりと、技術面や戦術的判断面での緩和や発展を意図しています。このようにプレルボールを軸として、様々な

工夫をした実践が各地で展開されています。各教師が目の前の子ども達を見て、プレルボールを解釈し、様々な試行錯誤をしていく様子がよくわかります。プレルボールをさらに修正・洗練させていく経過は、教材の発展からすると極めて健全な過程をたどっているのではないかと考えています。

［5］おわりに

　高橋氏が約30年前に奈良で試みたプレルボールは、現在、小学校の中高学年段階のネット型ゲームとして全国に広がっています。また、カリキュラムに関わって小学校中高学年のネット型が頻繁に議論されるようになったのも、高橋氏に依るものと思います。

　この試みはある種の教育遺産であると感じています。こうした教材は今後も大切にしていく必要があるかと思いますが、創設者の考え方や、既成の教材を形式的に踏襲していくだけに留まるのではなく、改めて教材価値をはじめ、ルールや練習、さらにはネット型のカリキュラムの検討も含めた幅広い議論を繰り返しながら、教材を発展させていく必要があるのではないかと思います。

　そうした活動の繰り返しこそが高橋氏の遺志を継いでいくことかと思います。今後どのように発展していくかは、私を含めた一人ひとりの教師の手にかかっているものと考えます。

［注］
‡1　ドイツ語の場合は、ネット型という分類名称ではなく、「打ち返しゲーム」（Rückschlagspiel）という分類名称になります。
‡2　日本の小学校1年生から4年生にあたる初等教育段階の学習指導要領では、プレルボールといった種目名はみられません。ただし、この段階で習得すべき基礎技能として、「投げる、捕る、パスする、止まる」といった項目の他に「プレルする」（打ちつける）がみられます。ネット型ゲームの種目としては、バドミントン、テニス、卓球、バレーボールが例示されていますが、そこではネット型の基礎となるゲームを行う、という旨の内容が示されています（MSWFLNWホームページ確認）。

［引用・参考文献］
- DTB Prellballホームページ（2013年12月10日確認）http://www.prellball.de/
- Hessisches Kultusministerium (2006) Lehrplan Sport - Bildungsgang Realschule. Jahrgangstufe 5 bis 10.
- 岩田靖（2012）体育の教材を創る―運動の面白さに誘い込む授業づくりを求めて．大修館書店．
- 小林淳志（2011）中学年ネット型ゲーム「プレルボールの授業実践例」みんなでつないで！シュートプレルボール！．小学校体育ジャーナル65：1-4．
- MSWFLNW (2001) Richtlinien und Lehrpläne für die Realschule in Nordrhein-Westfalen, Sport, Ritterbach.
- MSWFLNW Lehrpläne Sportホームページ（2013年12月12日確認）http://www.standardsicherung.schulministerium.nrw.de/lehrplaene/
- 佐藤洋平・石田智久・濱本圭一・細越淳二（2013）〈座談会〉ネット型ゲームの授業計画と3つの実践．体育科教育61（5）：14-22．
- 高橋健夫・岸田珸・中井隆司（1986）プレルボールの教材化．体育科教育34（9）：74-79．
- 高橋健夫（2009）プレルボール―あたらしいボールゲーム3．岩崎書店．

第3章-5

簡単で楽しく力がつく教材づくり・授業づくり

筑波大学附属小学校教諭　平川　譲

●体育授業研究会との出会い

　平成10（1998）年の夏休み前だったと記憶しています。『体育科教育』誌の研究会紹介の欄に、内田雄三先生の名前を見つけました。内田先生は大学の先輩でもあり、私の教育実習指導教官でもありました。それが本会、第2回宮崎大会の案内だったのです。内田先生が大会事務局を担当しておられ、「雄三さんなら連絡しやすい」そう思ったのが参会のきっかけです。

　初めての体育授業研究会は知り合いもほとんどいませんでした。本校OBで、現横浜桐蔭大学の松本格之祐先生とは、別の研究会でお世話になっていたのでお話をすることができました。それ以外は、雑誌・書籍でお名前だけを知る先生方が多く、新鮮かつミーハーな心持ちで大会期間を過ごしたのを覚えています。

　その後、校務、私事等での不参加もありますが、できる限り参会させてもらっています。年1回、刺激を受けに、各地からの懐かしい先生に会いに、ご当地名物を目当てに……。いろいろな動機が混ざり合って夏の楽しみになっています。

　今回、実践経験からの提案の機会を得たことに感謝しています。本稿では、子どもたちが楽しく力をつけられ、体育が苦手な教師でも取り組める教材づくり・授業づくりの意味と意義について、私見を述べます。"よい体育授業を求めて"日々研鑽を重ねる先生方の議論の俎上に載せていただければ幸いです。

[1] "力をつける"体つくり運動の授業

　筆者は体つくり運動で、系統的に体つくり、動きつくりを進めたいと考えています。

　体育科には、「運動への関心・意欲を高める」「技能・体力の向上」「社会性の育成」等の目標があります。その中で小学校期には体育科独自の目標である、技能・体力の向上を確実に進めたい。技能・体力を高めることが「できる」「伸びる」という成功体験を生みます。これにより運動への関心・意欲が高まることを実感しているのです。

　この考えは体つくり運動領域に限ったことではありません。広義に捉えれば、小学校体育全般が体つくり、動きつくりであるとも言えます。また、体つくり運動の授業が、器械運動や陸上運動、ボールゲームの要素を含みもつこともあります。

　研究授業の協議会で、「今日の授業は、体つくり運動か、器械運動か」という質問を受けることがあります。それには、どちらでもいいと答えています。運動領域区分は大人が決めたことで、子どもの意識にその境界はありません。また、体育を専門教科と考えていない教師には、わかりにくい区分でもあります。領域区分を厳密に捉えすぎない方が、現場教師にとっては授業に取り組みやすい環境になるでしょう。子どもが楽しく前向きに取り組み、力がついていけば、領域はどちらでも問題ないと考えています。

　ある意味いい加減で効果の上がる授業を、できるだけ多くの子どもが享受できるようにしたい。そのためには多くの先生方に実践していただく必要があり、"いい加減"が良いという面もあると考えています。

　前述の松本氏は第1章-2において、「体育に関心を持たないおよそ9割の先生方の体育の授業に対する取り組み方を変えていかなければ、体力の向上や体育の可能性を拡げるという目標は達成困難」(18頁)と述べています。関心はあっても、学校現場に蔓延する絶対的な時間不足のために、体育の授業づくり・準備に時間を割けない教師も含めれば、さらにその割合は高まるだろうと推測します。

これら9割超の先生方に取り組んでもらえる授業を我々は提案していかなければなりません。数％の子どもにしかサービスできない授業では、教師の力量はアピールできても、多くの子どもの幸せにはつながらないからです。
　力をつける体つくり運動の授業を、体育科を専門としない先生にも広める。そのためには、系統的で、簡単な授業づくりを進めることが必須条件となるでしょう。その中に子どもにとって意味があり、意欲が高まる工夫もあるとよいのです。

［2］系統性を意識した体つくり運動

　高橋氏は第1章-1において、「器械運動の技の学習に先だってやさしい類似の運動を通して基礎になる感覚づくりを行うことの重要性が確認されました」（8頁）と記しています。系統性を意識した体つくり運動の授業はこの役割を担うことができます。
　やさしい類似の運動を器械運動単元のドリル的な運動として扱っても良いのですが、子どもには「主となる課題のための練習」という意識をあまり持たせたくありません。できるだけ多くの運動教材に「メインの課題」という意識で取り組ませたいものです。
　例えば、側方倒立回転の単元を組む際に、川わたり（写真1）やかべ逆立ち等の類似の運動をドリル的に扱うことがあります。それよりも、側方倒立回転単元以前にかべ逆立ちの単元や川わたりの単元を用意して主たる運動教材としてこれらの運動に取り組ませる方が、川わたりやかべ逆立ちを価値ある運動として楽しめます。さらに、体が小さく軽いうちに腕支持感覚、逆さ感覚を養うことになり、感覚づくりも進めやすいのです。当然、時数が多くなりすぎないように、単元は小さめとなります。これを体つくり運動として捉えたいということです。
　開脚とびの類似の運動であるうさぎとびやうまとび、ボール運動に取り組む前のボールの投捕等も同様に考えています。
　食事にたとえるなら、「類似（下位、基礎感覚づくり）の運動が前菜にならないように、多くの運動をメインディッシュとして美味しく食べられるように」

写真1　川わたり

工夫したいのです。

　かつて大学研究者との議論で、「体つくり運動は上学年への系統はあまり考えずに……」という意見を聞き、冗談ではないと反論したことがあります。

　私の勤める筑波大学附属小学校では、ここまで述べてきたような考え方で、体育専科4名が年間70〜80回程度の授業を実践してきていますが、それでも『小学校学習指導要領解説』の例示の技や種目は指導し切れていません（網羅することは現実的には無理だとは思いますが）。少ない貴重な授業に、系統を考えずに取り組むことは考えられないのです。しかも系統的でない運動教材の授業を10時間以上の大単元で扱うというのは暴論です。系統的な見通しなく授業時数を費やすことになれば、技能・体力の向上は見込めず、体育授業不要論につながりかねないと危惧しています。

[3] 楽しく、意欲的に取り組める体つくり運動

　体育授業が「楽しい」には、以下のような要素があると考えています。

❶運動そのもの・動きが楽しい

　非日常の状況や姿勢変化や力の入れ具合を、子どもは面白いと感じて意欲的に取り組みます。水中運動の水泳、不安定を楽しむ丸太わたり、不安定に落下を加えた鉄棒でのロケット（写真2）、逆さや腕支持、回転等の運動がこれに当たります。遊びを通しての感覚づくりが不足している子どもにはこれらをこ

写真2　ロケット

わかる子もいますが、低学年のうちに体つくり運動の中で経験値を高めてやりたいものです。

❷できて嬉しい、伸びて嬉しい

　これは運動に限ったことではありません。自分の伸びを実感することは全ての活動において、子どもも大人も動機づけを高めます。この伸びを実感する経験が重なれば、運動への好感情が育まれ、運動好きな子が育ちます。

　話を［2］に戻せば、そのためにも系統性を意識した指導が不可欠なのです。系統的に配列された教材にメインの意識で取り組むことで、実質的に力がつき自分の伸びを実感できます。この力が次の教材の基礎感覚となり、さらに意欲を持って取り組んでいけるというようなスパイラルになれば理想的と言えます。

❸競争が楽しい

　競争については慎重論もありますが、子どもは基本的には競争が好きであると感じています。

　トラックにラインが引いてあれば、「よーい・どん」と競走を始め、とびなわを持って集まれば「誰が一番とべるか競争しよう」と遊び始めるのが子どもの

自然な姿です。

　技や種目を変えたり、個人や集団の競争にしたり、その集団も変えてみたり、競争にじゃんけんを取り入れることで偶発性を含ませてみたりして、競争させながら力をつけていくのは、小学校期においては有効な方法だと考えます。そもそも競争を否定しては、運動・スポーツを楽しむことができません。体つくり運動においても競争を楽しむ教材を活用していきたいものです。

❹仲間と運動することが楽しい

　学校の体育授業において、最も価値ある楽しさのひとつと言えます。ともに生活し学習するクラスの仲間。そこには運動に関して技能差や意欲差もあります。その仲間と運動することは、スポーツクラブや自由な遊びとは違う体育授業特有の価値を含んでいます。

　この仲間たちと競争する、集団の目標を達成する、みんなができる等の楽しさを経験することによって、運動に対する感情はさらにプラスの方向へ育っていきます。集団の凝集性も高めることができ、社会性の育成にも大きな役割を果たすのです。

　運動の集団化、集団での競争・目標設定も体つくり運動教材の大切な視点です。

[4]簡単に取り組める体つくり運動

　前述したように、子どもが十分に楽しめる教材を系統的に配列しても、それが多くの教師に実践されなければ子どもたちの幸せには結びつきません。しかし、「これは一般化されないな」「体育を専門としない先生には取り組んでもらえないな」「自分にはできないな」と思う授業を見ることが多いのも現実です。

　その原因は、たくさんの用具、複雑な場、わかりにくい方法やルール等です。そしてこの傾向は、日常の授業よりも研究授業、公開研究会で顕著であることは本書の多くの読者が感じているところでしょう。

　研究授業、公開授業のために指導案検討を重ね工夫した結果、授業が複雑になっていってしまうことは想像に難くありません。しかし、これが一般の先生

写真3　折り返しの運動

に「体育は大変」「自分には無理」と思わせる要因となっていることを、我々は自覚しなくてはいけないと思います。

　よい方法やシステムも簡単でなければ広まりません。ゴミの分別も細かく分ければそのメリットが大きいことは承知しているのですが、一般市民が簡単にできるレベルでなければそもそも分別されません。インターネットはパソコンとLANケーブルをつなぐだけ、あとはOSでの自動設定となってから一般家庭にも普及しました。

　以上のように、簡単というのは授業改善の視点として大変重要です。簡単に取り組める授業は決して教師の怠慢ではありません。

　本校の体つくり運動で最重要教材と考える折り返しの運動（写真3）は、10m程度の距離を往復しながら、感覚づくりのための運動を繰り返すだけの非常に単純な教材です。単純であるがゆえに、実質の運動時間、活動量が確保でき、効果も高いのです。加えてアレンジの幅も広いので、全国の小学校で実施してもらいたい教材です。

[5] なわとびの価値

　ここまで論を進めてきて、なわとびという運動は、短なわとびも長なわとびも、自分が考えるよい体つくり運動の授業にほぼ完全に合致する、ということ

に思いが至ります。

　まず、簡単なとび方から、複雑なとび方、速いなわ回しの技へと系統的に学習を進めることができます。できるようになったことが次の挑戦課題のための基礎感覚や知識となります。この知識を習得していくことで、既習を生かしたポイントの発見、認知的な学習の場面も設定しやすくなるのです。

　長なわとびで言えば、ゆうびんやさん、とおりぬけ、0の字とび、8の字とび、8の字とびむかえ（反対）回しと系統を踏んでくることで、その後、ひょうたんとびや、2人以上でとぶ人数とびに進んでいくことができます。

　楽しい活動であるという条件にも当てはまります。ある技ができるようになれば、数を伸ばすことを楽しめます。10回、20回と自分にとっての課題は連続し、達成するたびに喜びを感じるのです。その技で仲間と競うこともできます。何回とべるか、誰が長くとび続けることができるかを競って楽しむ。技が増えれば競争も多様になります。

　仲間との活動を考えても、長なわはそもそも集団での運動遊びです。仲間がつくったなわ回しのリズムに合わせてとぶことが楽しいのであり、仲間との連続運動を楽しむ運動です。短なわも、2人、3人での演技も可能であるし、チームでのリレー形式でも楽しめます。1年生から各学年で6年間、系統的に授業で扱うのに耐えうる価値のある運動です。

　体つくり運動に含まれるなわとびですが、ひとつの運動領域として捉えてもいいようにさえ思えてきます。

＊

　以上、実践を通して感じている私見を述べてきました。本書のテーマを私なりに捉えると「よい体つくり運動の授業は、楽しく力をつける授業」と主張します。力をつけなくては、体育授業を一般の先生にアピールできない、簡単でなければ取り組んでもらえない、価値が認められないということです。

（『体育科教育』2013年6月号）

第4章

学習集団から考える
よい体育授業

第4章-1

「かかわり」の本質とは何か
——「かかわり」に着目した授業づくり

三木市立緑が丘東小学校教諭　藥内　要　　こたにがわ学園理事長　小谷川元一

[1]「教える」ことと「育つ」こと

「何やってんねん」
「しっかりせえや」
　校庭いっぱいにこだまする子どもたちの声。2008年に伊丹小学校を訪問し、「ラケットベースボール」の授業を参観した時、関東で生まれ育った私が不思議な郷愁を感じたことを鮮明に覚えています。関西弁の持つ独特の人情味、今日の子どもたちが忘れかけている子ども特有の素直さに触れ、なんだか胸に熱いものが込み上げてきました。
　伊丹小学校は、体育授業研究会をきっかけとして親交を篤くさせていただいている京都女子大学・北川隆先生の母校であり、そのご縁で体育研究に関わらせていただいています。
　以前、教育学部の学生に雑談の中で「教育とは何だ」と問うてみました。一人の学生は間髪を入れずに「教え育てること」と答え、もう一人は「育てるのは親じゃないの」と割り込みます。たわいもない会話でしたが、今でも妙に心に残っています。
　少子化やパーソナルゲーム機の普及が一要因とされ、子どもたちの人間関係は希薄になったと言われています。教育界においても大きな課題として捉え、体育でも「わかる」「できる」「かかわる」ことを大切にした授業展開が求められ

ています。
　しかし、「かかわる」ことは果たして教えたり育てたりするものなのでしょうか。私は、良好な人間のかかわりとは、教育の営みの中で結果として「育つ」ことであり、かかわることを念頭に授業実践をしようとすれば、子どもたちは形式的な協力・認知・受容・賞賛行動に意識過敏となり、至高な感動体験はできないのではないかと懸念しています。
　伊丹小学校は子どもも熱ければ先生方も熱い。年数回訪れるたびに、子どもたちに価値のある教材を開発・提供し、情熱あふれる授業を展開している様子を目の当たりにします。もしかしたら、真の「かかわりを大切にした授業」を伊丹小学校から発信できるのではないかと思い、いつもいつも無理な注文をしては学校を後にします。本稿では同校の研究を力強く牽引している藥内要氏の実践をありのままに紹介していただこうと思います。

（小谷川元一）

[2]真のかかわりとは何だろう

　伊丹小学校では、国語科と体育科を中心に「かかわり合い、高め合う子どもを目指して」というテーマで研究を継続しています。2008年からは小谷川元一氏を招聘して体育授業の基本理念や組み立て方、かかわり合いの考え方などを指導していただいています。
　小谷川氏は初めての指導助言で、「体育こそ一番子どもを変えられる教科である。体育の授業をしっかりやっているクラスが学級崩壊することはない」と指摘されました。この言葉に本校職員のだれもが体育の大きな可能性に改めて気

図1　体育授業での「かかわり」の提言
①群れて学ぶ必然性を大切にしよう。
②「勝ち負け」や「できるできない」に徹底的にこだわらせよう。
③トラブルが発生したら大歓迎しよう。
④衝突や葛藤場面をどう乗り越えるかの過程を大切にしよう。
⑤教えようとせず、子どもの心を信じよう。

付かされたのです。さらに研究テーマである「かかわり」について、体育で大切にしたい5つのポイントを教えていただきました（図1）。

指導助言を受けて、本校で考える「かかわり合い」とは、感情の自然表出をさせることから始めることとし、そのために勝ち負けにこだわらせています。「勝ちたい」という思いから怒りや喜びが顕著に見えるようになり、よりよい関係を作るためにどのようなかかわりが必要なのか、どうかかわることが勝利につながるのかを、逐語記録分析などの方法で研究しています。

[3] 2年生の実践から

「おせ！おせ！段ボール」（図2）は、2011年度の担任学級で2学期に実施した2年生のボール蹴りゲームです。本学級は男女の仲がよく、休み時間には大人数で鬼ごっこやけいどろなどをしています。しかし、自分の都合に合わせてルールを変えてしまったり、タッチされると「おもしろくない」と言って突然やめてしまったりと、自分中心の行動をとることが多々あります。そのことによって毎日のようにけんかがありました。

「おせ！おせ！段ボール」は、時間内にできるだけボールを蹴る回数を増やすことが大切であり、大きさの違う3種類の段ボールを使うことで、チーム内での話し合いが必要になってきます。また、1チームは4人とし、チームを生活班とすることで、かかわりが深くなるようにしました。単元は6時間計画です。「ねらったところに蹴る」という技能の高まりを目指して、友だちの気持ちを少しでも考えて行動できるようになったり、励ましや賞賛の声かけができたりするようになってほしいと考えて、2つの視点から授業を進めました。

1つは技能と作戦です。チームでよりよい作戦を追求して共有すると同時に、技能も高め合っていかなければ勝てません。それを知ることで、自然にチームの中で話し合いや技能の教え合いが行われます。2年生であっても勝ちたければチームの友だちに教えるということが出てくるのです。そしてそのためにまっすぐ蹴ることや強く蹴るためのコツをクラスで考えさせ、引き出しを作りながら進めていきました。

もう1つはチームの雰囲気です。これを高めるために行った具体的な手立て

図2 「おせ！おせ！段ボール」

　コートの中央に置いた3種類の段ボールを、蹴ったボールによって相手チームと押し合うゲーム。
［ルール］終了した時点で2つ以上の段ボールを相手コートに押し出しているチームが勝ち。
［人　数］1チーム4人
［ねらい］勝つために大切なことは何かを考えることで、友だちとのよりよいかかわり方を知る。

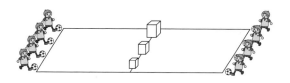

を以下に述べます。

　単元前半では、勝つことにこだわらせることで、あえて子どもの素直な反応を引き出すようにしました。仲間を責め合う言葉も飛び交い、負けたことを友だちのせいにしてけんかになることもありました。ルールがわかってきた2時間目には友だちに対する言葉がきつくなり、あるチームでは、友だちとのかかわりが下手で運動の苦手なAが失敗するたびに、活発で勝ち気なBが責めたため、Aはすねてしゃがみこみ、ゲームをやめてしまうといった事態まで発生しました。このAとBに対しては特に配慮し個別の対応をしたので、図3に紹介します。

　単元中盤からは、勝つために真に必要なことは何なのかを考え、チームが仲良く友だちが意欲を持って取り組めるかかわりを考えさせることとしました。子ども同士の中での良いかかわりについて何度も拾いあげ、クラスで紹介をし、賞賛や励ましの声がチームに良い雰囲気を与えることを肌で感じさせることを心がけました。

　また、授業後や給食の時間などにも教師が望ましいかかわりについて話を重ねました。Aには自信を持って体育に臨めるよう良いところをどんどん見つけて知らせ、Bに対しては、教えることが上手であることを強調して教える喜びを感じさせました。Bも次第に、乱暴な言い方ではあるがAに蹴り方を教えて

図3　AとBへの対応

●子ども同士のかかわり

		2時間目
ゲーム前		T「勝てるようにがんばろう！」
ゲーム中	発言	「どこ蹴ってんねん！　ちゃんと段ボールに当てろよ！　へたくそ！」 「ボールかせ！　おれが蹴る！」 「ちゃんとやれよ！　ふざけてんのか？」
	行動	児童A：何度も責められ固まってやめてしまった。 児童B：失敗するたびにAを責める。
ゲーム後		「おまえのせいで負けたやんか。何でやめんねん！」 「段ボールが少し傾いてたからや！」 「はよ集合せぇや！」
まとめのやりとり		T「ゲームをしていて失敗することがある。そのときはわざと失敗しているの？」 ▷「わざとじゃない。がんばっても失敗するときはある」 T「だれでも失敗はする。そんなときに、友だちに責められたらどうする？」 ▷「嫌なきもち」「もうやらない」「言った子が嫌いになる」「自分だって失敗するやろ！　って怒る」 T「勝つためには、チームのみんなが笑顔でがんばろう！　って思えることが大切です。そのために、どんな言葉かけが良いのか考えてみよう」

●かかわりに関する教師のはたら

3時間目

〈授業中〉
・うまく段ボールを動かせたことに対して賞賛の声をかけられたことをほめた。

〈まとめ〉
・最後までがんばったAと、励ましていたチーム全体をほめた。
・賞賛の声をかけた子とそのチームをほめた。
・失敗した子に対して励ましの声をかけた子をほめた。
・勝ったチームは励ましの声や賞賛の声がたくさん出ていることを紹介した。

〈授業後〉
・Aに自信をつけさせるため、うまくなっていることを話した。
・Bに対して蹴り方の教え方が上手であることをほめた。

〈給食の時間〉
一緒にご飯を食べながら関係をほぐし、みんなで励まし合えるよう話した。

〈休み時間〉
AとBを誘って運動場で遊び、ほめるなどして運動の楽しさを感じさせた

●授業後の教師の言葉

Aへ「Aがやめてしまったら勝てないよ。最後までがんばってみよう！　勝てたら楽しいよ」
Bへ「勝ちたいなら責めるのではなく、蹴り方を教えてあげた方がいいよ」

きかけ

4時間目
〈授業中〉 ・励ましや賞賛の声を拾ってどんどんほめた。
〈まとめ〉 ・チームの中で上手だった子を紹介させ、紹介した子とされた子をクラスで称えた。 ・作戦を立てて確認をしているチームをほめた。
〈授業後〉 ・Aに対して友だちに賞賛の声をかけられたことをほめた。 ・自分のかかわりの失敗を認められたBをほめた。

〈授業中〉
A：ていねいに書けているノートをほめてクラスで紹介した。 B：隣の子に算数の問題を教えたことをほめて、クラスで紹介した。

●子ども同士のかかわり　　　※Tは教師の言葉

5時間目		
「みんなでがんばろうな！」 「大きい段ボールをねらって蹴ってな」		ゲーム前
「はずしてもいいよ。早くボールを拾っていっぱい蹴ろう」 「ボール2つあるから1つ蹴り！」 「ナイス！どんどん蹴ろう！」	発言	ゲーム中
児童A：最後まで笑顔でがんばっていた。 児童B：最後まで笑顔でがんばっていた。	行動	
「失敗していいからたくさん蹴れるようにしよう」 「次は勝てるようにがんばろうな！」 「○○めっちゃうまかったな！」		ゲーム後
T「友だちが次がんばろうって思える言葉は何？」 ▷「がんばろう」「ナイス」「うまいなぁ」「失敗していいよ」「気にしなくていいよ」「がんばるぞ！」ってみんなで声を出す T「今日はどのチームも良い言葉がいっぱいあってみんながんばれたね。最後の時間も勝てるようにチームでたくさん話してがんばろう」		まとめのやりとり

●授業後の教師の言葉

Aへ「よくがんばっているね。上手に蹴れるようになったのはBのおかげかもね」
Bへ「A、上手に蹴ってたね。チームワークで勝ち取った勝利だね」

あげる場面が見られるようになりました。

　単元終盤になると、賞賛や励ましの声がたくさん聞こえるようになり、子どもたちが楽しそうに運動している様子が見られました。運動の苦手なAはうれしそうな様子で「今日は段ボールに当てられたよ！」と話すようになり、Bは勝利に満足しながらもチームで協力する大切さを知ったようです。

　この単元で大切にした言葉かけのポイントは、運動は楽しいと思わせることと、クラスで認められていることを実感させることの2点です。また、良いかかわり方（今回の場合は賞賛や励ましの声）をした子たちをどんどんほめて紹介し、それによって良いかかわりとはどんなことかを知り、自分も相手もよい気持ちで取り組めることを体験させようと努めました。

　この学習を終えて、普段の生活でも自分勝手な言動が減りました。休み時間の鬼ごっこでは、鬼になったからといってやめる子はなくなり、わがままを言わずに友達に合わせる子が増えてきました。また、賞賛や励ましの声が出るようになり、子ども同士が認め合える関係が築かれたように感じています。

［4］現在の実践

　今、私は高学年を担任しています。高学年になると、自分の気持ちをある程度抑えて発言し、アドバイスをすることができます。反面、ぶつかり合うことを避け、深いかかわりを持とうとしない雰囲気も感じられます。勝ち負けにこだわる意味を体験させ、表面的なかかわり合いから脱却できるよう、日々の授業で取り組んでいるところです。

　2年生では、チームの協力的なかかわりの醸成に力点を置きましたが、高学年ではチームのモチベーションを高める言動や行動がある程度でき、コツを考え、具体的なアドバイスをし合いながら技能を高め合うことを志向しています。小谷川氏の指摘する、かかわりあいの必要性が感じられる取り組みをしたことで、子どもたちの関係が非常に肯定的に変容しました。

　バスケットボールの研究授業で、負けたことがくやしくて涙を流す女子がいました。友だちの前で涙を見せられる素直な感情表現や子どもたちの関係はすばらしいものだと胸が熱くなったのを鮮明に覚えています。今後も、本音でか

かかわり合える学級づくり、授業づくりを目指して研究を進めていきたいと思っています。

(藥内　要)

[5] 子どもの可能性を信じて

　伊丹小学校の授業には勢いがあります。大人の企てた形骸化した授業ではなく、子どもの可能性を信じ、その新鮮なネタを巧みに料理するような教師の情熱を感じるのです。トラブルを生きた教材として、心地良いかかわり合いを子どもたちに自然に体得させているのです。

　臨床心理学を基盤とし臨床教育学の境地を開拓した元文化庁長官・河合隼雄氏は、「発見的過程としての授業」を20年以上も前に提唱しています。教えたがり根性に満ちた教師より、子どもの変化に敏感で学びの中での「育ち」を待てる教師が求められているのではないでしょうか。子どもたちのかかわり合いは決して一様ではないのです。伊丹小学校の実践のすばらしさは、子どもたちのトラブルや変化に臆することなく、教材や指導法を臨機応変に改善するところにあるのではないでしょうか。

(小谷川元一)

[引用・参考文献]
○河合隼雄 (1992) 子どもと学校. 岩波新書.

(『体育科教育』2012年4月号)

第4章-2

体育授業と学級集団づくり

宇和島市立番城小学校教諭　濱本圭一　　愛媛大学准教授　日野克博

[1]はじめに

　毎年、体育授業研究会には、よい体育授業を求めて多くの実践者や研究者が全国から参集します。それは、よい体育授業を求める仲間を創る会、と言えるでしょう。これから教員を目指す学生の姿も少なくありません。

　私の研究室の学生も毎年研究会に参加し、様々な情報と刺激を受けてきます。研究会を通して、学生の意識が変化します。それは、授業づくりの新たな方法や知見を得たことも影響しますが、それ以上に、よい授業を探求する参加者の情熱や人間的な魅力に触れ、そのことが学生の心に響いたからだと言えます。よい体育授業を求める根底には、知識や技術以上に教師の信念や情熱が重要であることを教えてくれます。

　そうした熱い信念や情熱をもった研究グループは全国各地に存在します。愛媛県北宇和郡小学校体育連盟もその一つです。北宇和郡は山間部の小さな町が散在する地域で、ほとんどの小学校が小規模校です。そうした地域性を生かして、各校体育主任が連携を密にして郡全体で共通した授業モデルを提案して授業研究に取り組んでいます。

　北宇和郡内のいくつかの小学校を訪問させてもらうと、どの学校においても子どもたちの笑顔あふれる体育授業をみることができます。授業中いたるところで「やったー、できた！」といった歓声が聞こえ、一人ひとりの成功をクラ

スみんなで喜ぶ光景からは学級集団のまとまりや温かさが感じられます。体育授業から学級集団のよさを垣間みることができ、それは体育授業と学級集団をつなぐ教師の意図的・計画的な授業づくりがあったからでしょう。

そこで、体育授業と学級集団づくりに関わって、かかわり合いを重視した鉄棒運動の授業づくりの一端を濱本圭一氏に紹介していただくことにします。

(日野克博)

[2]かかわり合いを重視した鉄棒運動の授業づくり
―― 6年生、27名

初めて新しい技に挑戦するとき、子どもにとって、不安や恐怖心はつきものです。

特に鉄棒運動では、「落ちるかもしれない」という高さなどからくる恐怖心におそわれます。また、手にまめができたり、膝の裏がこすれて痛みが生じたりする身体的苦痛もあります。さらに、できない場合には「みんなの前で恥ずかしい」という心理的抵抗も生まれます。

これらの要因から鉄棒を嫌悪する子どもは少なくありません。それを仲間同士で助け合いながら活動していくようにすれば、互いに安心感をもって学習に取り組んでいけるはずです。そして、ともに伸びる喜びを感じ合えるはずです。その上で、信頼できる仲間と協力して取り組むことは、体育授業だけに限らず、学級活動や学校生活にも大きな効果をもたらすことが期待されます。そうした思いを抱きながら、愛媛県北宇和郡小学校体育連盟では、かかわり合いを重視した授業づくりに組織的に取り組んできました。

❶する、みる、支える役割を明確化したグループ学習

個の運動である鉄棒運動について、グループでの活動に学習形態を変え、助け合い学び合う活動を取り入れることにしました。事前の技能調査やクラスの実態を踏まえて3、4人のグループを決め、一人ひとりの課題解決にグループで協力して取り組ませることにしました。

グループのなかで「運動する人」「観察する人」「運動する友だちを補助する人」

図1　役割分担――する人、みる人、支える人

の3つの役割を決めました（図1）。「運動する人」（する人）は、自己の課題に挑戦します。「観察する人」（みる人）は、回数を数えたり動きのよいところを見つけたりしてアドバイスします。例えばだるま回りでは、膝の動きに着目して「伸ばして、曲げて」の声を出し、膝の動きのリズムをとってあげるのです。

「運動する友だちを補助する人」（支える人）は、タイミングよく背中や足を押し上げたり、個々のできばえに合わせて補助（お助け）をしたりする役割を担います。こうもり振り下りであれば、こうもりの姿勢で体を前後に振動させる動きを身に付ける学習の中で、グループの友だちの前に立ち、振りの大きさを確認したり、膝が離れないように膝を押さえたりして、友だちの活動を補助します。

こうした役割を明確にし、個々の技の達成に向けてグループで協力して取り組ませることにしました。個の運動である鉄棒運動をグループ活動に変えることで、グループの中でかかわり合いが生まれ、相互に助け合い、励まし合う学習を展開していったのでした。

❷かかわり合いを促進する指導

単にかかわり合いを促しても、子どもたちはどんな言葉をかければいいか、どのようにかかわればいいかがわからず、戸惑う姿をみせます。そこで、友だ

図2 「まほうの言葉」「まほうの態度」

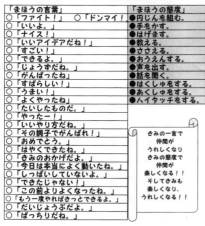

図3 子どもの感想文

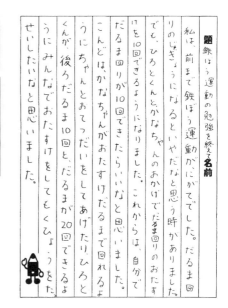

ちにとってもためになり、クラスみんなが気持ちよくなる言葉や態度を「まほうの言葉」「まほうの態度」として掲示することにしました（図2）。

　授業のなかで子どもたちから出てきた言葉や態度はそのつど加えていき、子どもたちに浸透させていきました。練習中、友だち同士で声をかけ合ったり励まし合ったりするなかで、まほうの言葉や態度が頻繁にみられるようになりました。また、休み時間や放課後にもグループで練習する姿がみられ、そうした場面や教室での活動でも「まほうの言葉」「まほうの態度」が生かされていました。

　こうしたグループでの活動を重ねるうちに、友だちの技ができたときは自分のことのように喜びを表現する子どもがたくさんでてきました。個の運動である鉄棒運動の学習形態をグループでの活動に変えることによって、かかわり合いが生まれ、子どもたちはともに伸びる喜びを味わうことができていたのでしょう。

子どもたちの単元終了後の感想からは、友だちの運動の様子を観察し補助することで、技のこつを発見したり、友だちの運動の小さな進歩を見つけたりすることができるようになっていった様子がうかがえます。例えば、補助している手が両手から片手に変わったこと、友だちの体を持ち上げる力の入れ具合が前の授業より軽くなったことなど、グループで活動しているからこそ気づける認識や感覚が子どもたちの中に生まれていったのでした。

　また、「まほうの言葉」「まほうの態度」の資料を提示することで、クラスの中に肯定的な雰囲気が生まれてきました。具体的には、失敗しても恥ずかしがることなく再度チャレンジしたり、授業中の会話の中に「次はお助けなしで、やってみる」といった前向きな発言が聞こえてくるようになったのです。子どもの感想からも、友だちの技の達成を心から喜んでいるコメントがみられ、豊かなかかわり合いができていたといえるでしょう（図3）。

❸体育授業から学級集団へ

　体育の学習で様々なかかわり合いが生まれ、子どもたちの中にしっかりとした信頼関係が生まれてきました。授業以外での休み時間等の自発的な取り組みも盛んに行われるようになりました。

　そこで、学級集団意識の高まりについて調査したところ、図4のような結果

図4　学級集団意識の調査結果

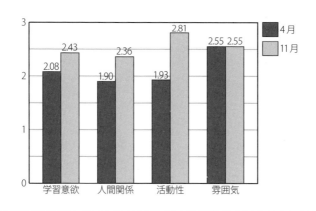

が得られました。特に「人間関係」と「活動性」に関して大きな変容がみられます。この結果には学校の教育活動全体が影響しているのですが、1学期から2学期にかけて取り組んだ鉄棒運動の授業の影響は少なくないと感じています。休み時間を利用した自発的な取り組みが「活動性」に、補助をし合いながらの学習が「人間関係」に影響を及ぼし、顕著な伸びを示したものと考えられます。このことからも、かかわり合いを重視した体育授業の実践は学級集団づくりにも役立てることができたと考えられます。

（濱本圭一）

[3]体育授業と学級集団をつなぐ教師のかかわり

　体育授業と学級集団の関連性については、これまでも多くの研究者や実践者によって語られてきました。また、調査研究を通して両者に強い相関関係が認められ、さらに、体育授業の成否が学級集団意識に強い影響力を持っていることも確認されています。

　河村は、望ましい学級集団の条件として、「学級内のルール」と「ふれあいのある人間関係（リレーション）」の確立をあげています。一方、高橋は、子どもが評価する体育授業に共通する特徴として「授業に勢いがある」「授業の雰囲気がよい」ことをあげています。これらに関連する行動や態度は重なる部分が少なくありません。体育授業を淀みなく、テンポよく展開するには「学級内のルール」が必要であり、明るく和やかな雰囲気を生み出そうと思えば「ふれあいのある人間関係」が保たれていないと難しい、ということです。体育授業と学級集団づくりは密接に関係しているといえるでしょう。

　濱本氏の授業では、体育授業を土台にしてよりよい学級集団づくりが行われていました。「する人、みる人、支える人」という役割分担をした協働的学習を展開し、「まほうの言葉、まほうの態度」を通して学級の支持的な風土を創り出そうとする濱本氏の働きかけにより、「学級内のルール」や「ふれあいのある人間関係」が築かれていったのです。

　それは、かかわり合いを重視した意図的・計画的な授業づくりと、授業中の教師の適切な働きかけがあったからです。

濱本氏の授業の特徴は、集団の力を最大限に引き出すことです。子ども相互のかかわりを方向づけ、教え合いや助け合いの場、さらに、喜びを共感し合える場を授業の中に位置づけています。また、子どもたちに協力することや助け合うことの大切さや思いやりの心を育み、学級に支持的な風土を創り出しています。

　運動が苦手な子は、運動ができないから体育を嫌いになるのではなく、それを見ている周りの目が気になって体育を嫌いになってしまう傾向があります。濱本氏の授業にはそうした負の雰囲気は一切感じられません。周りからの温かく、気持ちのこもった励ましの声や一緒に喜びを共有する拍手やハイタッチが授業を通して頻出していました。学級自体が子どもたちにとって居心地のよい場所になっているのです。

　こうした学級集団を築くには、教師と子ども、子どもと子どもとの間の親密な信頼関係がなければ難しいでしょう。子どもたちの目線は教師に集まり、教師の言葉をしっかり受け止め、学習に生かそうとする行動や態度が体育授業のなかで創出されていました。よい体育授業の根底には学級集団づくりがあることを再認識させてくれます。よい体育授業を実践することは、教室や休み時間での活動や学校生活にもつながり、学級集団意識の向上に影響していたといえるのです。

　最後に、濱本氏の授業の基盤には、同じ地域でともによい体育授業を求めて高め合う研究仲間の存在があると言えるでしょう。公開授業を参観する郡内の先生方の表情は、自分の学校や自分のクラスを見るような温かいものでした。よりよい体育授業を求めるには、その基盤となる研究仲間（研究集団）づくりが大切になってきます。体育授業研究会が求めているものは、そこにあるのではないでしょうか。

（日野克博）

[引用・参考文献]
○濱本圭一・高野良二（2011）学習成果を保障できる「だるま回り」の授業実践─北宇和郡小学校体育連盟の取組─．体育授業研究14：32-41．
○日野克博（2003）学級集団意識を調査する．高橋健夫編著、体育授業を観察評価

する．明和出版、pp. 24-26.
○日野克博・高橋健夫ほか（2000）小学校における子どもの体育授業評価と学級集団意識との関係．体育学研究45（2）：599-610.
○河村茂雄ほか（2004）Q・Uによる学級経営スーパーバイズ・ガイド．図書文化.
○高橋健夫（2010）よい体育授業の条件．高橋健夫他編著、新版体育科教育学入門．大修館書店、pp. 48-53.

第4章-3

「人間関係を築いていく力」を高めるフラッグフットボールの授業づくり

東京学芸大学附属竹早小学校主幹教諭　佐藤洋平
早稲田大学准教授　吉永武史

[1] はじめに

　小学校の現行版学習指導要領では、ゲームおよびボール運動領域の内容が型ベースによって示されています。ゴール型ではバスケットボールやサッカーなどの「シュート型ゲーム」に加えて、フラッグフットボールやタグラグビーといった「陣取り型ゲーム」も、今回の学習指導要領から新しく加えられました。私たちは長年（小学校教諭と大学研究者とで立場は異なりますが）、連携しながらよいフラッグフットボールの授業を追求してきました。

　二人とも学生時代にアメリカンフットボールを競技としてプレイした経験を持つため、「経験者だからフラッグフットボールを推進している」という目で周囲から見られることも少なくありません。また、陣取り型ゲームの授業研究に取り組み始めた頃は運動量の少なさが問題視されることが多く、小学校の体育教材としてフラッグフットボールは適切ではないのかも、と疑問を感じることもありました。

　しかし、全国各地から提供される実践報告や現場の先生方の情熱的な授業づくりに触れる中で、最も大切なのは子どもたちが「何を」学ぶかということであって、そのことを明確にしたフラッグフットボールの授業づくりに取り組むべきであることを再認識することとなりました。

本稿では、これまで取り組んできた陣取り型ゲームの授業研究の成果を踏まえながら、フラッグフットボールの教材的特性と、それを生かした授業づくりについて述べます。

［2］フラッグフットボールの教材的特性

　フラッグフットボールの教材的特性の1つに、ボール操作技能の易しさがあげられます。ボールを持ったまま動くことが認められていたり、ボールを持った状態でゴールラインを越えるだけで得点になったりするため、運動が苦手な子どもたちでもゲームの醍醐味を十分に味わうことができます。また、より高いレベルの作戦を立案したり、それをゲームで実行したりすることも可能にします。どんなに高度な作戦を考えられても、それを実行する技能が備わっていなければ、作戦は机上の空論に終わってしまいますが、ボール操作技能が易しいフラッグフットボールでは高い作戦の実行率を実現することが期待できます。

　図1は、小学4年生の子どもたちが立案した作戦の一例です。これは、ボールを持っている人あるいは持っていない人が、相手のディフェンスを引きつけてオープンスペースをつくるという作戦で、子どもたちはあらかじめ相手チー

図1　おとり・引きつけ作戦

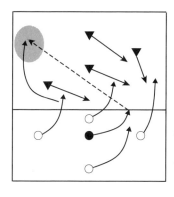

みんなを右に寄せて、反対に一人が走り込んで、ボールを持っている人が思いきりパスを投げる。

（内田ほか、1999）

写真1　ハドルで作戦を立てている様子

ムのディフェンスの動きを想定しながら自分たちの作戦を考え出していました（内田ほか、1999）。

　1プレイごとに「ハドル」が設けられることはフラッグフットボールのもう1つの教材的特性です。ハドルとは、プレイを実行する前にチームのメンバー全員が集まって作戦を決定する短い作戦タイムのことで（写真1）、フラッグフットボールではプレイごとにハドルの機会が設定され、作戦に関する合意形成が図られてから実行へと移されます。ハドルは、チームで作戦の有効性について話し合ったり、ゲームでのプレイの成否に基づいて作戦を修正したりすることを可能にします。フラッグフットボールが作戦学習に有効な教材として取り上げられるのは、このハドルが大きく関係しているからといえるでしょう。

[3]「人間関係を築いていく力」を高める授業づくり

　フラッグフットボールは他のボールゲームと比べて、作戦づくりや個々の役割分担が強調される特性を持っています。ここでは、その特性を踏まえながら、子どもたちの「人間関係を築いていく力」を高めるために、「互いの意見を認め

合う力」「個や集団の課題を分析する力」「課題を解決に導く力」の3つを具体的な目標として位置づけた授業づくりを紹介します。

❶互いの意見を認め合う力

　ハドルで作戦を立てるとき、友だちの意見に対して「自分の意見と違っても否定せずに受け止める」といったソーシャルスキルを活用しながら自分の意見を提案することを約束事として設定します。プレイごとのハドルでの話し合いが長くなるとプレイ時間が減少するので、作戦立案の手続きを提示するようにします。具体例として、①リーダーからの作戦の提示、②それに対する他のメンバーからの意見、③作戦の決定という流れがあげられます。

❷個や集団の課題を分析する力

　ペアチームを設定し、一方がプレイしているときに、もう一方がチームカードに記入された作戦の成否を記録するようにします。この記録をもとにゲーム後の振り返りを行い、作戦の修正に取り組んでいきます。ペアチームで互いのプレイを観察し合う友だちを決め、ゲーム中にアドバイスを送ったりしながら個々の課題を意識させ、プレイの改善につなげていくようにします。

❸課題を解決に導く力

　ハドルにおいて、メンバーから提案された作戦の中から最終的に1つの作戦を選択する役割をすべての児童に経験させるために、1プレイごとに作戦を決定するリーダーを交代するようにします。その際、最終的に導き出された結論をリーダーの責任にするのではなく、チームの結論としてゲームへ臨むようにします。また、作戦の有効性を確認するために、作戦を決定したリーダーはプレイには参加せず、作戦通りにプレイが実行できたか、またその作戦が有効に機能したかをサイドラインからチェックするようにします。

　上記の内容を踏まえながら小学6年生で9時間単元を展開した結果、表1の成果が得られました。なお、メインゲームは4対4（コートは横13m×縦26m）で行い、作戦づくりとあわせて毎時間位置づけました。

表1　単元の成果

○作戦立案の手続きを提示したことにより、ゲームが停滞することなくスムーズに運営することができた。また、「自分の意見と違っても友だちの意見を否定せずに受け止めること」を約束事としたことで、作戦をめぐって意見が合わずにゲームの進行を妨げるような事態は生じなかった。授業後の感想より、「作戦はとてもうまく実行できました。作戦を考えるとき、みんなで話し合い、良い作戦が作れました」というように、作戦の重要性を子どもたちが十分理解できている状況が窺えた。
○ペアチームを設定したことで、互いのプレイを見合ったり、アドバイスの声かけを積極的に行う姿がみられた。「作戦が成功したときはすごくうれしくて、失敗したときは改善しようとしました。改善のしかたがチームの勝利を導いたと思います」といった感想からも、作戦の成否だけでなくその原因をしっかりと把握しながら、より有効な作戦づくりへと発展させていったことが窺えた。
○作戦を決定したリーダーが、サイドラインから作戦の成否とその原因を観察するようにしたことで、1つの作戦をチーム全員で共有しながらゲームに取り組んでいる様子がみられた。チームの作戦を決定できる機会を得たことで、主体性を発揮する子どもたちが多くみられた。リーダーとしてしっかりと自らの意見を提示することで、課題を解決に導く力はもちろんのこと、互いの意見を認め合う力も高めていくことができていたと感じた。

[4] 授業研究の成果と次への課題

　上述したように、フラッグフットボールは子ども同士の濃密な関わり合いを促す教材であるともいえます。ハドルで立案した作戦に基づいて一人ひとりが役割行動を発揮することが求められますので、チームのメンバー全員の協力がなければ作戦は成功しません。仲間同士で協力し合い、苦労しながら取り組んだ結果得られる成功は大きな集団的達成の喜びへとつながっていきます。

　以前、全国各地の小学校を対象にフラッグフットボールの授業実践を依頼し、単元前後に診断的・総括的授業評価を実施しました。その結果、「楽しむ」（情意目標）、「学び方」（思考・判断目標）、「できる」（運動目標）、「まもる」（社会的行動目標）の4項目すべてにおいて単元後に有意な高まりが確認されました（表2）。この実証的研究の成果からフラッグフットボールは、体育授業の中心である運動学習による成果のみならず、作戦づくりを中心とした思考・判断に関する学

表2 フラッグフットボール単元における授業評価の結果　（N＝829、岡出ほか、2007）

	単元前		単元後		Z値
	得点	評価	得点	評価	
情意	2.73	(5)	2.82	(5)	-9.387 ***
	0.32		0.29		
思考・判断	2.34	(4)	2.49	(5)	-9.513 ***
	0.46		0.45		
運動	2.39	(5)	2.51	(5)	-8.253 ***
	0.47		0.47		
社会的行動	2.79	(5)	2.85	(5)	-6.091 ***
	0.29		0.27		

上段：平均値、下段：標準偏差、（　）：5段階評価、*** p<.001

習や、作戦づくりに伴う個々の役割行動や協力的態度といった社会的行動に関する学習の成果も十分に保証し得る教材であることが明らかになったといえます。

　今後の授業研究に向けての課題としては、陣取り型ゲームの系統性を踏まえたカリキュラムづくりが指摘できます。現行の学習指導要領では、低学年の「宝取り鬼」「ボール運び鬼」、中学年の「フラッグフットボール」「タグラグビー」を基にした易しいゲーム、高学年の「フラッグフットボール」「タグラグビー」を基にした簡易化されたゲーム、といったように素材ベースでの陣取り型ゲームの系統性が明確になっています。

　しかしながら、実際にカリキュラムを構想しようとすれば、低学年「ボール運び」→中学年「タグラグビー」→高学年「フラッグフットボール」などと固定的に捉えられてしまう可能性が出てきます。同じ陣取り型ゲームに属するとはいえ、フラッグフットボールとタグラグビーでは前方へのパスの有無だけでなくさまざまな違いがありますので、授業者である教師が子どもたちに「何を」学ばせるかという視点を持って素材を配列する必要があります。そのためにも、「何を」（学習内容）の部分を具体化していくための実証的な取り組みが急務の課題といえるでしょう。

[引用・参考文献]
〇文部科学省（2008）小学校学習指導要領解説：体育編．東洋館出版社．
〇岡出美則・劉静波・吉永武史・鬼澤陽子・小松崎敏（2007）戦術学習モデルの効果の検討：小学校におけるフラッグフットボールの授業分析を通して．スポーツ教育学研究27（1）：37-50．
〇高橋健夫・吉永武史編著（2010）小学校「戦術学習」を進めるフラッグフットボールの体育授業．明治図書．
〇内田雄三・日野克博・吉永武史（1999）戦術学習への意欲を高めるボールゲームの実践：「作戦づくりのおもしろさ」を味わわせることをねらいとして．体育授業研究2：17-25．

（『体育科教育』2012年1月号）

第4章-4

学ぶ喜びを味わう共創なわとびの実践

大阪教育大学附属池田小学校教諭　垣内幸太

[1]出逢い

　数年前、わたしの敬愛する先生に紹介され、体育授業研究会に参加させてもらうようになりました。それまでの教師人生における価値観を大きく変えられるような、たくさんの実践者、研究者の方々との出逢いをさせていただきました。本稿で紹介する授業も、そこで出逢った香川県の岡田弘道氏のなわとびの実践をもとに取り組んだものです。

[2]学ぶ喜びを味わえる授業

　「学び」とは何でしょうか。私は「学習内容」「学習価値」「学習態度」を獲得するものであると考えています。学習の結果、獲得したものが「学習内容」です。これは、今後の学習活動を展開していくために必要な思考・知識・技能を含みます。
　しかし、今後の学習活動を主体的に展開していくためには、この「学習内容」だけでは不十分です。学習する楽しさやよさを感じ取ったり、その学習によって得られる新たな表現を見つけたりするなどの「学習価値」に気付き、それを内面化したり、行動化したりする「学習態度」に転換されていくことが大切です。「学習態度」は、価値ある体験の蓄積によってつくり上げられるものです。

図1 授業の様相

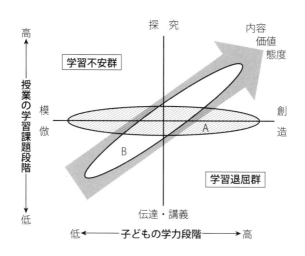

　これは、体育においても例外ではありません。また、実際の授業では、いろいろな実態の子どもたちが存在します。そのすべての子どもたちに、価値ある体験をさせ、豊かな「学び」を保証したいのです。
　図1は、横軸に「関心・意欲・態度」「思考・判断」「技能」を総合的に判断した実際の子どもの学力段階を、縦軸に授業の学習課題段階の関係を表したものです。子どもたちは、模倣の段階から、自分たちで動きを創造したり、その学習自体に価値を見いだしたりするようになります。教師も、伝達・講義型の授業であったものから、子どもたちの主体性や連帯性を重んじて、探究型の授業に変化していくでしょう。
　わたしたちは、往々にしてAのような授業をしがちです。つまり、さまざまな実態の子どもたちが存在する中で、ある一定の内容・課題・方法を提示して、授業を行います。その結果、できる子・わかっている子は退屈（学習退屈群）になり、できない子・わからない子は余計についていけなくなるのです（学習不安群）。
　子どもたちも教師も高まっていくことを願っています。すべての子どもが高

まっていけるBのような授業をめざしたいものです。つまり、すべての子どもが、自分の課題を明確に持ち、主体的に学習に取り組める授業を創造していくことが肝要です。

その要件として、次の5つの視点を持ち、授業づくりを行っています。

＊＊＊

①学ぶ意欲の保証

　子どもたちの願いやあこがれから出発した学習意欲を喚起する魅力的な教材、子どもたちの必要感に即した課題を創り出す。

②かかわりの保証

　課題を克服するために教師や仲間とのかかわり合いが必然となる課題や学習過程を創り出す。

③学ぶ機会の保証

　時間や場や用具（教具）の確保をする。十分な運動従事量、学ぶ喜びの共有ができる集団を創り出す。

④成功経験の保証

　目標が子どもたちにはっきり理解され、成果を保証する課題を創り出す。課題解決できる学習過程（学習スタイル・教師の指導）を創り出す

⑤ふりかえりの保証

　自己の動きや考えを仲間とすり合わせられる場や方法を創り出す。

＊＊＊

以下に、そのような考えのもとに行った実践を紹介します。

［3］4年生の共創なわとびの実践より

❶コンセプト

　本単元では、難易度の高い技や回数を競い合う「競争」ではなく、仲間と語り、仲間と創り、互いの存在を確かめ合えるような「共創」の授業をめざしました。

　1回旋2跳躍というきわめて基本的な跳び方のみですが、仲間と協力しないと成功できない課題を設定することで、「技ができないからつまんない」「みんな

に怒られる」といった学習不安群や「簡単すぎてつまんない」「もっと自分だけでやりたい」といった学習退屈群の双方に存在する子どもをなくしていこうと考えました。

　また、集団的な喜びや達成感を共有できる学習を目指し、子どもたち自身が、イメージと実際の動きとの『ずれ』や互いの思いのずれをすり合わせていき、グループ全員が同じリズムで跳んだり、適切なタイミングでなわに入ったり、なわに入れたりして、回し手と跳び手の発話や身体を介したコミュニケーションをとり合うことが不可欠な課題を設定しました。

❷**単元の流れ**
　図2参照。

❸**単元計画**
　表1参照。

図2　単元の流れ

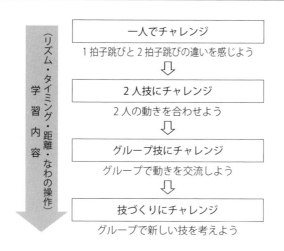

表1　単元計画

	unit 0	unit 1			unit 2	
	1時間目	2時間目	3時間目	4時間目	5時間目	6時間目
	【技能】・仲間とリズムを合わせながら、継続して跳ぶ（1回旋2跳躍）ことができる。 ・タイミングよくなわに入ったり、なわに入れたりすることができる。 ・仲間の動きを見ながら、自分の動きを調整することができる。 【態度】・グループやペアで、教え合い、励まし合いながら、協力して運動することができる。 【思考】・仲間とともに跳ぶためのタイミングやリズム、距離などを考え、判断することができる。 ・技づくりの視点を見つけ、オリジナルの技を創作することができる。（unit 2）					
ねらい（学習課題）	○本単元の流れがわかる。 ○道具の準備や片づけ方などがわかる。 ○1回旋1跳躍と1回旋2跳躍の違いがわかる。	○楽に長く跳ぶ方法を身につける。 ・足をあげすぎない／音をたてずに跳ぶ ○2人（跳び手前、回し手後ろ）のポイントがわかり、跳ぶことができる。 ・リズムを合わせる／距離を考える／声をかけ合う ○電車跳びのポイントがわかり、跳ぶことができる。 ・スタートのタイミングを合わせる／リズムを合わせる（声や足音） ○トラベラーを成功させるためのポイントがわかる。 ・タイミングをそろえる／声をかけ合う／互いの距離を調整する／回し手がよく相手を見る／大きく回す			○2人で、いろいろな向きで跳ぶことができる。 ・リズムを合わせる／距離を考える／声をかけ合う ○電車跳びのポイントがわかり、跳ぶことができる。 ・スタートのタイミングを合わせる／リズムを合わせる／タイミングをはかり、なわを回し始める ○オリジナルのグループ跳びを創作することができる。 ・隊列や跳ぶ方向、人数を変化させ、グループ独自の技を創る	
展開		準備　本時の学習内容の確認				
展開	○オリエンテーション ○1回旋2跳躍 ・2つの跳び方を比較する／楽に跳ぶ方法を考える	○2人跳び ・跳び手前、回し手後ろでいろいろな人と跳ぶ／リズムや距離などの視点で、うまく跳ぶ方法を考える			○2人跳び ・跳び手と回し手の役割や向きも変えて、いろいろな人とタイミングやリズムを合わせて跳ぶ	
展開	○2人跳び ・跳び手前、回し手後ろで挑戦してみる	○電車跳び ・1回旋2跳躍――同時になわが当たらないようにタイミングを合わせて跳ぶ（一斉にスタート、前から順にスタート）			○電車トラベル跳び ・1回旋2跳躍から先頭が移動して最後尾につく／うまく後ろに入る方法を考えて跳ぶ	
展開	○グループ跳び ・回し手は、跳び手の後ろを跳びながら移動する跳び方に挑戦する	○トラベラー ・基本技（跳び手前、回し手後ろ）→応用技（跳び手後ろ、回し手前など）／うまく跳ぶ方法を考える			○創作グループ跳び ・これまで学習してきたことを活かし、自分たちだけのグループ跳びを考える	
展開		○まとめ ・後片付け／本時のまとめと次時の予告				

❹実際の授業から
⒜先生のリズムに合わせて前回し跳びができるかな
　本単元において、子どもたちへの最初の発問です。まずは、1拍子のリズム（1回旋1跳躍）で跳ぶことを提示しました。子どもたちは、「かんた〜ん！」と次から次へと跳びはじめました。続いて2拍子（1回旋2跳躍）で跳ぶように言うと、数人の子どもが1拍子のリズムとの変化に戸惑う様子が見られました。
　さらに、1拍子と2拍子を交互に行うように課題を提示すると、「え〜」「わ〜ひっかかった」とできない子どもが続出します。簡単だと思っていた技が、やってみるとできません。『頭と身体のずれ』を感じさせることから授業はスタートしました。
⒝二人で一緒に跳んでみよう
　一人でできることでも、二人ならどうでしょうか。二つ目の『ずれ』です。図3の技を提示しました。跳び方は、すべて2拍子跳びです。
　子どもたちは、

図3　2人組

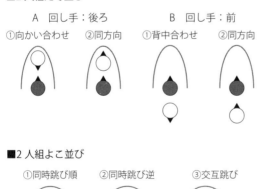

2人組たて並び

図4 電車跳び、電車トラベル

■電車跳び

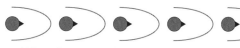

前後の距離は、なわ跳びの半分。なわが当たらないように、同時に跳ぶ。

■電車トラベル

先頭の人が、かけ足跳びをしながら後ろへ移動。列に入って跳び続ける。以後、繰り返し。

電車跳び

図5 トラベラー

■回し手：後ろ

回し手は、跳び手の後ろを跳びながら横へ移動していく。

■回し手：前

回し手は、跳び手の前を跳びながら横へ移動していく。

■跳び手が移動

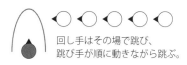

回し手はその場で跳び、跳び手が順に動きながら跳ぶ。

「『せ〜の！』ではじめよ」

「もっと近づいた方がいいんちゃう」

「回すの速いわ。もっとゆっくり」

など、技を成功させるために、二人のスタートや距離、なわの速さなどについて、声をかけ合いはじめます。ここでは、仲間と動きを合わせることを学習の中心とし、その「こつ」を全体で共有していきました。

(c)グループで一緒に跳んでみよう

　続いて、「電車跳び、電車トラベル」（図4）、「トラベラー」（図5）を提示しました。4〜6人のグループで取り組む技になります。単純に人数が増えることで、動きを合わせることがより困難になり、互いのリズムやタイミングをすり合わせていくことが必要となります。技に取り組む合間に、グループで話し合ったり、互いに声をかけ合う時間が多く見られるようになってきました。

　写真は、4時間目が終わったあとの黒板です。2人組やグループで跳んだあとに、「こつ」の交流をしたものを記していきました。

「スタートや跳んでいるときに、かけ声をかけ合う」

「なわとびの音をしっかり聞き合う」

「回し手と跳び手の距離を近くする」

など、自分たちが仲間と発見したさまざまな「こつ」を「リズム」「タイミング」「距離」といった視点でまとめ、板書していきました。すると、二人組であっ

写真　こつの交流（4時間目が終わったあとの黒板）

てもグループであっても、共通した「こつ」があることに気付いていきました。
(d)グループで新しい跳び方を考えてみよう
　単元の終わりには、ここまで学習してきたことを活かし、グループごとにオリジナルの跳び方を考えていきました。円形になったり、跳び手が前後に分かれたり、回し手の人数を変えたり、同時に複数を跳ばせたり、と子どもたちからは様々なバリエーションが生まれます。その技を成功させるための元になっているのは、二人跳びやグループ跳びで出し合った「こつ」です（写真参照）。
　技が成功したときには、全員で手をつなぎ「ビクトリー！」と大きな声で叫ぶことがみんなの約束であり、目標でした。運動が得意な子、苦手な子、好きな子、嫌いな子。どの子どもも、「ビクトリー！」に向かって、学習に取り組むのです。そこでは、叱咤激励の声のみならず、技術的な声かけや互いの特徴（背の高さや技の得手、不得手など）を考慮した役割分担などを考えている様子が見られました。言語的な関わり合いはもちろん、アイコンタクトであったり、互いの気配を感じ合ったりといった非言語的な関わり合いの姿も多々見られました。
　子どもたち一人ひとりの事実、願いから学習を出発し、すべての子どもが、目の前の運動を「いま」「ここ」の運動としてとらえることのできる学習課題、学習過程を創り上げ、そして、学ぶ喜びの味わえる体育学習を創り上げることの大切さを改めて実感させられた実践でした。

[4]共創授業

　2012年8月に行われた体育授業研究会愛媛大会でも、夜には数十人の同志が集い、お酒を酌み交わしながら、体育のこと、子どもたちのこと、各県の現状など、たくさんのことを語らう時間が持てました。普段は違う土地、違う立場にいても、顔を合わせれば、熱く語らえる仲間こそが、我々教師の一番の財産です。この出逢いに感謝するとともに、これからも「共創」しながら、そして、私自身も「学ぶ」喜びを感じながら授業を創っていきたいと思っています。

［引用・参考文献］
○岡田弘道（2005）仲間とのかかわりが学習活動の充実につながる．体育科教育53（4）：40-43.
○垣内幸太（2011）「学ぶ」喜びを味わえる体育学習を目指して．大阪教育大学附属池田小学校研究冊子「とごころ」創刊号.

（『体育科教育』2012年11月号）

第4章-5

子どもとともにつくる「4の2フットボール」

東京学芸大学附属世田谷小学校教諭　長坂祐哉

　「ぼくたちのチームに必要なことを達成できた。前まではできる人たちが中心となり、ミスをしたら責めていた。けど、今回はミスをしても『大丈夫！』、『いい所にいるよ、あとは落ち着いて！』と次へいかせる声かけがとても多かった。なかなか思う通りにできないことがあったけど、みんなが協力できていた。しかも、『その人』を意識してプレイできたから、結果10‐7で2勝目！　あみりは、初シュート。そして、リーグ4位と進歩というか、前と何だか雰囲気も変わったような感じがした」　　（こうすけ）
　「初めてシュートを打った。その時の状態は、図のよう（図1）。すごくうれしかった」
　　　　　　　　　　　　　　　　　　　　　　　　　　　　　　　　　　（あみり）

＊＊＊

図1　あみりのノート

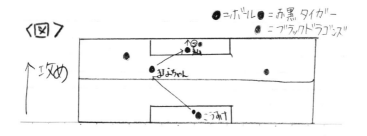

14時間目のリーグ最終戦後の子どもの学習感想です。子どもたちは、自分たちが求める学びを実現し得るルールはどのようなものなのかを試して合意形成し、そのゲームの中で技術や戦術を発見・追究したり、能力差を受け容れた上での他者意識を醸成させたりするなど、実に多くのことを仲間とともに学びとることができました。

[1]「フットボールって？」

　ルールは、そのゲームにもたせる意味、行う場所や扱う用具などによって変更されるものです。また、「常により『質』の高い合理性や面白さを求めて変化するもの」(中村、2001) でもあります。

　まず、教室でオリエンテーションを行いました。私が時間割に「フットボール」と書いていたことから、子どもたちは様々に思いをめぐらせていました。「サッカーだ」「サッカーとフットボールは違うよ」などの声があちらこちらで聞こえてきます。

　これは、私の思惑通りでした。本実践では足でボールを扱うサッカーを取り上げましたが、ルールについて考える上で、現代スポーツがどのように変遷してきたのかを知ることは重要です。子どもの既成概念を揺さぶり、スポーツ史への興味がわくと考え、単元名を「フットボール」としたのです。

　そして、「フットボールはサッカー、それともラグビー？」と疑問を抱いた子に、その理由を尋ねました。その子は、「フットボール」という言葉に興味をもち、家族との会話の中で国によって意味が違うのではないか、という意見が出たといいます。ルールによる違いを予想した子もいました。

　そこで「フットボールの歴史」を要約して話しました。ここから、このクラスのフットボールをつくるエンジンがかかってきました。

[2] 4の2が願うフットボール

　オリエンテーションの後、「みんながたのしめるように」といった感想が多く書かれていました。そこで、「みんながたのしめる」の意味を問いかけてみると、

図2　はじめのルールとコート

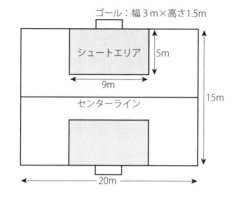

① ゲーム人数は3人対3人。
② 3人のうち、1人をキーパーとする。キーパーは自陣のシュートエリア内でのみ手を使える。
③ 自陣のシュートエリアに入れるのは、キーパーのみ。
④ ボールをラインから出したら、スローイン。
⑤ シュートは、シュートエリアからのみ打つことができる。

　何人かの発言を受けて、「みんながボールに触る。ただ触るだけではなくて、パスしてシュートする」と発言した子がいました。これは、筆者の考える、ボールゲームでこそ味わえるおもしろさの「シュートにつながる意図的コンビプレイ」（鈴木、2010）と合致すると思ったので、改めてその意義を子どもたちと確認しました。

　その後、筆者からはじめのルールを提示しました（図2）。そして、「みんながたのしめる」ゲームについて考え、実現することができるように、二つのルールを試すことを筆者から提案しました。一つは「シュートエリアにドリブルで入ってよいか、いけないか」、もう一つは「相手コートでは、相手からボールを奪ってはいけないようにするかどうか」。そして、実際に試した子どもたちは、感じたことや考えたことを話し合っていきました。

　一つ目の「シュートエリアにドリブルで入ってよいか、いけないか」では、「ドリブルで入ってよい」については「パスが少なかった」「一人でもいける」といった声が上がりました。対して、「ドリブルで入ってはいけない」というルールについては、「パスが回っていた」「パスが回れば、シュートが打てる」との発言が続きました。

　子どもたちは、ルールによるプレイの違いをとらえたのです。そして、みん

なが意図的コンビプレイにかかわる可能性が大きい「シュートエリアにはドリブルで入ってはいけない」というルールで合意形成されました。

二つ目の「相手コートでは相手からボールを奪ってはいけないようにするかどうか」では、ボールを奪えないルールでのゲームから、「攻守の切り替えの必要性」と「攻めのある程度の保障性」に子どもたちが気づいていきました。子どもたちの願いや気づきを受け止め、本単元の学習内容の中核に据えた「どう攻めていくかを考え、試し、実行する」ということを実現しやすいように、「相手コートでは相手からボールを奪ってはいけない」というルールを導入することとしました。

また、その他のルールについても、攻防の緊張感を保つ程よい難しさを求め、「自陣のゴール側のラインからボールが出た場合、相手のコーナーキックとなる。手で投げてもよい」「シュートエリア内でキーパーがパスを受ける時は、足で扱わなければならない」「サイドラインからボールを出したら、相手のスローイン。両手での上投げでも、片手での下投げでもよい」といったルールが設けられました。

[3] 子どもの切実感から深まる学び

単元中盤からは、学習感想に動きを図で示すなど（図3）、多くの子がシュートにつながる作戦を考え始めます。そのことから、コート図や作戦ボードを求める声も上がるようになりました。

そこで、コート図と作戦ボードを用意するとともに、チームで「攻めのパターン」を考え、パターン図（図4）として仲間と共有することを筆者から提案

図3　攻めのパターンが図示されたあおいの体育ノート

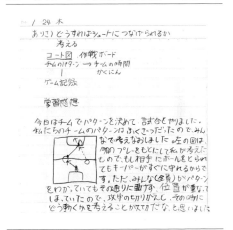

図4　パターン図

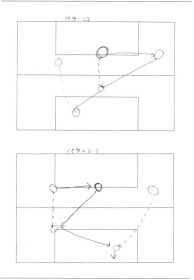

図5　ゲーム記録

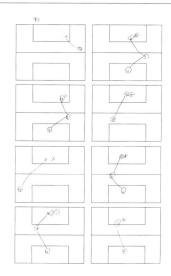

しました。また、ゲーム間のチームの時間で、コート図に人やボールの動きを書き込んだゲーム記録（図5）と見比べながら、自分たちでつくったパターンができたかどうかをふり返ることができるようにしました。

　すると、できていない場合、その理由を考えて、ボールを持っていない子が二人で重ならないように三角の形に広がるなど、ポジションを意識してそのパターンの練習をする姿が見られました。また、初めは守りをつけずに攻めのみでパターンの動きの確認を行い、少しずつ守りの人数を増やすようにするというように、チームやメンバーの実態に合わせた段階的な取り組みもなされました。そして、パスをもらう位置や出した後の動きなどを考えて、チームでつくったパターンを成功させられることが多くなったのです。

　しかし、相手チームの守りへの意識が高まってくると、なかなか自分たちのパターンを実現することができなくなります。すると、また新たなパターンを考えて試したり練習したりする姿が見られました。このように、攻防が拮抗することによって、互いに高め合うことができたと思います。

　また、単元の終盤では、自分のことだけを考えたプレイではなく、チームの

仲間のことを考えたプレイが生まれてきました。互いの状況を把握し、パスや動きのタイミングと位置を共通認識できた結果です。ある女の子の学習感想からも、そのことがわかります。

＊＊＊

　前半に4点決めることができた。「よいタイミング、少しのすきまからのパス」を私に合った力の加減でやってくれた。状況に合ったパスだと、もらった人も落ち着いて攻められる。これからも3人の動きのタイミングを考えたい。

＊＊＊

　このように、互いを理解し合って意図的なコンビプレイをつくり出すことは、ボールゲームの大きな教材価値であると言えます。また、ボール操作の難しいサッカーだからこそ浮き彫りになる課題であり、ボールを足で扱うことを選択した最大の理由でもあります。

[4] 教師の手立て

　①子どもたちが自分たちで問題を発見・追究し、解決していくことで、単元が展開されていく。②そして問いが更新され、新たな発見と追究が生まれる。③この学びの連続性の中で、わかり、できるようになる。

　このような授業をつくるためには、「**本質的な面白さを味わえる教材**」と「**問題の共有**」が肝要となります。子どもたちが体育学習に主体的に取り組むには、その教材が運動の本質的な面白さを味わえるものでなければなりません。本質的な面白さとは、本実践でいえば、「足によるボール操作の難しさの中で、いかに意図的なコンビプレイを実現させ、シュートを決めるか」ということの競い合いにあります。

　ですから本実践では、パスの必然性が生まれる「シュートエリアにはドリブルで入ってはいけない」というルールと、攻めがある程度保障される「相手コートでは相手からボールを奪ってはいけない」というルールの二つを試して合意形成し、教師のねらいと子どもたちの願いを統一するゲームをつくったのです。

　そして、その運動の面白さに存分にふれることができた子どもたちは「シュートを決めたい」と本気で願い、「どうすればシュートを決められるのだろう」と

真剣に問いました。

　子どもたちが問いを連続させ、教師がそれらを丁寧に紡ぎ合わせたことで、共有の問題が生成されたのです。そしてそれを解決し、また新たな問いが生まれたことで、よりいっそうゲームにのめり込み、学びが広がり深まっていったのです。

　このように、子どもたちは問いを共有することで、仲間と学び合うことができました。そのために筆者が大切にしたのが、「学習感想」でした。子どもたちは、その日の学習をふり返って、家庭学習で記述してきました。そこには、感じたことや考えたこと、気づいたことや質問など、実に多くのことが書かれていました。

　先述のように、その日のプレイや自分で考えた動きなどを図示することもありましたし、ふだんあまり発言できない子が、本質をつく記述をすることも珍しくありませんでした。基本的に、学習のテーマは子どもたちの言葉からつくりました。また、共通する内容を紹介したり、印刷して配布したりすることもありました。

[5]まとめ

　「よい授業」を、筆者は「子どもとともにつくる授業」ととらえています。「子どもとともにつくる授業」とは、教師の明確な意図とゆるやかな展開計画をもとにして、子どもたちの願いや問い、気づきに寄り添いながら、学級で練り上げた学習問題をみんなで解決していく授業です。問題解決の過程において一人ひとりの参加が保障されたとき、子どもたちは自分事として学習に取り組み、主体的・創造的な学びを自らの手でつくり上げることができます。

　筆者は、今までの体育授業研究会でも、以上のような主張を実践報告の場で述べてきました。そこでは、賛同を得ることもあれば、批判を受けることもありました。それは、さまざまな主義・主張をもった会員が参加するからこそ、起こり得ることです。そこでいただいたたくさんのご意見が、授業づくりに活きていることは言うまでもありません。また、自分とは違う価値観や自分の発想にはない実践との出逢いに、強い刺激を受けていることも事実です。

今後も、主体性をもって授業研究に取り組み、よりよい授業を子どもとともにつくっていきたいと思っています。

［引用・参考文献］
○中村敏雄（2001）［増補］オフサイドはなぜ反則か．平凡社．
○鈴木聡（2010）藤棚42：74-79．

(『体育科教育』2013年7月号)

第5章
戦術学習の授業づくり

第5章-1

子どもの発達段階を考慮した
ゴール型ゲームの授業づくり

奈良教育大学附属小学校教諭　小畑　治

「先生、今年のボール運動は何をするんですか？」

子どもからよくある質問です。体育では同じ運動領域をくり返し学習させることが多いことからこのような質問が出るのではないでしょうか。どの学校でも毎年全学年でゲームまたはボール運動に取り組まれています。

このとき、子どもが学習したことをいかに積み上げていくか、つまり一つひとつの単元が単発にならないよう系統的な学習が展開されているかが重要になります。現行の学習指導要領においては、「ゴール型」「ネット型」「ベースボール型」にゲーム・ボール運動が分類されていることや、2学年ユニットで指導計画が作成できるようになっているのは、そのような視点も大事にしているからだと言えます。

系統的な学習を展開するときに考慮すべき点として、子どもの発達段階があげられます。特に、技能面（できる）に関わる身体の発達段階と、思考や状況判断（わかる）に関わる認識の発達段階を大切にする必要があります。低学年の子どもに公式ルールのままバスケットボールを学習させようと思っても、高さ2.6mのゴールへシュートするのは難しく、ノーマークを見つけてパスを出すという状況判断も望めません。そのため、子どもの発達段階に応じてゲームを教材化する必要があります。

とはいえ、発達段階に応じるという視点だけでは、子どもが一定レベルまで発達してレディネスが整うまで待つ、ということになりますので、発達のゆっ

くりな子はいつまでも学習できないことになってしまいます。

そこで、学習によって子どもの発達を促すという視点から、ゲームの教材化を検討することが求められます。戦術的な気づきを促すような発問によって思考力が高まり、そしてその高まりがゲームパフォーマンスにも現れてきます。このような授業づくりを小学校6年間の中で系統的に行うことによって子どもを成長させることが重要であると考えます。

[1]系統的な目標とボールゲーム

学習の積み重ねによって子どもの成長を促していくためには、まず小学校6年間で何を学ばせていくかという観点から目標を設定し、その目標を達成するための価値ある教材は何かを検討することが大切です。

例えば、ゴール型のボールゲームで継続して学ばせたいことの一つに、ボールを持っていないときにマークをふりきってパスをもらったり、シュートしやすい場所に動いてパスをもらったりする「サポート」の動きが挙げられます。なぜなら、ゴール型では、ボールを保持していない時間のほうが圧倒的に長いこと、種目によってボール操作の技能が異なってもサポートの動きは共通しているからです。

このような考えに基づいて、ゴール型ゲームの学習目標を表1のように設定し、これを達成するためのゲームをその中から選んで取り組ませることで、小学校6年間で「わかってできる」力を育むことができると考えます。

表1　ゴール型ゲームの学習目標と実施しているボールゲーム

	学習目標	ボールゲーム
低学年	ねらう場所がわかる	フラッグボール・円陣ぬきっこゲーム・宝運び鬼・円陣サッカー
中学年	ノーマークがわかる	エンドボール・フラッグフットボール・セストボール・エンドサッカー
高学年	オープンスペースがわかる	かべパスバスケットボール・バスケットボール・サッカー

[2] 低学年では「ねらう場所がわかる」を目標に

　この時期の子どもたちは「自分が活躍したい！」という願いを強く持っています。つまり、自己中心性が強いため、無理に「チームプレイ」をさせようとしてもうまくいきません。したがって、まずは一人ひとりの子どもが活躍したり満足したりできる機会を提供するゲームが求められます。

　また、「走る」や「投げる」ことができても、「走りながら投げる」といったように「○○しながら□□する」のは低学年、特に１年生には難しい課題と言えます。そのためこの時期は、ゴール型ゲームに入る前段階として、またゴール型ゲームの学習につながるように、攻守入り乱れる中で敵から逃げながら一定の場所をねらって侵入していくことに絞って学習を進めていきます。このような学習に適しているゲームとして「フラッグボール」を紹介します。

● フラッグボール

　このゲームは、腰にフラッグをつけて小さなボールを片手に持った攻撃側の子どもたちがスタートラインに並び、スタートの合図で図１の①や②のシュートゾーンめがけて走ります。コート内には守備側の子どもたちが並んでいて、合図のあと攻撃側のフラッグを取りにいきます。攻撃側はフラッグを取られてしまったら③のゾーンにいきます。そして攻撃側の全ての子どもが①〜③のゾーンに入り終えたら、前方にあるゴール（サッカーゴールのようなもの）に向かって持っていたボールをシュート（投げる）して合計点を競います。

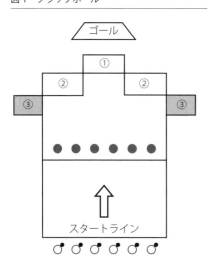

図１　フラッグボール

つまり、「○○しながら□□する」ことが難しい低学年児でもゲームが楽しめるように、「侵入場面」と「シュート場面」を分離させているのです。「侵入場面」では守りから逃げながら侵入することを楽しみます。しかも、ゴールにより近い①のゾーンに入った方が得点しやすいことは低学年児も気づいていくので、その場所をねらって侵入していきます。「シュート場面」では、①〜③のゾーンに守備側は入れないため、ゴールをよくねらってシュートすることができます。

また、全ての子どもがシュートを打てるように、フラッグを取られても③のゾーンからシュートを打つことができるようにしています。そのため、運動の苦手な子どももシュートする楽しさを味わうことができるというわけです。ただしそのシュートは成功しても1点、フラッグを取られずに①や②のゾーンからシュートが決まれば2点とします。このようなルールにすることで、すべての子どもの活躍する場面を確保しつつ、どのような攻撃をすればよいか気づかせながら取り組ませることができます。

[3] 中学年は「ノーマークがわかる」を目標に

「ギャングエイジ」「9・10歳の節越え」などの言葉にみるように、この時期の子どもは他者との関わりが多くなり、具体から抽象へと思考力が飛躍的に発達します。だからこそ、作戦を必要とする少し複雑なゲームのほうが子どもたちは熱中しやすく、またそのようなゲームが子どもたちを大きく成長させてくれます。

ただし、少しばかり複雑なゲームであっても、だれもがシュートやパスがしやすいように工夫されたものでなければなりません。また、中学年からパスプレイが可能になってくるので、サポートの学習を始める時期だと考えます。

そこで中学年ではまず、マークをふりきるような動きを引き出して「ノーマーク」に気づかせていくことを大事にします。そのような学習に適しているゲームを以下に紹介します。

●エンドボール

図2のようにコート内は3人対3人で行い、エンドゾーンには2人を置きます。

図2　エンドボール

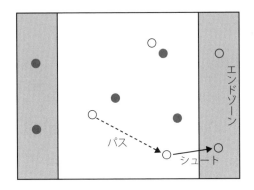

　パスだけで攻めていき、エンドゾーンにいる味方にシュートをしてキャッチできれば得点となります。
　このゲームのポイントは、シュートと言っても実際は味方へのパスであるため、必要な技能はパスとパスキャッチだけです。その技能もゲームを楽しみながら身につけていくことができます。
　もう一つのポイントは、コート内は3人対3人のイーブンナンバーですが、シュート場面では5人対3人のアウトナンバーになっている点です。このような攻撃で数的優位な状況をつくりだし、攻めやすくシュートしやすくなるような工夫が必要と考えます。
　学習を進める中では、例えば次の発問から「ノーマーク」について考えさせていきます。

＊＊＊

教　師　どんなときにパスがたくさんもらえるかな？
子ども　敵がまわりにいない時。
教　師　そういう時を「ノーマーク」と言うことにしましょう。では、どうすれば「ノーマーク」になってパスをたくさんもらえるかな？
子ども　マークをふりきるように左右にずれる。

・マークより前に出てもらいにいく。
　・マークから遠ざかるように動く。
教　師　なるほど！　ではそういう動きをたくさんしてパスをもらえるようにがんばろう！

＊＊＊

　エンドボールは比較的少ない人数で、しかもパスだけで攻防するため、マークをふりきってノーマークになることが中学年の子どもにも明確な課題として位置づけられます。また、エンドゾーンの子どももその中であれば自由に動くことができるため、シュート場面であってもマークをふりきるような動きは共通しています。このように、どのように考えればうまくいくかということについてクラスの全員が共通に理解した上で、チームの作戦を考えさせることが重要です。

[4] 高学年では「オープンスペースがわかる」を目標に

　高学年期は、第二次性徴を迎えたり、抽象的概念の獲得や論理的思考が可能になったりと、身体も認識も大きく成長を遂げる時期です。ゴール型では、これまでのマークをふりきってノーマークになるような二次元的な課題から、相手の裏にあるスペースをねらうような三次元的な課題にも向き合えるようになります。そこで高学年期では、敵がいない「オープンスペース」に気づかせることで、より効果的な「サポート」について考えさせることが重要であると考えます。そのような学習に適しているゲームを紹介します。

●かべパスバスケットボール

　本校の石川元美教諭が考案したゲームで、第13回体育授業研究会東京大会の実技研修会でも紹介させていただきました。図3のようにコート内は3人対3人で行いますが、コートの外にもプレイヤーがいて、パスでゲームに参加することができます。このゲームは、主に表2のような教材価値を持っていると考えています。

　特にゴールの近くが「オープンスペース」になっているとき、そこに走り込

図3　かべパスバスケットボール

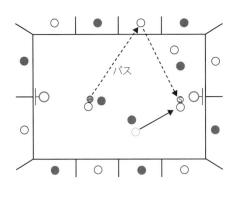

表2　かべパスバスケットボールの教材価値

- 一度にたくさんの人が参加できる。
- コート内は3人対3人なのでシュートやパスをもらう機会が多い。
- ドリブルを使わなくてもパスだけでボールを進めることができる。
- 常にアウトナンバーの状況で攻撃ができる。
- かべプレイヤーはだれがノーマークになっているか見つけやすい。
- 子ども同士で声かけをする場面が増えやすい。
- コートを広く使った攻防ができる。
- ボールがコートの外に転がっていくことが少ない。

んでパスをもらってシュートすることが効果的な攻め方になりますが、かべプレイヤーからはそのような状況やそこに走り込んでくる動きがよく見えるため、効果的なパスを出すことができます。また、はじめはゴール付近を「オープンスペース」にしておき、そこへ走り込んだときにかべからパスをもらうような、意図的なプレイも出現させることができます。このような先の動きを予想しながら見通しを持たせることは高学年の発達段階だからこそできる学習であり、子どもたちの成長をより促すものであると考えます。

[5]授業づくりに向けた留意点

　低学年期は、実際に目で見たり手にとったりして具体的に考える時期であるため、記号や図によって抽象的に考えることは難しいと言えます。作戦ボードを使って攻め方を考えさせても、実際の動きと結びつけられないことがよくあります。そのようなときは、実際に子どもの動きを見本にして考えさせたり、自分たちの動いている様子をVTRで撮って考えたりすることが効果的です。例えば、攻めの人のフラッグを取ろうと鬼が追いかけたあとにスペースができることは、実際のゲームをVTRで見たほうが子どもたちはよく理解できます。

このように具体的に考えさせることが思考力やゲームパフォーマンスの向上に効果的と言えるでしょう。

　中学年から高学年にかけての取り組みでは、「タスクゲーム→メインゲーム」という学習の流れがよくあります。学ばせたい戦術的課題が明確に学習でき、メインゲームにつながるものであればタスクゲームはとても価値があると言えます。ただし、複数のゲームに取り組ませることよりも、エンドボールやセストボール、かべパスバスケットボールのように、戦術的課題が明確になるように工夫されたゲームであれば、そのゲームに熱中させたほうがよい場合もあります。1つのゲームであっても、学習を進めていく中で戦術的な気づきをチームで積み重ねたり共有したりしながらゲームパフォーマンスを高めていくこともできるでしょう。

　また、「サポート」や「ノーマーク」「オープンスペース」という言葉を子どもたちに伝えて学習させる場合もありますが、そのような言葉を教えるだけで満足しないことも大切です。言葉が意味する戦術的な動きを子どもたちが十分に理解し、自分のものにしているかを授業中に観察したり、ゲームをVTRに撮影して分析したりする必要があります。子どもがコートサイドで一生懸命「サポート！」と言っている場合も、実際は「がんばれ！」と意味合いが変わらないこともあるからです。

　ある子どもが、「かみなりサンダーや！」と言っていたので、どういうことか詳しく聞いてみると、「かみなりのようにすばやくジグザグに動いてマークをふりきること」と教えてくれたことがありました。このほうがよっぽど「サポート」の動きを理解した上で声かけを行っていると言えるでしょう。「サポート」と言うよりも、「かみなりのように」と言うほうが子どもの理解を高めることもあるので、学習させたいことが子どものものになるように発達段階を考慮した言葉を選んでいくことも大事であると考えます。

＊

　ボールゲームは数多くありますが、どのゲームに取り組むかを決定する前に子どもの発達段階を考慮し、小学校6年間で何を学ばせていくかをまず明確にすること、そして、その学ばせたいことが実現できるような価値あるゲームを教材化することで学習の積み上げを図ることが重要です。しかし、このような

取り組みを一人の教師で進めていくことは困難です。学校の状況をふまえながら、教師集団や民間教育団体でカリキュラムを吟味して創り上げていくことが、子どもの成長につながると考えています。

(『体育科教育』2012年3月号)

第5章-2

ネット型ゲームの教材づくりとその発展方向を求めて

長野市立北部中学校教諭　竹内隆司　　長野市立通明小学校教諭　斎藤和久

　2008年の学習指導要領改訂を受け、ボール運動系の領域の教材づくりに大きな関心が寄せられています。体育授業研究会においても、教材づくりに視点を当てた実践が積極的に報告されるとともに、教材づくりの考え方に関して活発な議論が展開されています。

　私たちも、ここ10年ほど、信州大学の岩田靖先生とともにボール運動の教材づくりに取り組んできました。その間、ボール運動の授業コンセプトを「『意図的・選択的な判断に基づく協同的プレイ』の探究」（岩田・斎藤、2008）として把握し、各型の特性・魅力を子どもたちの発達段階に応じて追究することができる教材、また、型に共通する学習内容を系統的に学習することのできる教材の開発を試み、授業実践を通してその成果を確認してきました。

　本稿では「ネット型」（連携プレイのタイプ）の教材づくりについての私たちの考えを提示してみたいと思います。

[1]「ネット型」の本質的な魅力

　ネット型の授業において、「ラリーの続くゲームをすること」が単元の目標として掲げられることが多くあります。確かに、ラリーの応酬の中で味わうことのできる緊迫感はゲームの楽しさを大いに増幅させるものですが、ラリーを続けること自体がネット型の中心的な特性ではないでしょう。

　むしろ、ラリーを切ること、つまり、相手にボールをコントロールさせない

ように攻撃することがネット型の主要な戦術的課題であり、そのためにチームでどのように連携するかを追究することにこそ、ネット型の本質的な魅力があると考えます。しかし、動くボールの軌道を読み、落とさないように手で弾いてコントロールするというボール操作はきわめて難しく、子どもたちの技能レベルでそうした魅力に迫ることは困難です。

　「ラリーを続ける」ことが目標として掲げられてきたのは、実のところ皮肉にも、難しすぎるボール操作を大前提にしてきたからではないでしょうか。そのような発想に基づいたゲームでは、子どもたちがネット型の本質的な魅力に肉迫できず、また、その追究を支えるための技能や認識を形成できないまま単元の学習を終えることが少なくないことを指摘しておきたいと思います。単元終盤になっても、自分のところにボールが来るまで動けなかったり、自分のところに来たボールを無意図的に弾いてしまったりする子どもたちの姿は、まさしくその現れでしょう。

　私たちの教材づくりは、そうした問題意識に立脚しています。ラリーを続けるためにボールを落とさないでつなぐことではなく、意図的な連携プレイによって相手コートに攻撃的なアタックを打ち込んで得点することを、すべての子どもたちの積極的な関与・参加のもとに追究・実現することのできるゲームの開発をめざしてきました。

[2]「ネット型」の教材づくりの視点

　上述の発想に基づき、小学校高学年段階のネット型の教材として開発したのが、「アタック・プレルボール」でした。子どもたちがネット型の本質的な魅力に迫れるように、その中心的な戦術的課題を「意図的なセットを経由した攻撃をすること」と捉え、そのための役割行動を学習内容の中核に据えました。そして、「プレルボール」を素材に、以下の３つの視点からゲームの修正を試みました。

＊＊＊

①ボール操作の技能レベルを子どもたちの発達段階に応じて設定すること。
②ゲームのイメージを明確にもつことができ、判断の一致が図れるようにすること。

③すべての子どもが戦術的課題の解決に関与できるゲーム条件をつくること。

＊＊＊

　3つの視点のうち、視点①はイギリスのソープらが提示している「ゲーム修正論」における「発達適合的再現」（Representation）に、視点②③は「誇張」（Exaggeration）にそれぞれ対応しています。「アタック・プレルボール」については、すでにその具体的な実践の概要を鎌田・斎藤ら（2005）、岩田・竹内・平川（2009）が詳細に報告しています。ここでは、ゲーム修正の3つの視点について、その発想を掘り下げてみることにします。

❶視点①について

　先にも述べたように、ネット型のゲームはボール操作の技能が極めて難しいことから、意図的な連携のための役割行動を学習できるレベルに設定する必要があります。ボール操作が難しすぎることの弊害については今更述べるまでもありませんが、かといって易しすぎると学習すべき内容が不明瞭になってしまいます。

　例えば、キャッチを可とするルールの採用は、ボール操作の学習だけでなく、そのための準備行動というボールを持たないときの動きの学習の必然性をも排除してしまう可能性があります。「アタック・プレルボール」では、高学年段階の子どもたちの技能レベルから、ワンバウンドを可とするプレルボールのルールを引き継ぎつつ、より攻撃的なアタックを可能なものとするために、相手コートに直接打ち込めるよう修正することで「セット―アタック」局面の技能緩和を図りました。ネット型の発展的な教材づくりを考える際、後述する通り、ボール操作の技能レベルを学年段階に応じてどう設定するかが大きなポイントになると考えています。

❷視点②と③について

　「誇張」とは「問題となる戦術的課題を誇張する」という修正の視点を意味しています。私たちは、ネット型に限らず、ボール運動の教材づくりにおいてこの視点を常に重視し、その具体的な方法を探究してきました。「誇張」の観点からゲームを修正することで、ゲームの戦術的な複雑さを緩和して解決すべき

戦術的課題を明確に提示することができます。それは、すべての子どもたちの戦術的思考を喚起し、子どもたち相互の豊かな関わりを触発し、さらにはゲームの本質的な魅力の追究に誘い込むことになると考えています。

さて、ネット型は、他の型と比べてその戦術的な構造はシンプルであり、ゲーム中に求められる状況判断も容易であるとされています。しかし、チームのメンバー全員が共通の課題意識に基づいてプレイし、その成果やさらなる課題を共有するためには、対象となる判断をクローズアップするとともに、その判断への全員の参加・関与を可能にする修正が必要でしょう。そこで、「アタック・プレルボール」では、ゲームの人数を3対3にするミニ化を前提に、「1人1回ずつ、必ず3回の触球で返球する」という自陣での触球回数を限定するルールを付加しました。

一見これは、子どもたちの自由を奪ってより難しい課題を要求するルールであると思われるかもしれません。しかし、「3回以内」、あるいは「何度でも可」とするルールのもとでは、一つひとつの触球の意味がきわめて不明瞭になり、場合によってはチームの連携さえ不必要な状況を招いてしまう恐れもあります。学習経験の少ない子たちのやみくもな触球は決して技能が低いからではなく、技能の高い子の相手コートへの強引な返球はその子が自分勝手だからではないのです。

私たちは、触球回数を限定することにより、一つひとつの触球を明確に意味づけ、個々に求められる役割行動の判断を子どもたちが選択的に行えるようにしようと考えました。こうすることによって「意図的なセットを経由した攻撃」という戦術的課題を浮き彫りにするとともに、その解決に向けた役割行動を学習内容の中核に位置づけようとしたのです。

[3]「ネット型」の発展方向を探るポイント

これまでに述べてきたように、ネット型（連携プレイのタイプ）では「意図的なセットを経由した攻撃」の面白さに触れさせることを中心的なねらいに位置づけていますが、そこではゲーム状況に応じた役割行動による連携に向けて、「今、自分は何をすればよいか」を判断していく学習のプロセスを強調するこ

とが重要になると私たちは考えています。

　しかし、この過程において子どもたちの前に立ち現れてくるのが、自在にボールをコントロールして相手コートに返球することの難しさです。とりわけ、バレーボールにおける「空中を移動してくるボールへの対応」「ボレーでのボールコントロール」「相手コートの空間をねらった（判断した）返球」は、きわめて難度の高い運動課題と言えるでしょう。そこで、ボール操作の課題レベルを子どもの技能の実態に照らして段階的に設定していくことによって、相手にボールをコントロールさせないようにする攻撃＝自陣での意味ある組み立て（連携）を学習することを大切にした発展的な道筋を創出できるのではないかと考えました。

　このような観点から、ネット型を初めて学習する子どもたち（小学校中学年）を対象に教材づくりに取り組んだのが「フロアーボール」です（岩田・竹内・両角、2009）。このゲームでは、ボールを転がしてネットの下をくぐらせる形式の攻防にしました。返球したボールが相手コートの一定のゾーンを直接通過した場合、また相手が3回の連携（触球）でボールを返球できなかった場合に得点できるルールを考案しました。

　ここでは「相手からの返球を正面に入ってレシーブすること（両手でのアンダーハンド）、アタックしやすい方向にセットすること、転がってくるボールに対応しながら、踏み込んでアタックすること（踏み出し脚を前に出して踏ん張って、利き腕を振り抜くこと）を技能的な課題として設定し、この段階の子どもたちでも「意図的なセットを経由した攻撃」が実現可能なゲームを構想したのです。

　このゲームは、単元の早い段階から高い返球率が見られ、子どもたちにとって連携を含んだプレイが十分楽しめるものになっていたことが確かめられました。また、プレイ状況の変化の中で、アタッカー役になったプレイヤーの「ボールを持たない動き」（セットされたボールに走り込んだり、ボールとの適当な間合いをとったりする準備行動）と「ボール操作の技能」（アタック動作）を包み込んだパフォーマンスの評価を試みたところ、単元中盤以降、アタックに関する大きな学習成果が認められました。これらの結果は、高い返球率が単元を通して維持されつつ、技能の向上を伴った、より攻撃的な連携の実現がなされた

ことを意味しており、この段階の子どもたちにとっての「本物のネット型ゲーム」と言ってもよい学習状況が生み出されたと解釈してもよいのではないでしょうか。

　私たちは、小学校中学年段階の「フロアーボール」(転がるボール)やアタック・プレルボールのセット局面にキャッチ技能を取り入れて易しくした「キャッチセット・アタックプレルボール」を配列し、アタック・プレルボールにつながる系統性の道筋に確かな手応えを感じているところです(岩田ほか、2011)。また、中学校段階についても実践の報告が行われるなど、発展性の広がりについても検証することができました(岩田・北原ほか、2009)。

　このように、「ネット型の戦術的課題はシンプルかつ易しい」「ボール操作の課題性が高まってもゲーム状況の難易性に大きな影響を与えない」という2つの視点から、「意図的なセットを経由した攻撃」というテーマを貫きながら、ボール操作技能の課題性に着眼していくことが、ネット型の発展方向を探究していく一つのアイディアではなかろうかと私たちは考えています(竹内ほか、2012；岩田、2012)。

[引用・参考文献]
○岩田靖・斎藤和久(2008)教材開発で授業モデルは進化する．体育科教育56(2)：44-49．
○鎌田望・斎藤和久・岩田靖・北原久美(2005)小学校体育におけるネット型ゲームの教材づくりに関する検討―「連携プレイ」の実現可能性からみたアタック・プレルボールの分析．信州大学教育学部附属教育実践総合センター紀要・教育実践研究(6)：111-120．
○岩田靖・竹内隆司・平川達也(2009)もっと楽しいボール運動・「アタック・プレルボール」の教材づくり‐1．体育科教育57(2)：58-63．
○岩田靖・竹内隆司・両角竜平(2009)もっと楽しいボール運動・「フロアーボール」の教材づくり．体育科教育57(14)：66-71．
○岩田靖・両角竜平・竹内隆司・斎藤和久(2011)小学校体育における「ネット型ゲーム」の授業実践―「キャッチセット・アタックプレルボール」の教材づくりとその検討．長野体育学研究(18)：15-24．
○岩田靖・北原裕樹・中村恭之・佐々木優(2009)もっと楽しいボール運動・「ダブルセット・バレーボール」の教材づくり．体育科教育57(12)：60-65．
○竹内隆司・斎藤和久・岩田靖(2012)小学校段階におけるネット型ゲームの教材づくりに関する検討―ゲームの発展性の論理を中心に．体育授業研究(15)：9-17．

○岩田靖（2012）体育の教材を創る―運動の面白さに誘い込む授業づくりを求めて．大修館書店．

（『体育科教育』2012年7月号）

第5章-3

シンプルで子どもが伸びる
キャッチアタックバレー

筑波大学附属小学校教諭　清水　由

●授業研と筆者

　筑波大学で開催された第1回体育授業研究会は、裏方のスタッフとして発表を聞いていました。大学を卒業したばかりの当時の私にとってその内容は耳慣れない言葉が多く、ほとんど理解できていませんでした。それでも、研究室にいた修士の先輩と現場の先生とが共同で発表している実践的な内容を見て憧れを抱いたものでした。

　それから毎年楽しみに、ほぼすべての大会に参加する中で、授業研が実践と研究を身近に結ぶ研究会であることを肌で感じてきました。本会で学びつつ、現在の私が試行錯誤しながら考えているボール運動の実践を発表させていただきます。

［1］日々の実践から見える子どもの姿

　体育授業の内容が変われば子どもの休み時間の遊びも変わる……。私の勤務する筑波大学附属小学校では、子どもたちのそんな姿を毎年見ることができます。鉄棒運動が始まれば鉄棒に群がる姿が、縄跳びが始まればジャンプボードに群がったり長縄で遊んだりする姿が見られます。

　ところが最近、その風景に変化が現れてきています。かつてと比べると群がる人数が減っている、と感じるのです。原因を探ってみると、やはりボール運

動です。運動場を見ると、年間を通してボール運動で遊んでいる子は減りません。ボール運動の魅力は、子どもにとって相当大きいようです。

　当然、授業でボール運動を扱うと、子どもたちは大変な喜びよう。ただ、生き生きと活動する子どもたちの陰で、そもそも何をしたらよいのか、ゲームの目的が理解できていない子もいるのは、今も以前も変わりありません。

　この差は、かつてより歴然としているようにすら思います。ゴール型では、何のためにボールを追いかけているのかよく理解していない子がいるのです。ボールに触ることが目的となってしまい、持ってもすぐに近くの子へ渡すだけ。ネット型では、何のためにコートに散らばって立っているのかをよく理解しておらず、ボールが来てもよけてしまう。ベースボール型では、打った後に何をしてよいのかわからず立ったまま走らない、守備でボールを持ってもどこへ投げてよいのかわからずキョロキョロするだけ。

　どの型のボール運動でも、このような子たちはボールに触ると、技能が高い子から強く言われたり非難されたりしがちです。ややもすれば、ちょっとした役割を決められて、一応ゲームに参加しチームに貢献しているような体裁だけが整えられ、ほっとした様子でプレイをしています。これでは、ボール運動が苦手になり、嫌いになっていくのも自然の成り行きでしょう。

[2] 子どもの姿から考えるボール運動の学習内容

　初等（義務）教育段階の小学校で、このような子を生み出してはいけない、と教師であれば誰もが思うことでしょう。子どもたちに、もっと基本的でシンプルな学びをさせてあげたい。ゲーム様相が「ボールに群がって単にボールを追いかけているだけ」でもいいから、もっと能動的にゲームを楽しんで欲しい。そんな思いを抱きつつ、小学校期に学ばせたいボール運動の内容として、今のところ次の3点を考えています。

　①ルールやゲームの目的の知的理解
　②ゲームを楽しむための最低限の技能
　③型に共通する戦術的な動き・知識・理解・判断
　子どもたちの姿をよく見ると、そもそもゲームで何をしたらよいのかわかっ

ていない子が多いです。小学校の時期は、それぞれの型のゲームを経験することで、型に共通するゲームの目的やルールを理解し活用して楽しめるようにすることが大切でしょう。

　また、ゲームを楽しむための最低限の技能も身につけさせたいものです。高い技能を必要としない簡易化されたゲームでも、そのゲームなりの技能を身につける必要があるし、技能が向上していくことでより楽しむことができます。

　もちろん、さまざまなゲームがある中で、そのゲームに必要な技能さえ身につけばよい、というわけではありません。できるだけ多くのボール運動で活用できる技能を、小学校期に身につけさせたい。その技能とは、「投げる」「捕る」だと考えています。なぜなら、投げる技能に含まれる「ひねり動作・重心移動」や捕る技能に含まれる「ボールの軌跡を予測しての動作・衝撃を吸収する減速動作」は、おそらくすべてのボール運動で活用される必要不可欠な技能と考えるからです。

　そしてもう一つ学習の中心となるのが、それぞれの型に共通する戦術的な動きです。以前より、「戦術学習」という言葉が使われ、戦術的な動きを学ぶことがボール運動の学習内容の中心であるとされ、そのための教材が多様に考案され、研究・実践されてきました。

　しかし、これまでの提案にみる戦術的な学習内容は、実現が難しかったりその教材（が指向するスポーツ種目）ならではの内容だったりするように思えます。ゲームの目的やルール理解のところでつまずく子がいることを考えると、もっと基本的でシンプルな内容が求められるのではないでしょうか。

　また、学んだ内容は同じ型のボール運動へ活用されることが期待されていることを考えると、特定のスポーツ種目だけを指向する学習内容を学ばせることは本来の意図に反します。特に小学校期では、型に共通する戦術的な動きを学習内容とするべきでしょう。

　そこで、それぞれの型に共通する戦術的な動きを序盤、中盤、終盤という3つの局面から考えました。以下、ゴール型を例に挙げます。

(a)序盤局面

　ボールがコートから出たり、味方がボールをカットしたり、相手が得点をしたりといった、味方が攻撃権を得た後にどのような戦術的な判断をして動くの

かという局面。単純に言えば、速攻へつなげるパスを出すのか、組織的な攻撃へつなげるパスを出すのかといった判断をして動くことになります。

(b) 中盤局面

ゴールまで遠く、シュートできない位置にボールがあるとき、シュート可能なエリアまでボールを運ぶ局面。前へボールを運ぶこと、フロアーバランス（ボールを前へ運ぶために、仲間同士同じ場所に固まらないで、ボール保持者の左右斜め前に広がっていること）を意識したりパス＆ランで動いたりといった、戦術の基本的な動きを防御の位置に応じて判断して動く局面です。

(c) 終盤局面

得点をするために組織的・個人的な守りを崩してシュートする局面。ゴールの形状や大きさ、ルールによって攻撃側も防御側も戦術的な動き方は大きく異なります。ただ、この相違がそのゴール型特有の楽しさであると捉えることもできます。

日々の実践における子どもの姿を鑑みた上で、このようなゲーム局面から小学校期に学ばせたい戦術的な動きを考えると、中盤局面が重要に思われてきます。それぞれのスポーツ特有の戦術的な動きや楽しさを学ばせるよりも、もっと基本的なところの動きや楽しさをすべての子どもに学ばせたい。中盤局面は、すべてのゴール型に共通する戦術的な動きが求められる局面であり、小学校期に学んでおくことでそれ以後に行うどのゴール型にも活用できる動きであると考えています。具体的には、攻防入り乱れる形の教材でゴールをオープンゴールとした「ラインゴールハンドボール」という教材（拙稿『ハンドボール研究』第11号、pp. 17-20参照）で中盤局面に特化した次の学習内容を学びます。

①ボールを持ったら前を見て（キープして）右と左に走り込んでくる仲間を待ってパスを出す。

②ボールを持っていない子は、ボールを保持している仲間の左右の斜め前へ走り込む。

教師が単元を通して学習内容に関わる声をかけ続けることで、子どもたちに浸透していきます。ボールをパスしながら前へ運ぶというところがすべてのゴール型に共通の学習内容となります。

[3] ネット型「キャッチアタックバレー」の実践

　同様に、ネット型は攻防が一体となっているため、戦術局面を次のように捉えました。

⒜ 序盤局面
　相手から来たボールを落とさず、よりよい状況で中盤局面へつなげるように対応する防御の局面。

⒝ 中盤局面
　より有利な終盤局面を迎えるためにボールをつなぐ局面。種目によっては序盤局面に含まれます。

⒞ 終盤局面
　スペースを見つけ、ボールを相手コートに落とそうとする局面。

　小学校期のネット型で学ぶ共通の戦術的な学習内容は、ボールをつなぐ中盤局面よりもボールを相手コートに落とそうとする終盤局面の内容が適していると考えました。
　なぜなら、攻撃をする際の判断がさまざまなネット型のゲームにおいて活用できると考えるからです。つまり、ネット型における戦術的な学習内容とは、終盤局面における戦術的な動き・知識・理解・判断ということです。またネット型の場合、終盤局面でのボールを相手コートに落とそうとする動き（アタック）と序盤局面でのボールを落とすまいとする動きが同時に行われるため、それらは同時に学ばせる内容だと考えています。そこで学習内容を次の４点としました。

①アタックを打つ前に相手コートを見て守りの状況を確かめる。
②手前か奥（もしくは右か左）に返球するか判断をし、意図した方向へアタックする。
③相手が返してくるボールを受けられるように身構える。
④チームとして守りの形を意図的につくり、ウィークポイント（空間・人）を意識してカバーやフォローに入る。

また、学習内容の理解を促すため、ゲーム中の子ども同士の応援に着目しました。ボール運動では、コートサイドでゲームをしていないときこそが知的な学びをする絶好の機会になります。コートサイドでは必ずチームを応援し、応援の声はできる限り具体的なアドバイスを送るように指導しました。
　具体的なアドバイスの内容は学習内容そのものであり、教師が子どもたちにかけている言葉そのものとなります。学習内容を理解できていない子は味方に声をかけることができませんが、理解できている子は積極的に声をかけることができます。声かけのできない子へは、教師が個別にアドバイスをしました。
　子どもたちには、ゲームに参加していない時間はつまらないというイメージがありますが、具体的な応援ができるようになるとコートで動いている子との一体感を感じるようになり、充実した時間となります。そして、声が出ることによって授業全体の雰囲気も盛り上がり、授業に勢いが生まれます。

❶ゲームの行い方
　ネット型は、相手がミスをした場合も得点になるという性質上、意地悪のし合いになることが少なくありません。そこで、授業の最初は仲間と協力して競うキャッチゲームから始めました。

(a)キャッチゲームのルール
・チームがネットを挟んで2つに分かれ、片側は全員がボールを持つ。
・教師の合図でネットの向こう側にいる味方へボールを両手で投げる。
・キャッチできたら1点。
・ボールを投げた子もキャッチした子もネットの反対側の列の後ろに並ぶ。
・30秒間で何点（何回）取れるかを競う。
・キャッチゲーム2は、ボールを持つ列から1人セッターを選ぶ。
・セッターが上げたボールをネットの向こう側にいる味方へ両手でアタックしてパスする。
・セッターは30秒間固定。
・同様に、何点（何回）取れるかを競う。
・キャッチゲーム3は、片手でアタックして味方へパスする。
　キャッチゲームは味方へのパスなので、ボールを軽く弾いてコントロールし

ようとします。自然とボールを手の中心で捉える（ミートする）感覚が養えます。ボールを弾くインパクトの瞬間に手を締める感覚を養う意図もあります。また、アタックの技能は投動作の「ひねり動作・重心移動」を活用したものと考えており、小学校期で身につけさせておきたい投捕の技能の向上も意識しています。

このようなドリルゲームでキャッチとアタックの技能の向上を図りつつ、キャッチアタックバレーを行いました。

(b) **キャッチアタックバレーのルール**
・バドミントンのコートとネットを使用（可能であれば少し高くする）。
・4人対4人、1セット5分程度。
・サーブは、真ん中のラインから両手で投げる（失敗したら1度だけやり直しができる）。
・ボールが相手コートへ落ちたら得点。
・相手からのアタックで味方コート内にボールが返ってこなくても得点。
・相手からきたボールはキャッチし、歩かずにネット側にいるセッターへ1回でパスをする（落としたら相手の得点）。
・セッターがその場からボールを上げ、他の子がアタック（両手も可）して返す（サーブやアタックは順番を決めておくとよい）。
・判断が微妙なときはじゃんけん。

この教材としてのよさは、次のように考えています。
○キャッチができるのでレシーブ技能が容易で、技能が低い子も思わずボールに飛びつきたくなる。ボールの落下点への前後左右の動きを比較的身につけやすい。
○アタック技能に特化した教材なので、アタックの頻度を平等に保証することで全体の技能の伸びを実感しやすい。
○相手コートの様子を意識したり自分のコートの配置を意識したりといった戦術行動を学びやすい。
○キャッチを許容することで時間的な余裕が生まれ、周りの子の声（コートサイドでの応援）を聞き入れることがゴール型よりも実現しやすい。

○キャッチ回数を制限していく（1回→0回）ことで発展が期待できる。

❷授業の様子

　学習指導計画は表に示した通りです。全体的な流れとしては、キャッチゲームで捕る・打つ（投げる）の技能向上を図りながらキャッチアタックバレーを楽しみました。

　キャッチゲームでは、チームとして仲間と息を合わせて行うことを最初に確認しました。キャッチゲーム1では、相手の捕りやすいところへ投げることと、しっかりとキャッチすることを意識させました。ふだんドッジボールで逃げ続けていた子は、仲間が捕りやすいボールを投げてくれることで自信を持てたようです。

　キャッチゲーム2では、アタックの際に確実にボールを手でとらえ、相手コートへ返すことを意識させました。セッターが打ちやすいボールを上げられるかどうかが勝敗の要となることに気づき、休み時間を使って自分たちでセッターとアタックの練習をするようにもなりました。

表　学習指導計画（7時間扱い）

分	ステップ1	ステップ2				ステップ3	
	1	2	3	4	5	6	7
0	○キャッチゲーム1 　ネットの向こう側へボールを投げてキャッチする ○キャッチアタックバレー 　見本ゲームを通してやり方を理解する	○キャッチゲーム2 　セッターを決め、両手でアタックしネットの向こう側でキャッチする		○キャッチゲーム3 　両手か片手かを自分で選んでアタックし、キャッチする		○キャッチアタックバレー 　チームごとの練習時間でもよい ○まとめの大会 　学んできたことを踏まえてチームで作戦を立ててゲームを行う	
20		（キャッチゲームでは、30秒間で何回キャッチできるかを競う）					
		○見本ゲームでゲームフリーズ 　学習内容の確認：手前か奥を狙って打つ、守備隊形を意識して動く ○キャッチアタックバレー 　見本ゲームで確認した内容を意識して行う					
40							

キャッチゲーム3では、片手でのアタックを気持ちよく打てる子が増えていきますが、なかなか打てない子がいたのも事実です。そういう子には、両手で弾いてもよいことにして、片手で打つことに挑戦するか両手で確実に相手へ返すかを選ばせるようにしました。
　チームでキャッチの数を一定時間競わせることで、確実に相手の方へボールを返すことと、ネットを越えてきたボールを何としても捕ろうという意識や動きが間違いなく向上していったことが見て取れました。
　キャッチアタックバレーでは、毎時間見本ゲームを行い、ゲームフリーズをして学習内容を明確にしました。それにより、攻撃の場面では「奥だよ、奥」とか「手前！」というアドバイスをコートサイドから叫んだり、耳打ちしたりする行動が広がりました。アドバイスを聞きつつ「せーの！」の合図で息を合わせ、あるときはアドバイス通りに、またあるときは裏をかいて逆に、というようにアタックを打つようになりました。
　また、防御の場面では「ボールがいつ来てもいいように構えて！」「台形の形をつくって！」「□□くん、もっと真ん中に寄ろう！」という声かけがコートサイドからたくさん聞こえるようになっていきました。ギリギリでキャッチしたり仲間がミスしたボールを他の子がフォローしてキャッチしたりしたときなどは、本当にコートの内外を問わず全体が歓声を上げて盛り上がったのです。

＊

　学習内容をシンプルにすることで、コートの中で何をしていいのかわからないあの子やこの子が、よい雰囲気の中で能動的にゲームを楽しむ姿が見られるようになっていきます。小学校段階では、ボール運動の学習内容をできるだけシンプルに学ばせ、全国すべての子どもたちがゲームの目的やルール、共通の技能や戦術を最低限身につけることをめざしたいものです。

（『体育科教育』2012年8月号）

第5章-4

中学校のバレーボールの教材づくり

流通経済大学准教授　福ヶ迫善彦　　常滑市立青海中学校教諭　原和幸

　よい体育授業とは、「学び」の機会が多く、教師の意図した学習成果が保証されている授業といえるでしょう。筆者らは、この「よい体育授業」の創出を求めて、愛知県知多半島で活躍する小・中学校の教師を中心に、学習内容の検討―教材づくり―実践―成果分析―検討といった一連の授業づくりを行っています。

　本稿では、学習内容を検討し、教材づくり―実践―検討―再構成によって生まれたネット型ゲームのなかの中学校バレーボール系ゲーム教材を報告します。また、子どもの学習過程の様子や学習成果についてもできる限り記します。

[1]ゲーム構造を理解することの重要性

　現行の学習指導要領においてボールゲーム(ボール運動、球技の総称)は、ゴール型、ネット型、ベースボール型に分類され、それぞれの型に共通する内容を指導することがめざされています。このとき、型共通の内容とは、いったい何を指すのでしょうか。この疑問を解決する手がかりとして、ゲーム構造を読み解く必要があります。なぜなら、ゲームのしくみを理解することで、「何によってゲームが成立し、何に魅力を感じるのか」という教材づくりの視点や、「どこで子どものつまずき（エラー）が発生するのか」という学習指導の大切な情報を得ることができるからです。

そこで、ゲーム構造を理解する事例として、バレーボールの場合を考えてみます。バレーボールでは、ネットを挟んで攻防が展開されます。攻防は、サーブを除くと、相手からのアタックをブロックやレシーブでつなぐこと、トスで攻撃を組み立てること、アタックによって相手コートに落とすことで構成され、その一連のプレーは三段攻撃と呼ばれています。また、この攻防をラリーと言い、「ラリーが続く」とは、「攻防し合うこと」を意味します。

　それゆえラリーは、いわゆる「円陣パス」の延長線上にあるのではなく、相対する両チームがラリーを切ろうとする攻防の結果として生まれます。このようにバレーボールは、三段攻撃とラリーによって構成されるゲームであり、そこに醍醐味があると言えます。

　上記のゲーム構造を踏まえ、ネット型に共通の内容を、ネットで分けられたチーム（または個人）が連係して相手にボールコントロールさせないように展開する攻防にあると考えました。そして、バレーボール系ゲームの学習内容は、アタック局面で有利な状況を意図的につくることとしました。

　また、指導の系統性の観点から内容は、①意図的にセットしたボールをアタックできること、②相手のアタックをディフェンスし、攻撃参加者の多い状況で攻撃をセットし、有利な位置からアタックすること、に二分することができます。

　一方でパスやトスといった技術は、種目固有のものであり、ルールが変われば必要とされないかもしれません。よって、①と②の内容を成立させるために、バレーボール固有の技術は緩和・簡易化する対象となります。

［2］ネット型の学習内容

　教材づくりでは、学習内容を明確に設定することが重要です。また、系統性の観点から、小学校5・6年生と中学校1・2年生の学習内容は区分する必要があると考えます。そこで、学習内容を表1のように設定してみました。

　小学校5・6年生では、「①意図的にセットしたボールをアタックできること」の内容を、操作しやすいボールを用いたり、ボール操作（レシーブ、トス、アタック）について制限を緩和したりすることで学習させる、としました。中学

表1 バレーボール系ゲームの学習内容

学年	小学校5・6年生	中学校1・2年生
内容	意図的にセットしたボールをアタックできること。	相手のアタックをディフェンスし、攻撃参加者の多い状況で攻撃をセットし、有利な位置からアタックすること。
必要とされる技術・戦術	・アタックできる位置に移動する。 ・三段攻撃の役割を実行できる技術。 ・アタックできる位置にセットする。 ・ねらった場所へアタックする。 ・ボールの進行方向に移動する。	・ボールの落下位置を予測し、素早く移動する。 ・相手コートの空間へアタックする。 ・アタッカーが多くなるようにポジションチェンジする。 ・アタックコースを妨げるブロック。 ・守備隊形が整う前にアタックできる連係。 ・正確な三段攻撃の技術。
留意点	ルール等を緩和・簡易化したり、用いる技術を制限したりする。	小学校と同様であるが、既存スポーツに近い技術・動きが出やすいルールにする。

校1・2年生では、ゲーム構造の観点から、「②相手のアタックをディフェンスし、攻撃参加者の多い状況で攻撃をセットし、有利な位置からアタックすること」の内容を、ボール操作や定位置に戻るといった動きによって展開できるようにしたいと考えました。

これらを中核にして、子どもの実態に合わせて、「相手側のコートの空いた場所にボールを返す」「味方が操作しやすい位置にボールをつなぐ」「ポジションごとの定位置に戻る」ことについて具体的な学習内容を設定します。

ただ、現行の中学校学習指導要領では、5・6年生と比べて用具やボール操作の緩和・簡易化に言及されておらず、高次の内容が記述されていますが、これが直ちに既存スポーツをイメージさせるものではないと考えています。

前述しましたが、型共通の内容が授業で保証されるべきであって、種目の個別技術は、子どもの発育・能力に応じて修正し、緩和・簡易化すべきと考えます。

例えば、ねらった位置へアンダーハンドパスができない子どもが多い場合は、単元教材を簡易化（サーブやレシーブの制限緩和）しなければ、中心的内容を

学ぶ機会を逸してしまいます。そこで中学校では、「②相手のアタックをディフェンスし、攻撃参加者の多い状況で攻撃をセットし、有利な位置からアタックすること」ができるように教材づくりを行いました。そこでは、小学校の授業と比べて「何が違うのか」「系統的に何を学習するのか」を明確にすることが肝要です。

［3］ネット型ゲームの教材づくり

　ここでは中学校で実践したバレーボール系ゲームの単元を紹介します。本実践は、1年生の時に既存のバレーボール（6人制）のゲームと技術を学習していた中学2年生を対象に男女共習で行いました。中学2年生は男女で体格差が生まれます。この点は教材づくりの重要なポイントになります。

　1年生の時にバレーボールを経験しているとはいうものの、本単元前にバレーボールのゲームを実施したところ、サーブが入らない、サーブが入ってもレシーブできない、なかにはボールが来ると避けてしまう様子まで見られました。そのため、「②相手のアタックをディフェンスし、攻撃参加者の多い状況で攻撃をセットし、有利な位置からアタックすること」を学習するには、ルールに関していくつかの修正が必要になると感じました。

　また、子どもたちに「サーブが入らない、レシーブができないのでも楽しいか」と尋ねたところ、「ラリーがもっと続くと楽しいし、スパイクが決まるともっと楽しい」と答えました。そのため、この意見を大切にしたゲームを行い、意図的に攻撃してラリーを切ろうとする、逆に相手チームはディフェンスしてラリーを切れるようになろう、と子どもに伝えて単元が始まりました。本単元の学習内容は次の通りです。

＊＊＊

〇三段攻撃によって、相手がコントロールできない場所へアタックする。
〇セッターの意思決定によって攻撃を組み立てる。
〇セッター以外の全員がアタックできる位置に移動する。
〇ボールコントロールできる位置に移動してボールをつなぐ。

＊＊＊

表2 中学校バレーボール系ゲームの単元計画(2年生)

時間	1	2	3	4	5	6	7	8	9
5	オリエンテーション・目標等	【アタックゲームⅠ】(フェイントなし)				【アタックゲームⅡ】(フェイントあり)			
10	準備運動	【メインゲーム】・ファーストキャッチあり(3秒→2秒→1秒以内)・セッターキャッチあり(肩より上)・セッターはローテーションにより交代							
15	ゲーム概要の説明					振り返り 課題追求			
20	PRE TEST 【メインゲーム】	振り返り	課題追求			【タスクゲームⅢ】4対4 タイムゲーム(5分) 役割分担ゲーム(ローテーションあり)			POST TEST 【メインゲーム】
25									
30		【タスクゲームⅠ】3対3 5点マッチゲーム 役割分担ゲーム(ローテーションなし)		【タスクゲームⅡ】4対4 5点マッチゲーム 役割分担ゲーム(ローテーションなし)					
35						振り返り			
40				振り返り		【メインゲーム】・ファーストキャッチあり(3秒→2秒→1秒以内)・セッターキャッチあり(肩より上)・セッターはローテーションにより交代			【表彰式】および振り返りまとめ
45	振り返り 課題追求	振り返り							
50	整理運動・まとめ								

表2は、本単元の計画です。学習過程は、メインゲーム→戦術的気づき→課題練習→メインゲームのいわゆる戦術学習モデル(Griffin & Butler, 2005)を参考に展開しました。メインゲームは4対4で行い、ラリーポイント制で得点を競い合うようにしました。コートは、バドミントンコートを用い、ネットの高さは2mです(図1)。ネットの高さは、打点の低い子どもでも強いアタックを打てる高さに下げることも検討しましたが、打点の高い子ども(男子に多い)のアタックを全く拾えなくなる可能性があったので、極端に低くすることはしませんでした。またルールは、学習内容を誇張するとともに、意図的に攻防できることを期待して表3のようにしました。

筆者らがこだわった(指導した)のは、次の4点です。

1点目は、キャッチを用いたレシーブやトスによって必ず三段攻撃し、相手

図1　4対4バレーボール系ゲームのコート

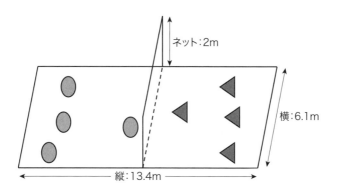

表3　メインゲームのルール

○ラリーポイント制。
○サーブは、エンドライン中央から投げ入れる（下から）。
○ファーストレシーブ（レセプションやディグ）のみ、ワンバウンドさせてもよい。
○ファーストボール（レシーブ）はキャッチする（3秒以内→2秒→1秒）。
○セッターはキャッチする（3秒以内→2秒→1秒）。
○3タッチ（レシーブ、トス、アタック）で返球する。
○サイドアウトのときにローテーションし、セッター役を交代する。
○セッターは向いている方向にしかトスできない。制限時間以内なら、回転して向いている方向へトスできる。
○肩より高い位置でボールをキャッチした場合は、バックトスできる。

チームがボールをコントロールできないようにすることです。この点は、小学校でも広く取り入れられています。

2点目は、キャッチ時間が3秒以内からはじまり、習熟によって2秒、そして1秒へと短縮することです。確かにキャッチを行うことで簡易化されますが、プレーのリズムを失い、律動的なプレーは出現しにくくなります。本実践では、最終的にキャッチの制限時間を1秒以内とすることで、素早い意思決定を要求し、プレーの律動性を損なわないよう意図しました。

3点目は、セッターのキャッチを肩よりも高い位置で行うように指導したこ

とです。それは、レシーブする子どもにトスしやすいようにつなぐことを意識させること、セッターにレフト、センター、ライトの選択肢の中で意思決定によってトスさせること、セッター以外の子どもに（レシーブした子どもも）各ポジションへ移動してアタックを打とうとする役割行動を理解させることをねらったためです。これは、学習の発展性から、バレーボールに近いセットを意図しています。なぜなら、肩より低い位置でボールを捕えた場合、一般的に体が向いている方向へしかボールを送れないからです。

　4点目は、ラリーポイント制でゲームを行うことです。ある授業では、ラリーをどのチームが切ったかに関係なく、交互にサーブを打つことがあります。バレーボールではサーブ権のあるときに得点（ブレーク）することが勝敗を左右します。「相手のアタックをディフェンスし、攻撃し返すこと」の学びとブレークすることの重要性を関連付けることによって、子どもにもっと「意味のある経験」を保証できると考えました。

　この「意味のある経験」とは、表層的な楽しさ体験ではなく、ネット型（バレーボール系）の持つ「ラリーを互いに切ろう」とする連係による攻防を意図的に行える楽しさ経験です。

[4]授業の様子と課題

　単元はじめから、簡易化したルールによって、アタックを強く打ってもキャッチされて決まらないことがありました。予想以上にラリーが続き、子どもたちは教材の魅力に引き込まれていっているようでした。しかしこの段階では、相手からアタックされたときに、コートの空いているスペースを埋めるような移動は見られません。図1のフォーメーションになるのではなく、四角形（セッター、スパイカーが一人ずつ、あとはレシーバー）になっていました。

　そこで、あるチームを引き合いに出して、レシーブした人がアタックへ移動することや、セッターが相手をふることで相手がレシーブしにくくなることを説明しました。単元なかのゲームでは、相手をふる（コントロールできないようにする）ことに気づいた子どもを中心に、次第にキャッチの時間が短くなったことから、キャッチを2秒→1秒へ変更しました。加えて単元おわりになると、

バックトスをあげることや、場合によってはクイックを打ってもよいことにしました。

これに対応するかのようにセッターは、予測してブロックするようになり、ブロックをふるためのつなぐレシーブと、ふるトスが大切になりました。そこで、セッター以外のみんながアタックできるポジションへ移動することが重要であることを指導しました。

授業の様子に触れてきましたが、よりゲーム様相の変化を示すために、単元前後にゲームテストを行い「攻撃参加率」を算出しました。攻撃参加率とは、セッターがトスをするときに、その他の子どもが攻撃へ参加できる位置へ適切に移動した割合を意味します。単元前の攻撃参加率は27.8％、単元後は77.7％でした。この値から、子どもは意図的に攻撃へ参加し、レシーブした子どもはポジションチェンジによって攻撃に参加したことがわかります。

先述したバレーボール系ゲームでは、ポジショニング、ポジションチェンジ、役割行動、セッターの意思決定、三段攻撃によって、アタック局面で有利な状況を意図的につくり競い合うことができるようになることをめざしました。中学校段階の教材であるにもかかわらず、バレーボール特有のボール操作を簡易化したのは、バレーボールのゲーム構造の理解から得られた内容こそがネット型で学ばれるべきと考えたからです。

また、学習内容の習得状況を知る手がかりとして用いたゲーム分析を通して、攻撃参加率が向上していることがわかりました。これは、防御から攻撃に転じる様子の変化を浮き彫りにしており、役割行動やポジションチェンジなどが学習されたと推察できます。この、レシーブした子どもがポジションチェンジで攻撃に参加する様子やセッターがブロックをふろうとする動きは、ネット型の学習内容を大切にした教材づくりから生まれたものです。

このように本単元は、計画段階で意図した成果を十分達成したと考えます。その一方で、ボール操作技術を簡易化するあまり、十分な技能保証がなされませんでした。そのことを含めて、本稿で紹介したバレーボール系ゲームが中学校2年生のネット型として適しているのかについて、さらに検討する必要があると言えるでしょう。

［引用・参考文献］
○Griffin & Butler (2005) Teaching Games for Understanding: Theory, Research, and Practice. Human Kinetics Publishers: Champaign.

（『体育科教育』2012年9月号）

第5章-5

ラケットレステニス（攻防一体型ゲーム）の授業づくりへの挑戦

元さぬき市立志度小学校教諭　岡田弘道
山陽小野田市立小野田小学校教諭　多田夕紀　香川大学准教授　米村耕平

［1］実践の背景

　当時大学院生であった多田さんの「テニスをベースとしたネット型ゲームは、小学校では指導できないのだろうか？」という疑問からこの実践がスタートしました。

　ネット型ゲームはその戦術的な特性から連係プレー型と攻防一体型の2つのゲームに大別でき、テニスは後者に分類されます。確かに小学校学習指導要領解説（体育編）には、ソフトバレーやプレルボールといった連係プレー型のみが例示されており、攻防一体型の例示は中学校になってからです。

　しかしながら、相手コートにスペースを生み出したり、できたスペースにボールをコントロールしたりすることを大きなねらいとして設定した場合、チーム内での攻撃の組み立てが必要になる連係プレー型に比べ、シングルスで行う場合の攻防一体型には、次のようなメリットがあるといえます。すなわち、攻撃の成否に大きく影響するチームの仲間という変数が存在しないことから、状況判断についてはより簡易なゲームであると考えることができます。さらに、得点を決めるのも決められないのもすべて自分の行動の結果によることから、ゲームの振り返りが直ちに自分のプレーそのものに求められることもゲーム課題の解決をより容易にしていると考えられます。

このような教材価値が見込めるのであれば、実際に検証してみる必要があり、それが先の多田さんの疑問に答えることにもなるでしょう。そこで、多田さんの恩師であり、私が大学院生の頃に体育授業研究会で知り合い、様々な体育授業を通して多くの刺激を与えてくれた岡田弘道さんに協力をお願いしました。岡田さんは体育授業研究会で「共創縄跳び」という興味深い教材を用いた実践を発表された教師で、その人柄からも体育授業研究会を代表する名物先生の一人です。筑波大学大学院を修了したのち香川大学に赴任してきた私は、実に10年来の付き合いをさせてもらっている、頼れる実践家でもあります。
　ここから、大学院生、小学校教諭、大学教員の三者による攻防一体型ゲームの教材開発に向けた本実践が始まったのです。

（米村耕平）

[2] 教材と授業の実際

　本実践では、攻防一体型の攻撃の課題である「ラリーの組み立てによる攻撃の仕方」の解決を目指して、ゲームづくりおよび授業づくりを行いました。本実践で設定したゲームは表の通りです。

表　ラケットレステニスのゲームの概要

■ボール
　ゴム地のソフトボールを使用
■コート
　バドミントンコートの外側のライン（縦13m×横6m）
■ネットの高さ
　120～130cm
■ルール
・1チーム5人のチーム戦（シングルス）
・1ゲーム5点マッチ
・ワンバウンド／ノーバウンドでボールをキャッチし、相手コートに片手または両手で投げ返す（ツーバウンドはアウト）
・ボールをキャッチした時点で、動いてはいけない
・サーブは点を取った方からスタートし、投げるときは「行くよ！」などの声かけをする

5年生29名を対象に行われた授業の流れについて述べていきます。

❶ゲームに触れる
(a) 1時間目の活動：ゲームの仕方の説明（ルール）

まず、学習課題を「どうすれば点が取れるかな？ 確実に点が取れるコツは？」と投げかけ、最初のゲームに取り組ませました。その際、「投げ方」や「投げる場所」にこだわらせるよう、事前に視点を与えました。ゲーム終了後、ゲームを通して発見したコツの発表会で児童から出た意見は、

- 人がいない場所を攻めればよい。
- フェイントをして相手をだませばよい。
- ラインぎりぎりをねらったらよい。

という3点の内容でした。ここで、児童から出た3点のコツを踏まえて、教師が「相手を見ることが大切、コースをねらう」という2点にまとめ、より具体的なコツを意識できるよう再度ゲームを行いました。

1時間目のまとめでは、子どもたちはここに投げたら確実に得点を取れるという「言葉でのイメージ」は理解できていたようです。しかしながら、実際のゲームの様子はドッジボールのようで、ほとんどの児童がコートの中心に立ち、互いにボールを投げ合うという単純な展開であり、得点が入る場面も相手がキャッチミスをした時が中心でした。

(b) 2時間目の活動：より具体的なコツの発見（場を見つける）

2時間目の始めに、前時の授業のコツを板書後、感想を聞いたところ、「楽しかった」とか「うまくコツを使って作戦を考えたゲームができた」という発言がみられました。教師が予想した通り、子どもたちはゲームで実際にコツが活用できていると思い込んでいることがわかりました。

そこで、子どもたちのこうした1時間目の思いを"覆す"ために、「ゲーム中のボールの配球図」（図1）を提示して客観的事実を示しました。そして、次の言葉を投げかけたのです。

「君たちの言っている相手がいない場所ってどこ？ 真ん中ばかり投げているぞ」

「ラインぎりぎりって、真ん中に投げてすぐにボールを捕られることなの？」

図1　1時間目のゲーム中の配球図　　図2　2時間目のゲーム中の配球図

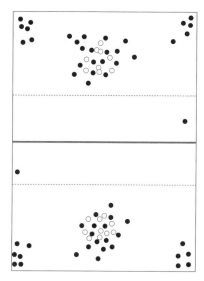
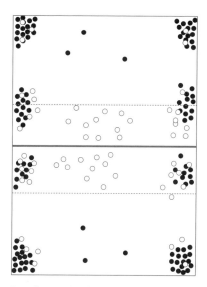

●：得点の決まったボールの位置　　○：ボールを投げた人の位置

「君たちが言うフェイントって、先生、意味が分からない」
など、児童に「エッ」と思わせることを意識して発言を繰り返しました。

　このようにして、今まで子どもたちが発言したコツは、実現可能な具体的なコツではなかったことに気付かせ、攻め方のコツをもう一度具体的に考えることを課題としてゲームを行いました。さらにゲーム中、相手を左右や前後に振りながら自分が得点をするためのスペースを意図的につくっている児童に対し、教師が攻め方の考えを確認し、話し合いの場で発表できるようにするための"仕込み"を行いました。

　その結果、話し合いの場では、次のような発言が出てきたのです。
・前後や左右に投げ分けて、相手を疲れさせて相手がいない場所をつくることを考えた。
・右に投げるふりをして、相手が右に動いた瞬間に左に投げる作戦を行ったら、相手がだませるようになってきた。

・右、左、右、左……と投げ分けていて、突然逆に投げたら、相手が自分の考えにひっかかってすごく面白かった。

　1時間目と比べて、攻め方のコツがより具体的になってきています。ゲーム中の配球図も図2のように変化しました。分かっていた攻め方のイメージと、自分の実際の攻め方のズレを「エッ」という驚きとともに気付かせ、教師の「お前らの言っていることがわからん」というズレを強化する働きかけがあって、自分の姿を正しく認識できたことが2時間目の収穫です。そのことがきっかけとなり、課題を解決しようという願いが高まっていったようです。

　子どもは、それぞれにイメージを抱きつつも、実際のゲームでそれができているかどうかがイメージできていないということを、教師は想定しておかなければなりません。そのことを気付かせるために、客観的な事実がわかる「ゲーム中のボールの配球図」を通して、相手のいない所に投げたけど、実際はそうではなかったことを気付かせ、わからせることが大切です。

　ゲームの課題解決の方法がわかった子どもたちは、その後、プレーしている仲間をしっかりと見つめることができるようになり、チームでアドバイスし合う言葉がより具体的となっていくのです。

❷チームのゲームをつくる段階
(a) 3時間目の活動：ゲームの理解を深める（場を意図的につくる）

　2時間目の終了時点で攻め方のコツがかわってきましたが、その内容はまだまだ個々のものであったため、グループで共有できる場として作戦カードづくりの活動を設定しました。自分たちの思いや考えをより明らかにするための活動です。あるチームの作戦カードを写真1に示します。個々人の攻撃のコツがチームで共有化されていることがわかります。

　この活動の後、ゲームを行いました。「相手がいない場所」をつくりだすためには、相手の位置やボールの位置を確認しながら、ラリーを組み立てる動きを数多くつくりだすことが必要であることが確認できました。

(b) 4時間目：ゲームの質を高める（相手にだまされないために）

　この教材の特性の一つは、味方のことを考えずにプレーの意思決定ができ、相手を見ながら自分の判断だけでプレーすることができる点にあります。した

写真1　作戦カード

写真2　4時間目の板書

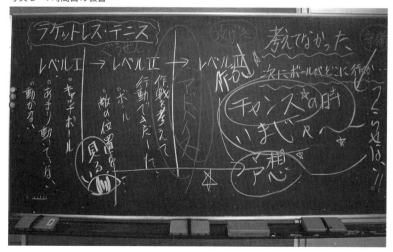

がって、ゲーム自体を個人的に楽しんだり、学んだりすることも当然可能となるのです。

　しかし本実践では、チームワークをとても大切にしているため、チーム内で考えた作戦をチーム全体で共有し「アドバイス」として味方に伝えることができるように指導していきました。そのためにはしっかりと味方のプレーを観察し、相手の位置やボールの位置を確認し、ラリーを組み立てながら相手のいない場所＝チャンス場面、つまり「今この時！」という瞬間を子どもたちが気づけるように、教師がしっかりと子どものプレーを見極め指導していく必要があることが確認できました（写真2の4時間目の板書を参照）。

　このような指導の結果、単元当初は「がんばれ！」「おしい！」等の抽象的な声かけが多かった子どもたちが、この段階では「前後や左右に投げ分けて、相手を疲れさせて相手がいない場所がつくれることや右に投げるふりをして、相手が右に動いた瞬間に左に投げる作戦を行ったら、相手をだませる」というような作戦のアドバイスや、味方のゲーム中に「右！　右！」「次、前！」などの具体的な言葉と、身振り手振りを加えての声かけが多く出現するようになったのです。

　一方この頃、ゲームにおける勝敗の偏りが生じ、全敗のチームが出現してきました。そこで、なぜこのチームが勝てないのか全体で話し合ったところ、一人の児童が「勝てた試合は、相手が次どこにボールを投げてくるのか予想しながら試合できた気がするけど、負けた試合は、何も考えずに試合していた気がする」と発言しました。

　この発言を取り上げ、攻防一体型ゲームは、瞬時に攻撃と守備が入れ替わり、攻撃と守備は表裏一体であること、得点を取るためには自分がボールを持っているときは（攻撃）、相手が次にどこに動くのか、次にどこに投げ返せばチャンス場面を作り出すことができるのか予想すること、相手にだまされないようにするためには相手がボールを持っているとき（守備）は、次にボールが返ってくる場所はどこなのかを予想しながらゲームを作り上げていくことが必要であることをクラス全体で確認しました。今まで攻撃を中心とした発言が多かったが、この発言から守備に対する意識づけが行われ、攻防一体型ゲームの特性について学ぶことができたのです。

　　　　　　　　　　　　　　　　　　　　　　　　（岡田弘道、多田夕紀）

[3]授業実践者の振り返り

　今回の授業では、研究者である米村さんと実践者である私が、互いの主張と課題を共有し、攻防一体型ゲームにおける子どもたちの学びの意識をどこに落とし込んでいくのかに焦点化して実践を行えたことは、とても有意義でした。

　私は、体育授業研究会に参加するようになって十数年になります。この会で多くの研究者や実践家に出会い、研究者と実践者が協力してより質の高い授業創りを目指していく体育授業研究会の趣旨については十分理解していましたが、今回改めてその意義を実感することができました。

　また、本実践では大学院生の多田夕紀さんがきっかけとなり、実際の授業ではデータのとりまとめを行ってもらい、時にT2として子どもたちの前に立ってもらいました。実は多田さんは、第3回体育授業研究会の時に私が初めて「共創縄跳び」の実践でデビューした際、活動ビデオの中で中心となって大活躍していた大切な教え子の一人です。今、授業研の会員となり、私とともに「いい体育の教師になりたい」という思いで、日々切磋琢磨している仲間でもあります。教え子と共によい体育授業を追求することができた今回の実践は、まさしく教師冥利に尽きる想いでもありました。

（岡田弘道）
（『体育科教育』2012年10月号）

第5章-6

「できるようになりたい」を
大事にした授業づくり

奈良教育大学附属小学校教諭　井上寛崇

「運動が苦手な子でも、運動できる服装に着替えて運動場にやってくる」
　私が学部生だったころ、これを聞いてはっとさせられたのを覚えています。運動が苦手な子どもたちが、笑顔で運動場から教室へ帰っていけるような授業をつくりたいと思い、岡澤先生（奈良教育大学）の研究室に入りました。奈良体育授業研究会との出会いもその頃で、会が研究室で開かれていたこともあって参加するようになりました。現場の先生方と同じ土台で話をさせていただける貴重な時間だったと思います。
　そこで大事にされていたのは、子どもたちが「できるようになりたい」と思える授業をつくることでした。先生方が日々実践されている授業は、まさに目からうろこ。運動が苦手な子はもちろん、子どもたちが「できるようになりたい」と思えるように、という視点は私が授業をつくる上で今も大切にしていることです。

[1]運動有能感の視点

　「できるようになりたい」と思って運動に関われる子を育てていくために大事にしているのが、運動有能感の視点です。
　岡沢ら（1996）は、運動に対する自信を総合的に捉えた概念を「運動有能感」として示しています。運動が「できる・できない」で子どもを捉えていては、

運動が苦手な子はいつまでたっても自信を高めることはできません。ですから、「自分はできる」という自信である身体的有能さの認知だけではなく、「努力すればできるようになる」という自信である統制感、「仲間から受け入れられている」という自信である受容感の3つの因子で運動に対する自信を捉えています。この3つの因子にどう働きかけていくのかを意識しながら教材・授業づくりを行っています。

　また、課題が簡単すぎても難しすぎても、「できるようになりたい」という意欲は高まりません。子どもたちの最適のチャレンジとなる目標設定が必要です。したがって、そのような目標を明確に設定し、それを子どもたちが達成できるような授業づくりを心がけています。

　2012年度、本校ではベースボール型ゲームの授業づくりに取り組みました。本稿では、奈良体育授業研究会の授業研究の成果も踏まえながら私がそこで実践した4年生の「すすみっこベース」を紹介し、運動有能感の視点からそのゲームをどうつくり、捉えていったのかも示していきます。

[2]「すすみっこベース」の実践

❶何を学ばせるのか

　野球やソフトボールのルールを学ばせるのではなく、ベースボール型の本質的な面白さに触れさせたいと考えました。それは、打者走者と守備との競争であり、その競争場面で攻撃と守備それぞれに求められる判断を整理し、攻撃、守備における目標を設定しました。攻撃の目標は「どこに進塁するのかがわかる」、守備の目標は「進塁させない守り方がわかる」です。

❷「できるようになりたい」を生み出すために
(a)攻撃方法の検討

　例えば右のスペースをねらったつもりなのに、実際は真ん中や左の方へボールが飛んでいったという場面を見ることがあります。これでは、自分の判断と行動の結果が一致しないため、学習は深まりませんし、「こうすればできる」という実感も得られません。そこで、ねらった場所と実際に飛んだ場所とができ

表　単元計画

1	2	3	4	5	6	7	8	9	10	11	12	13
オリエンテーション	攻撃：ねらった場所に攻撃できる 守備：どこで進塁を阻止するかがわかる						攻撃：どこに進塁するのかがわかる 守備：進塁させない守り方がわかる						
^	ゲームⅠ		ゲームⅡ				ゲームⅢ				リーグ戦		
^					送球の出現							
^	フリスビーによる攻撃						ティーボール／ラケットによる攻撃						

るだけ一致するように、フリスビーを投げるという攻撃の方法を設定しました。ねらった方向に対して身体を横向きにして投げるという点で、バッティングにも共通するところがあると思います。

　しかし、この攻撃だけでは、守備の戦術的な学習の深まりは期待できません。そこで、単元後半ではティーボールの形式をとることにしました。そして、判断した方向へ攻撃できるように、テニスラケットを使用することにしました。

(b)判断し行動した結果を明確にする

　自分が判断して行動した結果が即座にフィードバックされれば、「こうすればできる」という見通しが持ちやすくなります。そこで、打者ごとにプレイを区切るとともに、打者走者がどこまで進塁できたのか（どこで進塁を阻止できたのか）を得点であらわすようにしました。

(c)役割を生み出す

　「仲間から受け入れられている」と実感するためには、自分の行動が仲間から評価されることが大切です。そのために、一人ひとりに役割行動が必要となるような場面をゲーム中に設定しました（後述のゲームⅢ）。

　以上の3点は、「できるようになりたい」という意欲を高めるだけではなく、戦術的な学習を深める意味でも大切な観点であると考えています。

　❶で示した目標に迫れること、❷の視点が生かされることを意識してゲームⅠ～Ⅲを開発し、実践していきました。

❸ゲームⅠ・Ⅱ

ゲームⅠ・Ⅱ（図1）では、攻撃では「ねらった場所に攻撃できる」こと、守備では「どこで進塁を阻止するかがわかる」ことをねらいとして取り組みました。

守備は、捕球後A・Bどちらか（ゲームⅡではCを追加）のストップゾーンにチーム全員で集まればその時点で打者走者の進塁を止めることができます。運動の苦手な子もチームの仲間の動きに合わせることができるので、それを何度か経験するうちに、自分でもどちらのゾーンに集まるのが最適なのかを次第に判断できるようになっていきました。

攻撃では、フリスビーの投げ方に戸惑う子もいましたが、次第にねらった方向に対して体を横向きにして投げるという動作に変わっていきました。ねらう場所としては、相手のいないところ、さらにストップゾーンから離れたところが有効であることなどがチームの話し合いの中からも出てくるようになりました。

攻撃のねらいが高度になってくるにつれて、守備も「○○がとったらAのゾーン」というように捕球した子で決めるチーム、作戦ボードのコートを区分けして捕球した位置で決めるチームが出てくるなど作戦も深まっていきました。

ゲームが進むうちに守りの判断も早くなりますので、進塁を阻止できる回数

図1　ゲームⅠ・Ⅱ

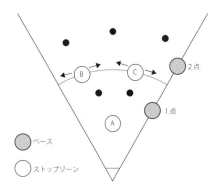

【攻撃】フリスビーで攻撃
○守備の「ストップ」のコールまでに到達していたベースが得点。

【守備】
○捕球後A・B・C（ゲームⅠはA・Bのみ）のどれかのストップゾーンに全員集まり、「ストップ」のコールで進塁を阻止する。
○B・Cは線上で動かすことができる。

も多くなっていきました。そこで、ゲームⅡ（図1）のようにゾーンを1つ増やすことで、攻撃側のねらうスペースを少なくするとともに、守備側の選択肢を増やして判断を難しくしました。このように子どもたちの最適なチャレンジの場をつくっていくことが、さらに「上手くなりたい」という思いをもたせる上で大切だと思います。シンプルなゲームですが、打者走者と守備との競争に注目することで、子どもたちがねらいに迫りやすく、学習を深めていく上でも良かったと感じています。

　また、打者・守備ともに自分の判断がどうだったのか、即座にその結果がフィードバックされるので、「こうすればできる」という見通しが持ちやすかったと思います。それに、誰にでも得点のチャンスがあるので、運動が苦手な子も得点に絡め、チームの得点として反映されていきました。こういったことによって、子どもたちの「もっと上手くなりたい」という思いを強くしていくことができました。

　一人ひとりに得点の機会があるので、得点が取れないと仲間を非難する声も出るようになりました。4年生という発達段階から見ればごく自然なことだとも思います。ですから教師は、「今ねらった場所はどうだったのか」という投げかけをチームにしていくことで、子どもたちがした判断を価値づけるとともに、チーム内でもその子の判断が認められる場ができるようにしていきました。

図2

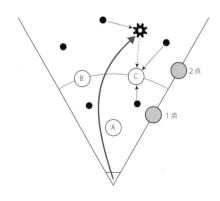

ゲームⅡでは、途中から攻撃をティーボール形式に変更しました。バットはジュニア用のテニスラケットを使用しました。ボールを使用することで、「送球」を生み出させたいと考えていましたし、ゲームⅢに取り組む上でも必要だからです。そこで、ストップゾーンに集まるのは2人でよいという条件を提示しました。図2のように、2人にすることで送球が生まれてくると想定してのことです。しかし、実際のところ、送球プレイは皆無でした。集まることを、ゲームⅠ、Ⅱで強調しすぎたのが要因だと思います。

　そのような中、A君だけが「投げてもいいですか」と聞いてきました。A君は運動が苦手で、走るのも遅い子です。せっかくボールを捕球しても、送球せずに走ってゾーンに向かうので、どうしても集まるのが遅れてしまいます。これまでA君が自分の意見を言うということはありませんでしたが、ゲームⅠで初めて得点を取り、仲間に喜んでもらえたことで、少しずつ変わっていったように、私の目には映りました。このA君の投げかけた質問を全体に広めることで、送球しようとするチームが増えていきました。

❹ゲームⅢ

　この単元のねらいである「どこに進塁するのかがわかる」「進塁させない守り方がわかる」に迫る最終のゲームです。図3のように、ベースを左側のライン

図3　ゲームⅢ

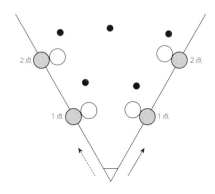

【攻撃】ティーにのせたボールをラケットで打つ
○打ったら左右のどちらのベースに走ってもよい。
○ベースのストップゾーンにボールが送られてくる前に、そのベースに到達していれば得点が入る。

【守備】
○打者に先回りするように、ストップゾーンにボールを送ることができれば走者はストップ。ただし、走者が走った側のストップゾーンにボールを送る。
○ストップゾーンの中は1人でよい。

図4	図5
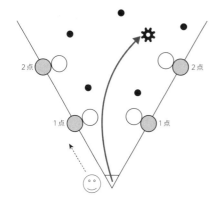	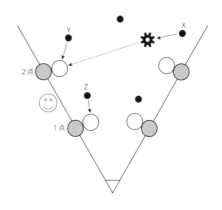

　上にも設置しました。打球に応じて、左右どちらの方向に進むのかを判断させるようにしました。守備については、打者走者の先回りをしてストップをかけます。ですから、ストップゾーンは各ベースの横に設置されています。

　例えば図4のように、打球が右方向へ飛んだ場合、打者走者はできるだけ打球から離れた、左側へ進塁するほうが有利になります。次に、図5のように、Xが捕球したとすると、打者走者の進塁方向（左側）を守っているYとZがXの送球を受けるためにゾーンにそれぞれ入ります。図5では打者走者がすでに1点のベースを過ぎて2点を目指していますので、Yが送球を受けて、打者走者の先回りをしなければ進塁を阻止できないというわけです。したがって、守備は打者走者の状況によっては、1点をあきらめて2点を確実に阻止するなどの判断もしなければならないのです。

　このゲームではゾーン4つに対して守備が5人しかいないので、チーム全員の瞬時の判断と役割行動が必要になります。ですから、ボールが飛んでこなかったとしても、打者走者の進行方向にあわせて、近くのベースで送球を待つなどの行動が見られるようになりました。一人ひとりに役割が生まれることでチームへの帰属意識も生まれます。特に2点を阻止できたときなどは、「ナイス！」と互いに声をかけあう場面が見られました。

図6 運動有能感の変化

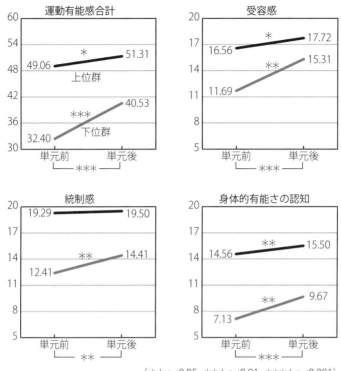

（＊：p<0.05、＊＊：p<0.01、＊＊＊：p<0.001）

　しかし、送球したボールがそれてしまうなど、思うようにいかない場面も多くありました。捕球・送球の個人技術がゲームに追いついていなかったという点も大きかったと思います。そのような場面では、「今の判断は良かったね」などの言葉がけをして、子どもの判断を価値づけるようにしました。これが、「おしかったなー」など、子どもたちどうしの肯定的な働きかけにもつながったと考えています。
　攻撃、守備のどちらにしても、いつも成功しているようでは、ゲームの面白さは味わえません。それに、「やればできる」という自信をもつためには、上手くいかなかったことを自分たちの工夫や作戦によって成功につなげるという体

験が必要です。また、その体験によって子どもたちの肯定的な関わりが生まれ、「仲間に受け入れられている」と実感できると思っています。子どもたちが一生懸命に取り組み、子どもたちにとって「最適のチャレンジ」となる課題設定やゲームづくりが大切であると考えます。

　図6のグラフは単元前から単元後の運動有能感の変化です。身体的有能さの認知、統制感、受容感、運動有能感合計の得点が単元を通して高まりました。

＊＊＊

　（前略）作戦では、守びは五角形の形にしたり、やいばの形にしたり……せめでは、右にとばして左に走ったり、いろいろな作戦を考えました。一番うれしかったのは、せめで2点をとって帰ってきたとき、同じチームのB君が「ナイス！」とほめてくれたことです。すすみっこベースはおもしろいし、運動がにがてな私でも点をとれて大好きなのでこれからも続けてほしいです。

＊＊＊

　単元後に運動有能感の得点が高まった下位群の女児の作文です。チームで考えた作戦や、自分で判断して行動した結果、「こうしたら上手くいった」という経験をできたこと、またそれが仲間から肯定的に受け入れられたことで3因子全てが高まったと考えます。

＊

　2010年に体育授業研究会奈良大会を終えてから、現在は若手の先生をはじめ、体育授業に困っているという小学校の先生方にも参加していただき、月に1回のペースで研究会を行っています。今回紹介した「すすみっこベース」など、主に実技研修を通して、さまざまな視点から意見を出し合い、よりよい体育授業を目指して活動しているところです。その根本には、子どもたちに「もっと上手くなりたい」「もっとできるようになりたい」という思いをもって欲しいという願いがあります。

　「すすみっこベース」では、運動が苦手な子が毎時間走って運動場に出てきてくれました。そして、満面の笑みを見せて教室に帰って行く姿がありました。今後も、この姿が一つでも多く見られるように体育授業づくりを行っていきたいと思います。

［引用・参考文献］
○岡沢祥訓・北真佐美・諏訪祐一郎（1996）運動有能感の構造とその発達及び性差に関する研究．スポーツ教育学研究16（2）：145-155.
○岩田靖・竹内隆司・大野高志・宮内孝（2009）もっと楽しいボール運動・修正版「並びっこベースボール」の教材づくり．体育科教育57（10）：66-71.

（『体育科教育』2013年9月号）

第5章-7

教師が子どもと創る
フライング・ベースボール

香川大学教育学部附属高松小学校教諭　前場裕平
高松市立栗林小学校教諭　穴吹哲郎　香川大学准教授　米村耕平

　香川体育授業研究会（以下スポ研）では、これまで「かかわり」という視点から子どもたちに寄り添った実践を行ってきました。
　2013年度は、「教師が子どもと創る体育学習」をテーマとして設定し、「かかわり」を核としてボール運動の実践を行っています。ここでは、2013年5月に筆者が行った実践を紹介します。

[1] フライング・ベースボールとは？

写真1　ソフトソーサー

　本実践は小学4年生のベースボール型ゲームです。ベースボール型が持つ面白さや特性を「バッターとランナーのかかわりの中で得点が生まれること」と考えました。
　子どもは攻撃場面が大好きです。そこから、自分の攻撃で一つでも多く進塁したり、ランナーを帰して得点が入ったりする楽しさを味わわせることにこだわりたいと考えました。また、個人の攻撃で終わらないよう、残塁をする試合形式を意図的に設定し

図1　フライング・ベースボールのコートとルール

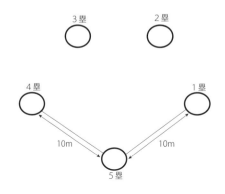

■ルール
- 人数は6人（6チーム）。
- 打者は5塁のフラフープの中から投げる。
- 守備側が全員集まり、「ゲット」のコールをした時点までに到達した塁に打者は残塁できる。
- 6人全員が打者を行ったら、攻守を交代する。
- 攻撃が2周したら終わり。
- 5塁まで到達すると1点が入る。
- フライキャッチのアウトはなし。
- 審判は子ども自身で行う。

ました。ランナーを残したり、満塁にしたりした状況で5塁まで戻ってくることを意識した戦術を考えることで、バッターとランナーの一体感が生まれる、というベースボール型固有の楽しさが表出されると考えたからです。

　本単元では、攻撃側に主眼を置くため、攻撃側に易しいコートやルールで行うことにしました。ボールは「ソフトソーサー」（以下ディスク、写真1）を用いました。このディスクは柔らかく、ボールを怖がる子どもたちにとって扱いやすいこと、休み時間等にも手軽に練習したり、様々な投げ方を試したりしやすいこと、滞空時間が長く、落下点にたどりつきやすいこと等の良さが挙げられます。

　コートについては、ファイブベース方式としました。ファイブベースにすることにより、攻撃する際の角度が広くなり攻撃の幅を広げることができます。さらに、1塁までの距離を10mと短くすることで、運動が苦手な子どもも1塁を獲得できるように配慮しました。

　もとになるルールは教師が提示しましたが、学習が進むにつれて子どもたちの要望が出た際には、学級全体で話し合いながら改善していきました（図1）。

[2] 子どもの意識をつなぐ単元構成

　子どもの思考の必然性に沿った単元の構成になることを意識して、次の2つに重点を置きました。
　1点目は、単元を貫く課題です。本実践では「4年生の他クラスにフライング・ベースボールを紹介する」を子どもたちとしっかりと共有した上で学習を進めていくこととしました。同じ目標を共有することで、学習する必要感を抱くことができ、一つ一つの学習が価値のあるものになってきます。
　2点目は、ゲームの勝敗にこだわりがもてるようにすることです。「勝つと嬉しい」「負けると悔しい」は当たり前のことですが、チーム全員をそういった気持ちにさせることがチームパフォーマンスを高めるための原動力になります。勝敗をめぐってチーム力の向上に努めることにより、一人一人の個性を生かした攻撃の仕方や友達との深いかかわり、学び合う必要感、その価値を見出すことができると考えました。
　本実践の単元構成は表の通り。単元前半では、「より多くの点を取ろう！」を目標としてゲームを行いました。力いっぱい遠くにディスクを投げる子、いろいろな投げ方を試す子、振り返りの言葉には、「かっとばすと気持ちが良い」「相手のいないところをねらうと点が入る」といった、個人レベルで味わえる楽しみに意識が焦点化していきました。そこで私は問うてみました。
　「A君は遠くにディスクを投げられてすごいね。でもA君のチームは勝つことができたの？」
　子どもたちの意識が個からチームに変わった瞬間です。A君の振り返りの言葉が象徴的です。

＊＊＊

　ディスクを遠くに飛ばして点が入ることはとてもうれしいです。でもチームが負けてしまうのはとても悔しいです。ぼくだけでなく、チームみんなで勝利を目指すことを考えていくことが大事だと思います。

（A君の振り返りより）

＊＊＊

表　単元構成

次	時	学習活動	問題を解決する過程における子どもの意識の流れ
一次	1	フライング・ベースボールの基本的なルールを知り、ゲームを行う。	フライング・ベースボールの基本的なルールが分かったよ。4年生にフライング・ベースボールを伝えるために、分かりやすいルールに変えたり、楽しさやこつを伝えたりしたいな。
二次	2 3	「より多くの点を取るために」という視点でゲームを行う。	多くの点を取るために、力いっぱい遠くにディスクを投げることができて嬉しかったよ。かっとばすと気持ちが良いね。私は多くの点を取れたから、これからもこの調子でがんばろう。 ↓ 私はいっぱい点を取ることができるのに、チームのみんながあまり点を取れないな。チームが負けてしまって悔しいよ。
三次	4 5	「チームが試合に勝つために」という視点でゲームを行う。	チームが試合に勝つためには、自分だけが良ければ良いという考えではいけないな。チームみんなで勝利を目指したいな。攻撃するときにはどういうことに気を付ければ相手よりも多く点を取ることができるのだろう。 ↓ チームの課題は何だろう？　その課題を克服するためにチームに合った作戦は何だろう？　兄弟チームに私たちのチームを分析してもらおう。
四次	6 7	自分たちのチームの課題解決や戦術を確認するゲームをした後にゲームを行う。	私たちのチームの課題は塁に残っている友達を返せずに得点が少ないことだ。兄弟チームからも、それを直すと強くなると言われたよ。今日のゲームでも4点しか取れなかったよ。そのために、ランナーがいるときにどこに打てばよいかを考えられる「とれトレ」をしてみたいな。 ↓ 「とれトレ」で試した結果、打つ方向を工夫することで、前回よりも多くの得点を取ることができたよ。ゲームでも同じ作戦でやってみよう。 ↓ ゲームでも前回よりも多くの得点を取ることができたよ。どの塁に人がいるかを見て、打つ方向を考えたよ。 ↓ フライング・ベースボールでは塁に残っている友達を返せることが嬉しいよ。ランナーのことを考えながら打って、〇〇さんが5塁に戻ってくれた場面は本当に嬉しかったよ。
五次	8 9	クラス内でFBC（フライング・ベースボール・クラシック）を行う。	今まで学習してきたことを生かしてFBCに臨めたよ。このチームで良かったよ。 ↓ フライング・ベースボールのルールや楽しさを説明書や攻略本にまとめて、4年生のみんなに紹介したいな。
六次	10 11	他のクラスへフライング・ベースボールを紹介する。	フライング・ベースボールのルール・面白さ・こつを紹介して、フライング・ベースボールを学校中に広げたいな。

単元中盤からは子どもたちの思いを受けて、「チームが試合に勝利するためには？」という課題設定で授業が進んでいきます。「塁に残っている友達をできるだけ多く返すために、打順を変えてみよう」「どこに打てば2塁までいけるだろう」と、それぞれの思いを表出させながらも勝利のために話し合う姿、一人一人がチームの一員となっている姿が出てきました。
　「先生、チームの練習の時間がほしい」、と単元後半の授業の終わりに意見が出ました。チームの課題を子どもたち同士の話し合いで見出し、その課題を克服するための課題解決の時間を欲しています。私は全体の場でその意見を話しました。「私たちのチームもその時間がほしい」という声がすべてのチームから出ましたので、次時からはその時間を確保するように単元構成を変更しました。単元前半は、個人の技能が高まれば良いと考えていた子どもたちが、勝敗にこだわるようになり、チームパフォーマンスを高める意識につながっていったのです。「勝ちたい」と思わせることが大切であることを改めて感じました。

●チームの課題を解決する「とれトレ」
　攻撃時に瞬時の判断を行う必要が少ないベースボール型は作戦の実行率が高くなります。これまでの時間で培った作戦がメインゲームで生きることで、子どもたちはベースボール型のよさをさらに見出すことができるでしょう。それをめざし、子どもたちの要望を受けて単元後半から設定されたチームでの練習の時間は、点を取るためのトレーニング、略して「とれトレ」と称しました。
　しかし、中学年児にとって自分たちのチームの課題を見付けることは容易ではありません。そこで、実際に試合をする姿を兄弟チームに見てもらうことで課題を見つけ出すことにしました。加えてメインゲームを見る際には、どこにディスクが飛んで何塁まで進めたか、そのときの守備隊形を兄弟チームがチェックし、どのような課題があるかを伝えるようにしました。伝えられたチームは、課題解決のための練習を考え、とれトレを行うという学習の流れができあがったのです。実際の子どもの姿を一つのチームから検証したいと思います。

＊＊＊

　イエロータイガーチームは、満塁までの状況を作ることはできていますが、そこから点を多く取ることができていないという課題が挙げられていました。そこで、打

写真2　作戦を話し
　　　合う子どもの姿

写真3　実際の試合の場面

順を工夫することが大切であると考え、とれトレでは、満塁からのスタートで、より多くの点を取るためには、だれがどの打順になれば良いかを見付けることを目的としました。いろいろな打順を試しながら真剣に話し合う子どもたち。とれトレ後の話し合いでは、4番バッターまでは確実に塁に出て、5・6番バッターにディスクを遠くまで飛ばせる人を置いてランナーを全員返すといった作戦を立てました（写真2）。しかしメインゲームでは、満塁までの状況を作ることはできていたものの、5・6番バッターのときに守備側が深く守っていたため、大量得点に結びつけることができませんでした（写真3）。振り返りの場面では、どのような守備隊形でも得点が取れるようにするために、次のとれトレではいろいろな守備隊形をしてもらって攻撃の練習をしたい、と次時への意欲を高めていました。

＊＊＊

[3]「チームの大切な一人」を実感できる授業をめざして

　スポ研がテーマとして設定していた「教師が子どもと創る体育学習」では、学習の主役はもちろん子どもですが、よりよい体育学習を行うためには教師が意図して教材化を図ったり、指導や支援を行ったりすることが必要不可欠です。

　本実践では、そのためのキーワードを「チームパフォーマンスの向上」として実践を行いました。単元が進む中で、個の技術中心だった子どもたちの思いが「チームが勝つためには」「チームのために私ができることは」という思いに変わり、チームが勝つための練習や作戦を考える時間の必要性を理解しました。ゲームに勝ったり負けたりを繰り返し、時にはぶつかり合いながらチームワークを育んだのです。そういった意識の変容が必然的に生じるような単元構成を工夫しました。しかし、積極的にチーム内に意見を出せる子もいれば、まだチームの課題を自分の問題として捉えられない子もいるのが実態でした。

　筆者が考える子どもの目指すべき姿は「子ども一人一人がチームの大切な一人であることを実感できる姿」です。今後も、すべての子どもがその気持ちを実感できるように、よりよい体育授業を子どもたちと創っていきたいと思っています。

［引用・参考文献］
○岩田靖（2011）ベースボール型ゲームの教材の系統性を探る．体育科教育59（5）：10-14.
○岩田靖（2012）体育の教材を創る．大修館書店．
○垣内幸太（2011）攻撃側のバッティングと走塁の面白さを味わわせる教材系統を提案する．体育科教育59（5）：30-35．

(『体育科教育』2013年10月号)

第5章-8

一撃の質を高める
剣道の戦術学習

茨城大学准教授　吉野　聡　　茨城県教育庁指導主事　菊地　耕
流通経済大学准教授　柴田一浩

[1]はじめに

　剣道とは、基本的には一対一で対峙して竹刀を用いて相手より早く特定部位への打突を争奪する競技です。変化に応じた技能発揮が求められるという点では、明らかに球技領域に求められる技能と共通します（岩田ら、2009）。このことは授業づくりにおいて両者は大いに学び合えることを意味しているといえるでしょう。

　しかしながら、剣道の授業研究を重ねるうちに、両者に求められる技能には大きな違いもあります。球技は基本的にボールを操作する側が攻撃し、それに対峙する側が防御します。しかしながら剣道や柔道などの武道では攻撃と防御が同時処理的に生起し（奥村ら、2005）、その切り替えは球技に比して格段の速さが求められるからです。

　チームスポーツとしての球技は、総じて自分以外の味方や相手、ボールやコートなど数多くの状況をみなければならないので、剣道や柔道にはない難しさが存在します。しかしながら、武道においては攻撃と防御の切り替えの速さに着目した教材づくりや授業づくりが、球技以上に考慮されるべきだと考えています。

　加えて剣道は、これまで多くの研究（例えば岩田ら、2009）で指摘されて

いるように剣道具の着脱、打突の痛みが学習の大きな阻害要因になりやすく、たとえ合理的な教材が提供されたとしても期待される学習成果がなかなか引き出せません。

以上の問題意識から、今回の実践では、①生徒らの積極的な打突学習を保障するとともに、②打突や受け技能の確かな改善を促す授業づくりを試みることにしました。とりわけ剣道に初めて出会う中学1年生を対象に、一撃の攻防技能の質を高める授業づくりに取り組みました。

[2] 授業づくり

❶積極的な打突学習を保障する教材・教具の工夫

生徒らの積極的な打突学習を保障するためには、①打突意欲を喚起する、②打突による痛みを軽減する、③実際の打突学習時間を保障する必要がある、と考えました。

(a) 映像教材の適用

生徒らに視聴させたのはYouTubeで配信されている2007年に行われた全日本剣道選手権決勝、高鍋選手と寺本選手の試合を編集した映像です（YouTube「ハイスピードカメラで捉える、剣道高段者の動き」）。コンマ何秒の世界で打突が争奪される攻防の魅力が映し出されています。

(b) 剣道具の工夫

木原ら（2009）の先行研究を参考に、塩化ビニールパイプ（PGV16×70cm）に空調用パイプカバー（1m）を被せ、ビニールテープで巻いた簡易竹刀を作成しました。胴と垂れは一般の剣道具を着脱させることにしましたが、面については一般のフェイスタオルを頭部に巻き、安全保護具のゴムフレームゴーグル（MonotaRo HF134-1）を着脱させることにしました。

❷打突や受け技能の改善を促す教材の工夫

たとえ適用した映像による打突意欲の喚起に成功し、剣道具の着脱時間を削減したり、打突による痛みの軽減を保障できたりしたとしても、活動（教材）自体が面白くなければ生徒らの打突意欲は途端に低下してしまいます。また、

球技領域で指摘されるように（Thorpe, Bunker & Almond, 1986）、単純にミニゲーム化した発達適合的再現ゲーム（岩田、2010）を提供するだけでは課題が難しく、生徒らの技能はさほど改善を期待できません。

　ミニゲームの問題の一つは、複雑な動きの組み合わせが連続して必要とされる剣道の技能特性にあると考えました。技術は行為要素の連続性から分離、系列、連続スキルに分類されたりしますが、この考え方に従えば、剣道では多様な系列スキルを連綿と続けて発揮できることが望まれます。単にミニゲームのような試合教材のみを提供することは、マット運動において連続技ばかりを繰り返し練習させることと同様で、一つひとつの技能改善が難しいと考えました。

　第二の問題は、素早い攻防が繰り返される際に求められる反応選択肢の多さにあると考えました。剣道は近い距離で打突の争奪が競われます。少なくとも面、小手、胴の3か所をねらって反応（攻撃）する必要がありますが、加えてそれら3か所を防御するための反応も同時的に強いられます。単純に考えれば6つの反応選択がコンマ何秒で行われる必要があり、かつその反応選択に沿った運動が行われる必要があるのです。この難しさを軽減するには、反応選択肢の軽減が必要だと考えました。

　以上のような考えから「攻防交代型一撃試合」と呼ぶ教材を作成しました。攻防交代型一撃試合は5m×5mの試合場内に一対一で対峙し、片方（A）は攻撃、もう片方（B）は防御のみを行い、面か胴を争奪させる教材です。片方が攻撃する時間は30秒とし、制限時間内に最大3回の打突を行えることにしました（一回打突したらリスタートする）。Aの攻撃が終了したら攻撃と防御を交代し（Bの攻撃）、一試合1分間、より有効打突数の多い方が勝ちとしました。

❸単元過程

　表は本実践の単元過程を示しています。表に示すように、単元1時間目は剣道の成り立ちや伝統的な行動様式（座礼・立礼、帯刀、左座右起など）を説明した後に、先述した映像を視聴させました。また、胴・垂れの着脱のしかたを説明するとともに基本動作（足さばき、構え）や基本打ち（面）の練習を行わせました。

表 単元過程

1時間目	2時間目	3～6時間目
成り立ち	準備運動	
伝統的な行動様式（座礼・立礼、帯刀、左座右起）	基本練習（打突・受け方：面、胴）	
映像視聴		
剣道具の着け方	団 体 戦 （1試合約40秒）	攻防交代型 一撃試合
基本動作（足さばき、構え、面打ち）		

　単元2時間目以降は、準備運動を行わせた後に基本練習（面と胴の打突練習と受けの練習）を行わせ、授業中盤以降は試合を行わせました。特に単元2時間目は試しの試合（一試合40秒、団体戦形式）を行わせ、単元3時間目から6時間目に攻防交代型一撃試合を行わせています。

[3]授業の様子

❶打突学習の積極性

　対象授業に参加した生徒らに、単元終了後、視聴させた映像や簡易竹刀についての感想を記述させました。

　映像については、感想記述の他に打突意欲の状態を5段階（「やりたくない」から「やりたくなった」まで）で評価させましたが、やりたくなったと肯定的な評価を行った生徒は37名中29名、「あまりやりたくない」と否定的な評価を行った生徒は1名のみでした。否定的な評価の理由は「剣に当たるのが痛そう」でしたが、肯定的な評価を行った生徒らのほとんどが「素早い打突争いのすごさやカッコよさ」を指摘していた。また、簡易竹刀のよさについては、「痛みのなさ」「安全性」「操作のよさ」について言及する生徒が約9割となり生徒らの打突意欲は総じて喚起される傾向にありました。

　以下は試しの試合（単元2時間目）の映像をみた同僚教師（英語科）の印象発言です。

写真　攻防交代型一撃試合の様子

「すごい打ってますね。1年生ですか。バンバン打ってるじゃないですか。痛くないからなんですかね。積極的ですよね」

　授業ごとに調査した形成的授業評価（意欲・関心次元）を分析しても、クラス平均を算出した6単位時間分の中央値は2.87（最小値2.80、最大値2.95）と高い値で推移する傾向にありました。ちなみに、面の着装時間は教師が着装の指示を行ってからクラス全員の生徒が面タオルを着装するまでに要した時間が約30秒、ゴーグルにおいては10秒です。

❷打突や受け技能の改善

　映像による素早い打突の応酬に魅了された生徒たちが行った単元2時間目の簡易試合（団体戦）は、積極的な打突こそみられるものの攻防の実状は木原ら（2009）が報告した「むやみやたらと竹刀を振りまわす」試合の繰り返しでした。単元後、抽出生徒（男女それぞれ技能上位群、中位群、下位群2名ずつの計12名）に行ったインタビューで、生徒らは次のようにその時のことを振り返っています。

　「最初（試しの試合）は何をやればいいかわかんなくて、とにかく（相手の）体に（竹刀を）当てようと思っていました」（女子生徒A）

　「最初だったんで、まぁなにをやるかわかんなかったんで、打てば当たるか

と思ってやっていました」(男子生徒D)

　単元3時間目から6時間目の攻防交代型一撃試合を中心に展開した授業になると、生徒らの一撃に対する意識は一転し、間合いを計り相手の隙を窺いながら打突するようになりました。なにより相手の面打突を自分の竹刀で擦らせたり、胴打突を打ち落としたりするなどの受け技能を習得する生徒が目立つようになったのです。また、相手の受け技能の習熟にともない攻撃も、単純な打突からフェイントを行うなどしかけ技（二段の技）を試みる生徒も増える傾向にありました。この学習の様子を専任教員は授業日誌に次のように残しています。

　「面と胴の受け方を指導したが、実際にうまく行動化（受け動作が）できない生徒も多い」（単元3時間目）

　「相手が打ってくるタイミングを計ることができるようになり、多くの生徒が受けることができるようになってきた」（単元4時間目）

　「相手の動きに集中して素早く技を出していた。しかし、なかなか当たらないため、ほとんどの生徒が面や胴へ打つふり（フェイント）をしてから技をだしていた」（単元6時間目）

　単元5時間目の攻防交代型一撃試合については、抽出生徒（インタビューした生徒と同様）のパフォーマンス出現頻度を記述・分析しましたが、12名中11名の生徒は少なくとも1回は受け技能を成功させており、5名は二段の技（面胴または胴面）を試みていました。

[4] まとめにかえて

　以上のように魅力ある映像をみせ、剣道具や試合教材を工夫したことで、生徒らの積極的な打突学習を保障できたように思います。また、技能習得上の課題を簡易化したことで基本的な受け技能や打突技能は改善傾向にありました。このような点で本実践の有効性を示せたと考えています。

　とりわけ受け技能を習得させることは、攻撃の質を高める上でも必要なことだと実感しました。加えて抜き技や返し技などの発展的な技の学習にも欠かすことができないのではないかと予想しています。ただし、本実践はあくまで攻防の役割を決めた状態での技能改善を行ったに過ぎず、さらに習得した技能を

攻防一体型の試合において活用できる授業展開が必要なことは言うまでもありません。以上のことは今後の課題としたいと思います。

［注］
　対象授業は中学1年生1クラス（男子19名、女子20名）で、指導は専任教員1名と教育実習生1名の2名がティームティーチングにより行っています。単元はじめのオリエンテーションは専任教員（剣道六段）が、それ以降の5授業は教育実習生（剣道三段）がT1の役割を担いました。また本稿では6単位時間分の実践について報告していますが、実際は攻防交代型から攻防一体型の一撃試合へ発展させ11単位時間による単元を実施しています。

［引用・参考文献］
○菊地耕・吉野聡・柴田一浩・佐藤豊・宇井俊介・斎藤拓真（2014）一撃の攻防を強調する剣道の授業づくりとその有効性．体育学研究59（2）：789-803．
○岩田靖・中村恭之・三井清喜（2009）「対人的技能の面白さ」をクローズアップする—剣道の教材づくり—．体育科教育57（9）：62-67．
○岩田靖（2010）体育の教材・教具論．高橋健夫・岡出美則・友添秀則・岩田靖編著、新版体育科教育学入門．大修館書店、pp. 54-60．
○木原資裕・江口大祐・森明日香・草間益良夫・坂東隆男（2009）小学校における簡易試作用具を用いた授業実践．武道学研究42（1）：9-21．
○奥村基生・吉田茂・友利浩介・香田郡秀（2005）剣道競技の反応選択における文脈的情報活用法．武道学研究38（2）：1-12．
○Thorpe, R., Bunker, D. and Almond, L. (1986) A Change in Focus for the Teaching of Games. In Pieron, M. and Graham, G. (Eds.), Sport Pedagogy: The 1984 Olympic Congress Proceedings, Vol. 6. Human Kinetics: Champaign, pp. 163-169.
○YouTube「ハイスピードカメラで捉える、剣道高段者の動き」
　https://www.youtube.com/watch?v=Wmeb6JFEZEw

（『体育科教育』2013年8月号）

第6章

地域性を活かした授業づくり

第6章-1

小規模校での体育授業実践

岩手県西和賀町立沢内小学校校長　盛島　寛

[1] 岩手の「体育学習会」

　平成元年8月、「盛岡体育学習会」が誕生しました。それ以来、これまで積み重ねること186回の学習会を行ってきています。そして、そこで学んだメンバーが人事異動により岩手県内各地に広がり、それぞれの地で仲間を集め、今では、岩手県内10か所に「体育学習会」の輪が広がっています（図1参照）。

　筆者は、2012年度3月まで「県北体育学習会」（九戸村・江刺家小学校を中心に活動）の世話人をしてきましたが、この学習会には九戸村だけではなく、二戸市・一戸町・軽米町・久慈市・洋野町からも参加者があり、まさに「県北体育学習会」と呼ぶにふさわしい会でした。現在、世話人は2代目の菅原一季先生（江刺家小学校）になり、若者を中心に学習会が続けられています。

　2013年度4月からは、「銀河高原体育学習会」を10年ぶりに復活させ、西和賀町・沢内小学校を中心に活動しています。本学習会には、岩手大学の学生も参加し、保育所の先生から小・中学校の先生、そして大学生と幅広い参加者層になっています。小学1年生から体力・運動能力テストの結果が低下している本県では、保育所の先生と連携して勉強会ができるのは、大きなメリットになると考えています。

　県内の体育学習会のほとんどは小学校の先生が中心ですが、中学校や高校、幼稚園の先生方と連携を取りながら進めているところもあります。

図1　岩手県内の体育学習会

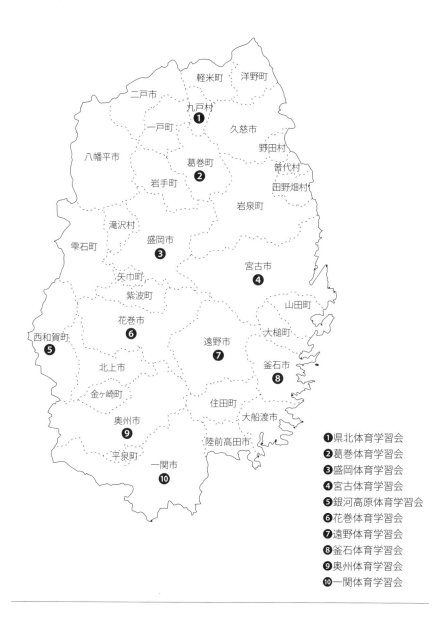

第6章-1　小規模校での体育授業実践

本来は、所属校で体育の勉強ができればよいのですが、体育を研究教科として取り上げている小学校は、県内に5校ほどしかありません。また、岩手県内は小規模校が多く、教職員の高齢化が進んでおり、所属校で実技を伴う体育の勉強はなかなかできないという現状があります。そのため所属校という枠を超えて学び合うことができる「体育学習会」は貴重なのです。
　これらの学習会は、平成20年に本県で開催された「第47回全国学校体育研究大会」の本県の研究テーマであった「いきる」「わかる」「できる」体育授業の創造をめざしながらも、「よい体育授業を求めて」各地域の現状に合った独自の課題をテーマにして活動しています。
　年1回は、県内の体育学習会メンバーが一堂に会して学習できるよう、盛岡において「岩手体育学習会集会」を行っています。各学習会の世話人はメーリングリストで繋がっていますが、実際に顔を合わせて学習会ができるのは、とても貴重な機会なのです。2013年度は、10月に筑波大学附属小学校の清水由先生を迎えて授業研究会を行いました。

＊

　ところで、日本の全小学校の約4割は、全校児童199人以下の1学年1クラスの小規模小学校や複式学級を有する小学校です。また、199人以下の小学校数が5割以上を占めている県は、47都道府県中24道県あり、半数以上となっています。さらに、高知、徳島、鹿児島、島根、岩手の5県は、199人以下の小学校数が県内の小学校の7割以上を占めているのです（平成24年度学校基本調査より）。
　筆者は、平成24年度まで、複式学級を有する九戸村立江刺家小学校に3年間勤務していました。そして、平成25年度4月より1学年1クラス規模の西和賀町立沢内小学校に勤務しています。同じ岩手県内の小規模校ですが、地域性にも違いがあり、抱えている課題も異なっています。以下、この2つの小学校での体育授業実践を報告します。

[2] 九戸村立江刺家小学校での実践

　平成24年度の本校は、全校児童44名。1年、4年は単式学級ですが、2・3年、

5・6年は複式学級です。

児童は、スポーツ少年団への加入率が高く、体力・運動能力テストでの総合評価がAB段階の児童の割合は63.6％とたいへん高くなっています。

❶2・3年の複式学級

2年生5名、3年生6名、計11名のたいへん元気のよい、明るい子どもたちです。しかし、各学年には自己中心的に行動する子どもがおり、複式形態で落ち着いて授業を進めることが難しく、他の子どもたちもそれに引きずられる傾向があり、トラブルが起こることもしばしばです。そこで、筆者が体育授業を担当し、主に態度面での課題に迫ることにしたのです。

❷シュートボール

元東京学芸大学附属世田谷小学校の藤井喜一先生に紹介していただいたシュートボールは、的のコーンにボールを当てて得点を競い合うゴール型のボールゲームです。ボールを持って走ってもよいというルールで、児童には自由度の高いゲームであり、誰でもゲームに参加することができます。

また、シュートは360度どこからでも打つことができ、3対3のように少ない人数で行うことにより、裏のスペースを活用することに気づきやすく、初歩の戦術的な課題が学習できる教材です。

❸授業の概要
(a)第1時：学習の進め方をおぼえよう
　体育学習の約束やシュートボールのルールを確認し、試しのゲームⅠ、試しのゲームⅡを行いました。1班は、早くも試しのゲームⅡで全員シュートが達成できました。

(b)第2時：パス練習の仕方をおぼえよう
　3m離れた相手へのバウンドパス、ノーバウンドパスの練習を行ってから、ゲームを行ったときのことです。ゲームに入る前、3班のK君とD君のどちらが先にゲームに出るかで、互いに譲らないというトラブルがありました。また、ゲーム後、同じ3班のK君とRさんで、記録シートをめぐって言い争いが起こりました。さらに、1度も勝つことができなかった3班のK君が素直に勝敗を認めることができない、というトラブルが続きます。聞けば、教室に帰った後、このK君が荒れて授業にならず、収まるまでに1時間かかったとのことです（担任談）。このトラブルが、形成的授業評価にも影響を与えていました。一方、2班は第1ゲーム、第2ゲームと連続で全員シュートを達成することができました。

(c)第3時：シュート練習を生かして楽しくシュートボールをしよう
　はじめに、K君が「Rちゃんとけんかしたから、次はけんかしないようにしたいです」と書いた前時の感想等を紹介し、めあての「楽しく」を強調してから授業に入っていくことにしました。そして、ルールの確認、3m離れたコーンに30秒で何回ボールを当てることができるかのシュート練習、バウンドパス練習をして、シュートボールを行いました。2班は前時に続き2ゲームとも全員シュートが達成できて2連勝。3班は2ゲームとも惜しくも1点差で2連敗となりますが、「楽しく」というめあてをはじめに強調したためか、トラブルはありませんでした。

　第4時以降も、授業のはじめに作戦の工夫や態度面の素晴らしさについて書かれた前時の感想を紹介し、その内容を誉め、みんなで認め合い、めあてを確認してから授業に入っていくことにより、K君のようなトラブルはなくなっていきました。

(d)**第4時：作戦を工夫して楽しくシュートボールをしよう**

　前時の感想紹介、めあての確認、シュート練習、バウンドパスの練習を行い、作戦タイムをとってからシュートボールのゲームです。作戦カードには、くるくる回って守りを振り切ってからシュートをする作戦や、攻めのときには3人が三角形のようにサークルを囲んでパスをして、守りが空いた時にシュートを打とうとする作戦等が書かれていました。ゲームは、引き分けが2試合、2点差ゲームが1試合と、この頃から各チームの力が均衡してきます。

(e)**第5時：攻め方、守り方を工夫して楽しくシュートボールをしよう**

　前時の感想紹介、めあての確認、シュート練習、作戦タイム、シュートボールという順序で学習が進みます。作戦カードには、シュートを打つ人の反対側（裏のスペース）に誰かが入る作戦や守りから攻めに移るときの動き方の作戦等が書かれていました。守り方がよくなったためか、点数が前回までよりも入らなくなります。全員シュート達成は、1班の1回のみ。これまでとても強かった2班は1勝もできずに2連敗となります。また、1班は初の2連勝。攻め方・守り方の工夫が勝敗を分けるようになってきたのです。

(f)**第6時：これまでの学習を生かして、楽しくシュートボールをしよう**

　前時の感想を紹介し、めあての確認、チームごとに準備体操および作戦タイムをとったあと、2回のリーグ戦を行いました。第1回リーグ戦では、どのチームも1勝1敗となり、たいへんな盛り上がりです。第2回リーグ戦の結果は、1班が2勝となり優勝を飾りました。そして、2班と3班は1敗1引き分けで両者が第2位。2班と3班のゲームは、なんと全員得点の40対40の白熱したゲームでした。

❹診断的・総括的授業評価

　単元前と単元後の体育授業態度の変容を考察するために、診断的・総括的授業評価を用いて、子どもたちにアンケートを行っています。結果は、表1のようです。

　単元前から、子どもたちの体育授業態度はたいへんよく、たのしむ（情意目標）、学び方（思考・判断）、できる（運動目標）の評価は「5」で、まもる（社会的行動目標）だけが「4」という評価です。さらに、詳しく質問項目を見て

表1 体育授業態度の変容（診断的・総括的授業評価）

(九戸村立江刺家小学校2・3年生、シュートボール、N =11)

項 目 名	単元前 平均得点	単元前 評価	単元後 平均得点	単元後 評価	得点の伸び
Q1　楽しく勉強	2.45	3	3.00	5	0.55
Q2　明るい雰囲気	2.82	5	2.91	5	0.09
Q3　丈夫な体	3.00	5	2.91	5	-0.09
Q4　精一杯の運動	3.00	5	3.00	5	0.00
Q5　心理的充足	2.91	5	3.00	5	0.09
たのしむ（情意目標）	14.18	5	14.82	5	0.64
Q6　工夫して勉強	2.64	5	2.73	5	0.09
Q7　他人を参考	2.73	5	2.82	5	0.09
Q8　めあてを持つ	2.73	5	2.73	5	0.00
Q9　時間外練習	2.18	4	2.18	4	0.00
Q10　友人・先生の励まし	2.55	5	2.64	5	0.09
学び方（思考・判断）	12.82	5	13.09	5	0.27
Q11　運動の有能感	2.45	5	2.55	5	0.09
Q12　できる自信	2.82	5	2.64	5	-0.18
Q13　自発的運動	2.64	5	2.82	5	0.18
Q14　授業前の気持ち	2.73	5	3.00	5	0.27
Q15　いろいろの運動の上達	3.00	5	2.82	5	-0.18
できる（運動目標）	13.64	5	13.82	5	0.18
Q16　自分勝手	2.64	5	2.82	5	0.18
Q17　約束ごとを守る	2.55	3	2.91	5	0.36
Q18　先生の話を聞く	2.73	5	2.82	5	0.09
Q19　ルールを守る	2.91	5	2.91	5	0.00
Q20　勝負を認める	2.82	3	2.91	4	0.09
まもる（社会的行動目標）	13.64	4	14.36	5	0.73
合計得点	54.27	5	56.09	5	1.82

みると、Q1「楽しく勉強」、Q17「約束ごとを守る」、Q20「勝負を認める」の評価が「3」、Q9「時間外練習」が「4」、それ以外は全て「5」という評価でした。

日常の子どもたちの様子の観察からも同じようなことが窺われ、「楽しく勉強」というよりはトラブルがよくあったり、「約束ごとを守れず」自分勝手な行動や自己中心的言動があったり、第2時のK君のように「勝ち負けを素直に認められず」に泣いて悔しがり、周りに嫌な雰囲気を与える姿がみられていたのです。

単元後は、まもる（社会的行動目標）の評価も「5」となり、全ての次元で「5」の評価となっています。さらに、詳しい質問項目を見てみると、Q9「時間外練習」は「4」のまま変化はありませんでしたが、Q1「楽しく勉強」、Q17「約束ごとを守る」は、「3」から「5」へ評価が上がっています。そして、Q20「勝負を認める」の評価は、「3」から「4」となりました。本授業でも第2時でトラブルが起こったように、「勝負を認める」は、まだ課題が残っています。

以上、診断的・総括的授業評価から、体育授業態度は以前からよかったのですが、このシュートボールの学習を通して、課題はまだ残るものの、さらに態度がよくなったということができます。

［3］西和賀町立沢内小学校での実践

本校は、奥羽山脈のど真ん中にある豪雪地の小規模小学校です。平成25年度の全校児童118人のうち、徒歩通学は15人、残る103人はスクールバス通学です。少子化により学校から帰ると地域には一緒に遊ぶ仲間がおらず、運動できるのはスポーツ少年団活動をしている限られた子どもたちだけなのです。このような環境にあるためか、6年生男子の6割が肥満という状況でした。

❶ラダーで動きつくり、体つくり

そこで、このような現状にささやかな抵抗を試みようと、児童昇降口までの通路にラダーを置き、毎朝、全校児童がそこを通ってから校舎に入るようにしました。子どもたちには、ラダーを使った運動は、動きつくり、体つくりにな

るとともに、脳を目覚めさせ、頭も体も学習する準備をするために行うと説明しています。

❷山マラソン

　本校の裏山は、以前は「自然の森」が整備されていました。樹木や草花に名札がつけられ、自然散策する中でその名前を覚えることができる環境が用意されていましたが、ここ数年は使われていない状況でした。そこで、PTA奉仕作業の際、数人に裏山散策コースの整備をお願いし、山マラソンができるコースを整備したのです。歩いても2分少々で1周できる上り下りのあるコースですが、山の子といえども山菜採りやキノコ採りをほとんど経験したことがない子どもたちにとっては、貴重な経験ができる山マラソンコースになっています。このコースで業間運動の時間や縦割り遊びの時間を利用して、山歩きや山マラソンに取り組んでいます。

❸1年の体育授業

　前述したラダーの取り組みは、片足ケンケンや両足とび、ケンパーなど説明のいらないものを中心に行ってきましたが、より複雑な動きも取り入れたかったので、授業でも取り上げ、しっかり指導した上でラダーの取り組みができるよう、8月末から筆者が6時間の授業を行いました。

表2 単元計画

第1時	第2時	第3時	第4時	第5時	第6時
いろいろな鬼遊び			ラダーを使った運動遊び		
ラダーを使った運動遊び			川とび・ゴムとび遊び		
折り返しの運動遊び			5種目走		じゃんけん双六
サークルリレー			じゃんけん双六		サークルリレー

(a)単元計画

体つくり運動と走・跳の運動遊びの組み合わせ単元として、表2のような単元計画を立て、「全力でチャレンジ〜がんばりいっぱい1年生〜」という単元名で、できないと言ってはじめからやらないのではなく、がんばってやってみること、全力で挑戦することを確認して単元に入りました。

(b)ラダーを使った運動遊び

①片足ケンケン（左・右）、②両足とび、③ケンパー（左・右・交互）、④ケングー、⑤スラローム、⑥ツイスト、⑦ラテラルラン（アウト―イン―イン―アウト）、⑧ラテラルラン（イン―アウト―アウト―イン）等の動きの中から、1年生では、左右交互の足で片足のケンをする左右交互ケンパーと⑦のラテラルランを特に取り上げて指導しました。3人組を基本とし、できた子はできていない子に教えてあげようということにしたのですが、1年生段階でのラダーの教え合い学習は難しかったと思います。

(c)サークルリレー・じゃんけん双六

1単位時間の最後に、前半はサークルリレー、後半はじゃんけん双六、そして最終日は両方を行い、盛り上がりをもって1単位時間を終えられるようにしました。また、授業のまとめでは、自分ががんばったことと、友だちのがんばりを発表させ、1年生なりに自己評価・相互評価ができるようにしました。

(d)形成的授業評価

形成的授業評価の結果は、表3、図2のようです。1年生の子どもたちは、本単元をたいへん高く評価してくれています。特に成果次元が右肩上がりに伸

表3　形成的授業評価（第1学年）

	第1時	第2時	第3時	第4時	第5時	第6時
成　　果	2.36	2.80	2.69	2.78	2.90	2.89
意欲・関心	2.90	3.00	2.87	2.83	2.96	2.97
学 び 方	2.63	2.90	2.93	2.90	2.89	2.67
協　　力	2.77	2.63	2.83	2.87	2.79	2.77
総合評価	2.63	2.83	2.81	2.84	2.89	2.83

図2　形成的授業評価の推移

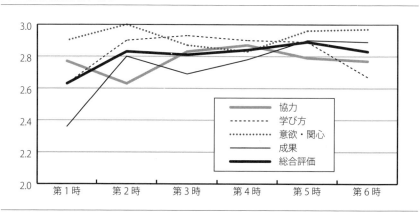

びており、単元が進むにつれて、ラダーを使った運動遊びや川とび・ゴムとび遊びなどが「できるようになった」という思いの子どもが多くなっていったと思います。ただし、評価が高いとはいえ、学び方と協力が、後半に失速したような感じになってしまったのは、今後の課題として残されました。

[4] まとめにかえて

　岩手県は、北海道に次いで日本一広い県です。東の太平洋沿岸地域（海）と西の奥羽山脈地域（山）では、地域の特性は大きく異なります。例えば、冬の積雪です。西和賀町は3mもの積雪に覆われますが、沿岸南部の陸前高田市は冬でもほとんど積雪はありません。当然、冬の体育カリキュラムは変わってき

ます。西和賀町はスキー、陸前高田市はサッカーということになります。また、本校は山マラソンを行っていますが、海のある地域の学校では海をうまく利用することができると思います。これを日本に広げてみると、もっと大きな地域差が出てきます。北海道から沖縄まで、地域の特性は千差万別です。

　さらに、隣の学校であっても、学校の環境や施設・設備が違っていたり、地域の文化や歴史に違いが残っていたりすることもあります。盛岡市周辺では「さんさ踊り」が行われていますが、地域によってその踊りには違うものがあります。表現運動として、みんなが共通に踊れる「さんさ踊り」を学習することも大事ですが、昔から残っている「地域のさんさ踊り」を大事に踊り継いでいくことも大切なことです。

　学習目標、学習内容がしっかり押さえられていれば、扱う教材は様々なものが考えられます。気候や文化、施設・設備等も含めた地域の特性を生かすことが、より充実した体育実践を生み出していくことに繋がっていくと思います。

　学校の小規模化の問題は、農山漁村地域の問題だけでなく、急速に進む少子化や人口の流動性の高まりによって都市部にも及んできているようです。それにより、複式学級の形態を取らざるを得ない学校も少なくありません。こうした現状に対して、学校規模の縮小によって教育環境が悪化し、教育の質が維持できなくなると憂慮する声も聞かれます。具体的には、小規模校のおかれた環境によっては人間関係の固定化や序列化を招きやすく、主体性が育ちにくいなどの問題が指摘され、体育のようにグループを編成して身体活動を展開する機会が多い教科の授業には、一定の制約を伴うことが危惧されています。

　しかし、規模の小ささや地域の特性を最大限活用することによって、そうした困難を補ってあまりある教育が展開できるのではないかと考えます。例えば小規模校では、体育館や校庭などの施設が単独学級で使い放題です。場を制限なく自由に使えるということは、授業を構想するうえで様々な展開を考えることができます。また、鉄棒・跳び箱・マット運動など器械運動系の単元の場合、器械・器具を少人数で使うことができますので、待機の時間が少なくできます。ひいては、それが試技数や練習量の増加につながり、技の出来栄えに反映してくるものと考えられます。さらに、小規模校の場合、教師の目が子どもたち一人一人によく行き届きます。例えば、ボール運動では、ボールがもらえるよう

なフリーの位置に動いているかどうか声がけをすることができます。器械運動では、つまずきに対する解決のためのヒントを与えたり、直接補助をしたりすることができます。もちろん、これらは大規模校でもできることですが、一人一人に対するフィードバックの頻度は、圧倒的に小規模校の方が多くできます。

　以上のように、地域の特性を生かし、小規模校のデメリットをメリットに変えていくような充実した、成果のある体育授業実践を積み上げていきたいものです。

［引用・参考文献］
○高橋健夫編著（2003）体育授業を観察評価する．明和出版．
○岩手県教育委員会（2010）岩手っ子体力アップ運動小学校体育科指導資料ハンドブック．

（『体育科教育』2013年12月号）

第6章-2

サークル仲間と取り組む
フラッグフットボールの授業づくり

ヨハネスブルグ日本人学校教諭　小古呂優範

[1] 研究サークルとの出会い

　私は現在、学校体育研究小学部会[※1]（以下、小学部会）という研究サークルに所属しながら授業づくりをしています。小学部会との出会いは、私が学生だった頃、東京学芸大学附属世田谷小学校で受けた教育実習に遡ります。当時指導教諭であった鈴木聡さん（現東京学芸大学）に紹介していただきました。また、体育授業研究会とは、小学部会を介して出会いました。

　小学部会には、初任の1学期の頃は参加していました。しかし、夏休みが明けた頃より、水泳記録会や運動会など多くの行事に追われ、研究会に参加する余裕がなくなっていました。それから2年が過ぎ、教員の仕事には慣れてきたものの、日々の授業に行き詰まり自分の授業に自信がもてないと感じていた時、小学部会のことを思い返しました。日々の忙しさに変わりはないのですが、自分を変えたいという気持ちで、再び参加する決心をした次第です。

　久しぶりの小学部会では、実技研修や模擬授業、カリキュラム研究や実践報告など、毎月様々な観点からテーマが設定されており、そこで語られる一人一人の考えは多様性があり、議論を重ねるうちに、自分の考えが広がり深まることを実感しました。参加するたびに新たな発見があり、日々の授業にも活かすことができたのです。

　例えば、「保護者会を通して学級経営を考える」というテーマの時、ある人の

「自分のクラスから育った子どもが、再び自分に会いに来た時、『今が一番だよ。先生』と言える子どもに育てたい」という考えを聴き、ハッとしたのを今でも覚えています。なぜなら当時の私は、「先生のクラスの時がよかったな」と子どもに言われることを喜んでいたからです。過去に学んだことを活かして次々に現れる壁を乗り越え、「今が一番充実している」と思える子に育つことを想像したらワクワクしてきたのです。その日を境に、私も「今が一番」と言える子どもへ成長させることを目指すようになりました。そして、子どもが自ら問題解決をしていく力を育てるために、どう指導していけばよいかを強く意識するようになったのです。

そしてある年、小学部会のメンバーとともに、共同研究を行うことになり、私は授業者となりました。その時のことを、以下に順を追って述べることにします。

[2]授業づくりの過程

授業研究は、授業者の意図に寄り添って進められることになりました。そこで、授業づくりのスタートは、「クラスの子どもの実態」(6年生）や「授業者としての願い」を私が主張することから始まりました。私は、「自分の目標に向かって、課題を見付け、考え、実践し、できるようになる子ども」を育てたいと考えていましたので、「子どもが、考えたことを実現する授業」にしたい、特にゴール型ゲームで行いたい、と伝えました。協議の過程で新たな教材の開発を求める意見も出ましたが、フラッグフットボール（以下、F・F）を教材とすることで合意形成しました。選択した理由は、次の3点によります。
①作戦を考えてゲームに臨むことが得点につながるゲームのため、考える力を発揮できる教材である。
②一攻撃ずつゲームが止まるため、作戦の確認ができる。また、作戦の結果やその要因がわかりやすい。
③スタートラインを越えるとパスができないため、ボールを持っている人と持っていない人それぞれの役割がはっきりする。よって、作戦を成功させるためには、全員が役割をもって行動することが重要だと気付きやすい。

表1　単元計画

時間	1	2　3	4　5　6　7　8
学習の展開	〈オリエンテーション〉 ・学習のねらい ・チーム編成・役割分担 ・ゲームのルールの確認 ・試しのゲーム ・ゲームの振り返り ・練習の提案	〈試しのゲーム〉 ・学習の準備・準備運動 ・ゲーム1 ・全体で振り返り…課題の確認 ・全チーム同じ練習 ・ゲーム2 ・整理運動・本時の振り返り・片付け	〈リーグ戦〉 (対抗戦,同チームと2回対戦) ・学習の準備・準備運動 ・ゲーム1（2回攻撃交代） ・チームタイム（話し合い・課題の練習） ・ゲーム2（3回攻撃交代） ・整理運動・本時の振り返り・片付け

図1　今回のフラッグフットボールの概要

(1) ゲームの人数……3対3
　　チームの組み方……4～5人の6チーム
　　※前後半のメンバーは、授業前に決定
(2) コート（右図）

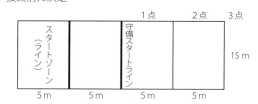

(3) ルール
・攻撃は、ランプレーかパスプレーでボールを前方に進め、守備がボールを持っている人のタグを取った地点か、サイドラインから出た地点のゾーンが攻めチームの得点
・毎回スタートゾーンより始める
・3回攻撃で交代
〈攻め〉
・クォーターバックが「レディ・ゴー」と声をかけて真ん中から始める
・前パスはスタートゾーンの中から1度だけ投げられる
・スタートゾーン内のみ、パス、手渡しパスができる（何回でも）
・相手にぶつかってはいけない
〈守り〉
・「レディ・ゴー」で動き始めてよい
・ボールを持っている人のタグを取る
・タグを取るときに、相手の体をおさえるなど、相手に触れてはいけない
(4) ボール……フラッグフットボールを使用

この3点には、私が望んだ「考えたことを実現する授業」の要素が含まれているのです。
　教材を選定した後、まずは先行の実践研究を調べ、仲間と検討しました。クラスの実態やねらいに合致し、子どもが必要感や切実感をもてるような手立てについて協議した上で、ゲームの概要や単元の展開方法等を決定しました（表1、図1）。その後、具体的に「子どもとの振り返りの視点」と「学習カード」について話し合ったのです。
　例えば、人数についての協議では、クラスの実態やねらいを達成させやすくしたいという判断から、私は5人対4人や4人対3人というアウトナンバーを主張しました。それに対して仲間からは、「子どもの気持ちとして、人数が違うことで勝負への不公平感が出るのでは」という意見が出されます。子どもの立場で授業を見ることを大切にして、イーブンナンバーで行うことで合意しました。先行実践と私のクラスの実態との比較を行った結果、3人対3人の設定が適当と判断したのです。
　意見がぶつかったのは、本実践のねらいである「子どもが考えたことを実現する授業」について追及された時のことでした。
　「子どもが考えたことを実現させてあげたいのは分かるが、得点につながる意図的なコンビプレーのように、教師として具体的な考えがないと検証が難しいのではないか。教師がF・Fで何を教えたいのかぼやけているのではないか」
　こう問われたのです。私も学ばせたいことがないわけではありません。しかし、「子どもが考えたこと」にこだわっていました。しばらくの間、互いの主張が噛み合わずにいましたが、一人の意見で状況が一変します。その様子を見ていた大学教員が、「二人の見たいものが違っている」と指摘してくれたのです。「一方は『子どもの思考の実現度』を、もう一方は『教師の思考の実現度』を見たいのである」と。そして、「子どもの思考の実現度」を見ていけばよいと解決することができました。
　実践が迫ってきたところで、研究成果をどのように明らかにするのかを議論しました。授業分析の方法について、小学部会の仲間である近藤智靖さん（日本体育大学）に、研究者の立場から意見をいただきました。
　近藤さんの意見は、「分析はその先生が見たいものを見るのが基本。一つは、

子どもの課題に対する成功や失敗などの回数を数える方法（量）。もう一つは授業の内容や状況と関連させながら、子どもの成功や失敗などの要因を分析する方法（質）である。また、教師が語ることで本人にしかわからないことを明らかにしていくのがよい」ということでした。

　これを受けて本実践では次のように分析しました。まず、「子どもの思考の実現度」を見たいので、分析は作戦カードとビデオの動きが一致しているかを見ました。守りが強くなれば失敗することがあります。そこで、挑戦している割合を見ていきます。担任にしかわからないことは、語りで伝えます。行き詰まった時にどのように声をかけたのか、どんな子がパスをしたかなどは担任にしか語れないからです。

[3] 実践の展開

　いよいよ実践が始まりました。
　授業は何が起こるかわかりません。第1時のゲームの説明でのこと。クラスで一番足の速い男子が、運動が得意ではない女子にタグを取られました。子どもたちは目の前の出来事に驚いています。そして、この事実により、子どもたちが自発的に考えるようになっていきます。足が速いだけでは勝てないという視点をもち、そこから、「考えて攻めないといけない」「作戦が大切」「チームワークが大切」と気付くことができました。
　この事実により、私は授業の目標達成に向けて自信をもつことができ、研究仲間にもそれを言えるようになりました。子どもの様子から、予定していた作戦の提示を行わないで進めることを主張し、理解してもらえました。小学部会では、子どもが必要性や切実感をもてるかを大切にしています。子どもが作戦の提示の必要に迫られていると感じていたら、私の主張を止めていたはずです。
　経過報告の際には、私の報告や映像から修正点はないか協議しました。例えば、カード記入をする位置は、すぐに評価できるようスタートラインの真後ろにする。作戦提示をしないのであれば、「苦手な子にとって、これをやればよいということ」「見取ったよい動き」等を伝える必要があることなどを確認しました。

経過報告後、今回の実践では特に子どもとの振り返りが重要だと改めて感じました。振り返りで明らかになったポイントは、クラス全員で共有するよう、いつも以上に気を付けて進めていきました。

　また、実践の最中、どのような視点をもって目の前の子どもたちを見取ればよいか考えることができました。それは、事前に協議し、仲間の考えを取り入れることができていたからです。実際には一人で実践しているのですが、そこに何人もの目があるような感覚を覚えました。自分の視点だけでなく、目の前で起こったことに、「あの時仲間に言われたことが起こった。ではこうしよう」と思うことができたのです。計画も変更しました。作戦の理解と実行力が結び付いていない様子から、「練習時間を増やすか」と投げかけました。子どもも必要性を感じていたことから、1時間を費やして練習をすることで合意形成されました。

　次に、研究成果がどうなったのか、簡単に報告をします。

❶意図的なプレー率の推移

　各時間における総攻撃数に対して、①作戦図通りのプレー、②作戦図とは異なるが意図して修正したプレー、③無意図的なプレーの3通りに分類し、それぞれの割合を算出しました（図2）。

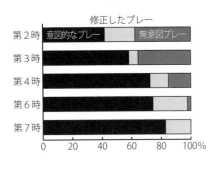

図2　意図的なプレー率の推移

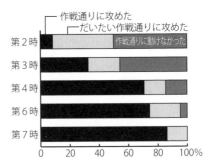

図3　作戦の実施成功率の推移

❷作戦の実施成功率

　各時間における総攻撃数に対して、①作戦通りに攻めた、②だいたい作戦通りに攻めた、③作戦通りに動けなかった、の3通りに分類し、それぞれの割合を算出しました。上記3点に対する判断基準は、①は3人全員が役割行動をしている、②は2人が役割行動をしている、③は個人プレーをしているとして検討しました（図3）。

　まず、意図的なプレー率の分析結果より、子どもが考えてゲームに臨んでいくようになったことが明らかになっています。

　次に、作戦の実施成功率の分析結果より、作戦に対する役割行動が回を追うごとにできるようになったことが明らかになっています。つまり、「子どもが考えたことを実現する」ことができたと言えます。

　子どものノートにも、「勝つために工夫して自分たちができる作戦をやれた」「自分たちが立てた作戦がうまくいき、パスでは、前までうまくいかなかったのが、練習を重ねた成果が出て、今では本番でもできるようになった」「一人一人のよいところを生かした作戦にして成功した」などと記されており、「子どもが、考えたことを実現」したことを記述からも読み取ることができました。

[4] ともに授業をつくる仲間

　ともに授業をつくる仲間たちは、それぞれに大切にしていることがあり、そこを追及してきます。私が答えられないことは、勉強し直して自分なりの解釈や答えをもつように努力しました。その繰り返しの中で少しずつ授業が組み立てられていくとともに、自分自身も教師としての力量を上げることができました。これは、仲間がいたからこそ可能であり、一人では決して成し得なかったことです。得たものは今後の授業づくりにも活かされ、子どもたちの成長に寄与していくことでしょう。

　小学部会の仲間は、自分にはない視点を与えてくれる他者でもあります。だからこそ意見がぶつかり、授業について真剣に考えることができるのです。自分の実践を報告すれば、丁寧に聴いて議論してくれます。時間に制約の多い職場では期待できないことです。しかもいろいろな職種の人（小・中・高・大の

教員、出版社の方、学生、院生など）がいるから、より多角的な意見が聴けます。と同時に、自分も他者の実践に意見を言うことができます。

　それは、フラットな関係で切磋琢磨しているからです。このフラットな関係は校内や官製研究ではあまり見られません。協議では、褒めるだけでなく、足りないところ、丁寧さを欠いたところが徹底的に指摘されます。それは、互いがプロとして勝負し合っていて、その上で真の同僚性が築いているからです。しかも、自由参加のサークルなので常に新しい参加者がおり、メンバーが固定化しません。だから形骸化しないのです。

　ここでの学びのおかげで、子どもたちが目の前の出来事に切実感をもって授業に臨み、教師とともに授業をつくり上げていくような世界を少しずつ目指せるようになりました。これは、体育科に限らずどの教科においても大切なことだとも気付かされました。これからも仲間とともに学び、新たな自分を創り続け、子どもとともに授業をつくっていきたいと思っています。

［注］
‡1　小学部会の概要については、『体育科教育』2010年7月号に、「体育授業の腕を磨きたい。全国にはどんな研究サークルがありますか？」という表題のもとに紹介されています。

（『体育科教育』2013年11月号）

第6章-3

群馬体育授業研究会の取り組みと体育授業実践

群馬大学教育学部附属小学校教諭　吉井健人　桐生市立神明小学校教諭　深田直宏
藤岡市立藤岡第一小学校教諭　早川由紀　立命館大学教授　大友　智

　2008（平成20）年7月30日（水）から8月1日（金）までの3日間の日程で、群馬県安中市において第12回体育授業研究会群馬大会が開催されました。私たち群馬体育授業研究会は、「これまで蓄積されてきた体育授業研究の成果を、どのような形で、そして、誰に向けて発信していくべきかを、体育授業研究会群馬大会に参加する先生方に強く問いたい」と考え、同大会を引き受けました[‡1]。

　その後、会員はそれぞれ連携を取りながら、研究を進めてきました。本稿では、それらの中から、私たちの取り組みを象徴する研究、及び継続的に取り組んできた愛好的態度の向上に向けた研究の2つの研究を報告したいと思います。

[1] 群馬体育授業研究会の取り組み

　私たちが常に心がけてきたことは、全ての子ども、とりわけ運動が苦手で消極的な子どもが進んで取り組める体育授業を創ることです。

　一般に、"全ての子ども"に楽しさを味わわせる体育授業を実現させたいと考えた時、"全ての子ども"とは、自分が受け持っているクラス全ての子どもたちを指していると思います。しかし、教室の窓から校庭を眺めていると、高跳びの授業では、運動の場を1カ所だけ設け、子どもたちが行列を作りながら自分の順番を待っている姿や、ゲーム中に子どもがしゃがみ込んで地面に絵を

描いているようなサッカーの授業を目にする、そんなことが多々あります。

　そんな経験を共有した私たちは、それぞれの小学校が、学校全体で、"全ての子どもたち"によりよい体育授業を提供しなくてはいけない、という思いを抱くようになりました。実際、子どもたちを指導する教師の多くは、体育を専門としない先生や中・高等学校の保健体育科教員免許を持たない先生方です。その先生方に、より成果のある授業プログラムを提供し、それを実践してもらうことができれば、より多くの子どもたちに運動の楽しさを味わわせることができるかもしれない、と考えていました。

　ちょうどその頃、群馬県教育委員会と群馬大学が連携した研究として、「教育改革・群馬プロジェクト」を立ち上げることになりました。このプロジェクトの体育授業に関する部門は、群馬県教育委員会指導主事（当時）の大谷稔先生と群馬大学（当時）の大友が取り仕切っていました。そして、そのプロジェクトに、私たち研究会のメンバーが加わり、授業プログラムの作成に取り組み始めました。それぞれが情報を収集し、大学院で研究したことや雑誌等で発表された先行実践の知見を積極的に取り入れてプログラムを作り、そのプログラムの実行によって学習成果が本当に向上するのかどうかをデータを集めてその有効性を検討し、プログラムの精緻化を図る研究に取り組み始めました。

　そんなある日、群馬県小学校体育研究会事務局長（当時）の内藤年伸先生が、私たちが研究を進めていたある公立小学校に、突然来られました。内藤事務局長は、体育指導を苦手と思っている30代中盤の女性教師による本プログラムを活用した日常の体育授業を、1時間中参観されました。授業後、「体育が苦手な先生が、このような授業ができるのなら、このプログラムは意義がある」と言われました。これが本プログラムを群馬県内に広めていくきっかけとなりました。

　そうして、体育が苦手な教師でも、それを読めば即座に実践ができるような指導案が開発され、活動内容などが簡略にわかりやすく示され『体育授業プログラム―ボール運動領域―』（CD-ROM添付）が公刊され、群馬県下の全公立小学校へ配布されるとともに、群馬県内各地域で実施される体育実技講習の中に位置づけられ、広く普及していきました。

　その後、授業プログラムの開発は、群馬県内各地で体育授業研究に積極的に

図1 体育授業プログラムの表紙

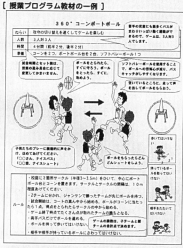

取り組んでいる先生方へと制作メンバーを入れ替えて、群馬県教育委員会と群馬大学の継続的な連携の下で、陸上運動、ネット型、ベースボール型など他領域のプログラム開発へと展開し、群馬県下の体育実践の基盤として現在でも群馬県小学校体育研究会のHPから発信されています。

[2] 愛好的態度に着目した体育授業実践の取り組み

　私たちが体育授業を実践する中で特に大切にしていることは、技能を保証する教材づくりだけでなく、苦手な児童が失敗しても認められたり、励ましてもらえたりする仲間づくりです。肯定的な仲間関係を築くことをどの体育の授業でも大切にしています。

　どの単元にもほぼ共通しているのは、単元最後にグループ発表を位置づけ、グループとして取り組むよさを感じられるようにすること、そしてそれぞれの役割をもてるようにしてきたことです。具体的には、個人運動の集団化を図った陸上運動や器械運動、兄弟チームを設定したボール運動等です。また、学習内容を明確に設定し、関わり合いながら活動に取り組むことで、技能の確実な習得も図ってきました。

　子どもたちは、体育の授業で技や動きができるようになったり、課題を解決する運動の仕方を考えたり、ルールを工夫したり協力して関わったりします。そしてその成果として運動への愛好的態度が高まっていくと考えられます。

　私たちは、単元前後に愛好的態度を調査しますが、その結果を体育授業の成果と考えています。ですが、一単元で愛好的態度が高まったからといって、必ずしもその児童の体育授業に対する愛好的態度が向上した、と考えることはできません。そこで、研究会では、1年間の体育授業の愛好的態度の変容を見る実践に着手しました（吉井・大友・深田他、2014）。

　対象は、G大学附属小学校3年生の1クラス38名（男子19名、女子19名）を対象とした体育授業です。実施は、平成23年度の1年間に行われました。1年間で実践してきた主な単元と実施時期を表に示します。各単元終了後に愛好的態度を測定する調査（高田他、2000）を実施しました。

　結果を見ると、クラス全体の愛好的態度の値の推移は、多少の上下はしなが

表 1 年間の主な単元と愛好的態度得点

	下位群	中位群	上位群	単元
4月	47.5	53.4	58.2	体つくり運動後
5月	50.8	57.0	59.1	マット運動後
7月	51.7	55.1	58.4	トスベース、表現運動、水泳（1学期末）後
10月	54.2	56.3	58.4	ミニサッカー、幅跳び後
11月	54.9	58.4	59.1	リズムダンス後
11月中旬	54.4	58.3	58.6	鉄棒運動後
12月	56.3	57.4	58.5	フラッグフットボール後
2月	56.1	59.0	58.9	タグラグビー、とび箱運動後
3月	56.9	59.4	59.1	グループ対抗3種器械運動後

図2 愛好的態度別の得点の推移

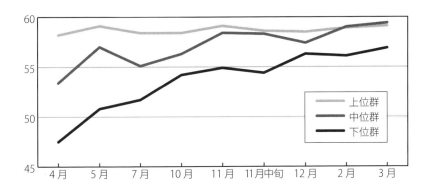

らも、全体的に緩やかに向上し、最後の単元終了後が最も高い値を示しました。

　愛好的態度得点の低い児童に着目してみると（図2）、下位群は他の群と比較して、年間で最も値が向上し、上位群や中位群に近づく結果となりました。特に態度得点の大きな変容が見られたのは、1学期のマット運動、2学期のミニサッカー及び幅跳び、そして2学期終盤のフラッグフットボールでした。これら3つの単元について、以下で触れていきたいと思います。

　1学期5月のマット運動12時間単元では、主に前転、後転、壁倒立、腕立て横とびこしを設定しました。マット運動では逆さ感覚や回転感覚を身につけ

ることが大切なことから、毎時間、基礎的な感覚づくりの運動を位置づけ、各技のポイントをおさえるとともにスモールステップを設定しました。また、グループで自発的に取り組めるような学習カードを作成しました。そして、グループで見合い教え合えるようにしました。

　この時期の子どもたちは、新しい学級集団となって間もないこともあり、まだまだ人間関係が構築されておらず、互いにアドバイスをしたり教え合ったりするよりは、自分自身ができるようになることが中心になる様子も見られました。練習の仕方でもめることも多々ありましたが、学習カードの使用等により、徐々に関わり方がよくなってきました。愛好的態度を項目別にみると、どの項目も同じように得点が向上しており、これには運動ができるようになったことと、仲間とのよい関係ができてきたことが特に関係していると考えられました。

　2学期10月の幅跳び5時間単元では、リズムを学習内容の中心にしました。調子のよい助走から力強い踏み切りやゴムを胸で切るようなゴム切り幅跳びを行い、動きの先取りを取り入れて実践しました。体育を苦手としている子を見ると、5歩から7歩の調子のよい助走においても、足を合わせることに難しさを感じているようでしたが、同じグループの子に「1、2、3、4、タン、タン、ターン」などの声をかけてもらうことにより、調子のよい助走からの踏み切りができるようになっていきました。

　2学期中盤のこの時期、体育授業で動きの大切なポイントなども意識して取り組み、励まし合って、頑張る姿も見られるようになったことから、仲間関係は今までの体育授業の積み上げもあり、肯定的になってきました。

　2学期終盤のフラッグフットボール12時間単元では、ブロックやフェイクを取り入れたランプレーを活かして作戦を立てることを学習内容としました。その際、攻める視点から作戦が考えられるように作戦盤を工夫し、実際に考えた作戦を記録し、修正できるように学習カードを用意しました。

　特に愛好的態度の低い児童にとってフラッグフットボールは、プレーがハドルを挟んで区切って行われるため動きがわかりやすく、作戦が成功しやすかったことが観察から窺えました。考えた作戦を成功させて、得点ゾーンまで走り抜けて、互いにハイタッチをしたり、喜び合ったりする姿が随所に見られました。そのため、子どもたちの動きも愛好的態度も非常に肯定的に変容した単元

となりました。

　このような授業を、子どもたちはどのように受け止めたのでしょうか。1年間を通した体育の授業に対する子どもたちの感想です。

＊＊＊

　わたしは、できなかった「マット運動」「てつぼう」「とびばこ」がグループのみんなで協力し、アイディアを出し合い楽しくやっていけたのでよかったと思いました。

　はばとびでは、最後の方では、3m近く跳べて、始めは、リズムにものれなかったけどこんなに跳べるようになってうれしかったです。

　チームのみんなと相手でハドルをするとぼくたちの作戦が失敗することもあります。でも、ぼくたちは、失敗しても、もっといい作戦を考えて今度のハドルのときに新しい作戦で勝てるといいと思います。(中略) チームのみんなが負けても励ましてくれるのでうれしいなと思います。

＊＊＊

　子どもたちは一つの単元でなく、いろいろな単元で運動の楽しさを味わい、協力することの大切さを感じています。愛好的態度は、1年間を通して計画的に体育の授業を行うことで高めることができると考えられます。一度上がったものはもう落ちない、そんな姿になるように考えられます。

＊

　2009年に、メンバーの一人の大友が、滋賀県にある立命館大学スポーツ健康科学部に異動しました。それをきっかけとして、群馬体育授業研究会は、ボール運動系領域の教科内容に関する研究、汎用的能力を高める体育指導に関する研究、規範的態度を高める体育指導の在り方に関する研究、教育評価に関する研究、体力向上と体育学習に関する研究等、研究内容を拡大し、他県との共同研究を進める等研究地域を拡大し、他県の実践者及び研究者等、人的ネットワークを拡大しながら、研究を進めています。

[注]
‡1　私たちの主張は、体育授業研究、第12巻pp.59～70に記載しています。

［参考文献］
○大友智・大谷稔（2007）小学校における体育授業プログラムの開発―ゲーム領域及びボール運動領域を対象として―．教育改革・群馬プロジェクト、群馬大学・群馬県教育委員会共同研究報告書、pp. 33-36.
○大友智（2008）授業づくりのノウハウが学べる「体育授業プログラム」．体育科教育56（4）：48-51.
○深田直宏（2008）体育が苦手な教師との協力連携体制はどう築けばよいですか？．体育科教育56（11）：58-59.
○大友智（2009）いま、なぜ教師が変わらねばならないのか．体育科教育57（8）：10-13.
○深田直宏・小川知哉・吉井健人・小林靖之・大友智（2009）体育が苦手な児童に焦点をあてる体育授業研究の試み：子どもがかわり、先生がかわり、学校がかわるのか？．体育授業研究（12）：59-70.
○高田俊也・岡澤祥訓・高橋健夫（2000）態度測定による体育授業評価法の作成．スポーツ教育学研究20（1）：31-40.
○吉井健人・大友智・深田直宏他（2014）小学校体育授業における愛好的態度の変容：2年間の実践から．スポーツ教育学研究第34回大会号、p. 60.

（『体育科教育』2013年3月号）

終章

座談会
──よい体育授業を求めて

終章-1

よい体育授業のための多様なアプローチ
——ネット型ゲームを例に

東京学芸大学附属竹早小学校主幹教諭　**佐藤洋平**
川口市立領家小学校教諭　**石田智久**
宇和島市立番城小学校教諭　**濱本圭一**
［司会］　国士舘大学教授　**細越淳二**

細越（司会）　どんなに周到な授業計画を立案したとしても、教師の予想する流れに沿って授業が展開され、予定調和的に成果が得られるとは限りません。と言うよりもむしろ、教師のイメージ通りに進まなかったときに計画を修正したり、これを意味ある経験としたりすることが重要な課題になります。

　授業実践中に起こる計画とのズレや隔たり、不都合な出来事をどのように認識し、省察し、調整や対応すればよいのでしょうか。ここでは、3つのネット型ゲームの事例を挙げながら、「よい体育授業」のあり方を探っていきます。

　これから先生方に、ネット型ゲームの一つであるアタックプレルボールの実践を報告していただきます。プレルボールは、げんこつや両腕でボールを床に打ち付けて相手コートにボールを返す連携プレイ型のゲームです[*1]。アタックプレルボールは、このプレルボールをヒントに、岩田靖氏によって改変・考案されたゲームです[*2]。3人の先生方はこのアタックプレルボールをそれぞれのクラスで実践されています。3つの実践に適用された基本的なルールを表1に整理しました。

[1] 佐藤実践の概要

細越 では、佐藤先生からお願いします。

佐藤 私は5年生たちと8時間計画で行いました（表2）。

　第1時ではこちらから簡単なルールを紹介して試しのゲームに取り組みました。試しのゲームを繰り返しながら、みんなが楽しめるゲームにするために必要なルールを子どもたちと一緒に作り上げていくようにしました。

　ルールが固まった第3時以降のゲームの様相は単元進行に伴って変化していきましたが、初めはただ返すだけになっていました。自陣にある危険なボールをできるだけ早く相手コートに返球しようという様相ですね。

濱本 触球回数についてはどのようなルールで行われたのですか？

佐藤 「3回以内で返す」としました（表1）。したがって、1回目で返しても2

表1　3つの実践に適用されたアタックプレルボールの基本的なルール

	佐藤実践	石田実践	濱本実践
ゲームの人数	3人対3人		
コート／ネット	バドミントンコート／70cm	バドミントンコート／80cm（コートの奥行きは4m）	バドミントンコート／100cm（コートの奥行きは5m）
ボール	ソフトバレーボール（ゴム）	ミニトリムボール	ソフトバレール（ゴム）
サーブ	ワンバウンドさせたボールを相手コートに送る	両手で下から投げ入れる	
触球	ボールを打つときはワンバウンドしたボールを床に打ちつけて返球する。ただし、3球目はノーバウンドで打つことができる。	ボールを打つときはワンバウンドしたボールを両手で床に打ちつける。ただし、3球目はノーバウンドで打つことができる。また、レシーブの場合はノーバウンドで触れてもよい。	
返球回数	ネット越しに来るボールを3回以内で返球する。1回目や2回目で返してもよいが、その際は自陣にワンバウンドさせる。同じ人が複数回ボールに触れてはいけない。	ネット越しに来るボールを必ず3回の触球で相手コートに返球しなければならない。その際、同じ人が複数回ボールに触れてはいけない。	

回目で返してもOKです。ただし、1回目と2回目の返球は必ず1バウンドさせることにしました。3回目だけはノーバウンドでアタックできます。

濱本　ゲームはどのように発展したのですか？

佐藤　4時間目あたりからゲームの様相に変化が現れました。相手コートにただボールを返球するのではなく、意図的に攻撃するようになったのです。また、後方よりも前方で行うアタックの方が有効であることに子どもたちが気づいていき、最終的にはネット際からのアタックが目指されるようになりました。

表2　佐藤実践の単元計画（5年生）

	第1時	第2時	第3時	第4時
学習のねらい	2回の試しのゲームからクラスで楽しみながら挑戦できるルールを考えることができる。	決まったルールを受け入れ、自分の動きを考えることができる。	3回以内につなげない課題に対して、チームで考えることができる。	3回目にアタックするために、どのようにつなげばいいか考えることができる。
学習内容・活動			コート準備　　準備運動	
	○アタックプレルボールの基本ルールを知る ○試しのゲームを行い、5の1ルールを作る	○試しのゲームを行い、5の1ルールを作る ○オープン戦を行う	○リーグ戦①を始める	○リーグ戦①を行う
	ルール提案 ○サーブは自陣にワンバウンドさせて入れる ○3回以内に返球する ○2回つなげば3回目はノーバウンドで返球可	試しのゲーム③ ルール決定 チームタイム1 作戦会議＆ コート練習	チームタイム1 作戦会議＆ コート練習	チームタイム1 作戦会議＆ コート練習 リーグ戦①-2 チームタイム2 作戦会議＆ コート練習
	試しのゲーム① ルール確認 試しのゲーム②	オープン戦	リーグ戦①-1	リーグ戦①-3
			全体振り返り　　コート片付け	

細越　サーブについてはどのようなルールで行われたのですか？

佐藤　最初は両手で下から相手コートに直接投げ入れる、というルールを提案しました。しかし、実際にやってみると、ボールをコントロールしやすいので回転をかけたり、コートの端をねらったりするサーブが出てきました。サーブの応酬で得点が入り、ゲームが終わることを避けるため、子どもたちと合意の上で「自陣にワンバウンドさせたボールを相手コートに送る」というルールにしました。これはプレル技術の習得にも有効でした。

第5時	第6時	第7時	第8時
強いアタックの打ち方を考えることができる。	コースをねらったアタックの打ち方を考えることができる。	これまでの反省を生かしてチームタイムに取り組むことができる。	これまでの練習・試合を生かしたゲームをすることができる。
ボール慣れ　本時について			
○リーグ戦②を始める	○リーグ戦②を行う	○リーグ戦③を始める	○リーグ戦③を行う
チームタイム1 作戦会議＆ コート練習	チームタイム1 作戦会議＆ コート練習 リーグ戦②-2 チームタイム2 作戦会議＆ コート練習	チームタイム1 作戦会議＆ コート練習	チームタイム1 作戦会議＆ コート練習 リーグ戦③-2 チームタイム2 作戦会議＆ コート練習
リーグ戦②-1	リーグ戦②-3	リーグ戦③-1	リーグ戦③-3
チーム振り返り			

[2]石田実践の概要

細越 では次に、石田先生の実践をご紹介ください。

石田 私は、アタックやラリーの応酬による得点がネット型の醍醐味だ、という考えを持っていました。というのも、数年前に取り組んだソフトバレーボールの授業で一番盛り上がったのは、ボールがネットを何度か往復して片方のコートに落ちたときでした。その瞬間に歓声が上がりすごく盛り上がる。この面白さを味わわせるためには、ラリーがたくさん出てくる教材を提供する必要があると考えて今回取り組みました。

細越 具体的にどのような実践を展開されたのですか？

石田 単元計画は表3の通りです。6年生で行いました。

まず1時間目で子どもたちに、「コートのどこから打つと決まりやすい？」と問いました。「ネット際から」という答えが返ってきました。「そう、ネット際だよね」「じゃあ、ネット際からの攻撃につなげるためには、1回目と2回目をどのようにすればいいかな」と問いかけるところから、映像とモデルを使って、「三段攻撃が一番理想的な攻撃なんだよ」「そのためにはこのような定位置があるんだよ」ということを紹介しました。単元終末に現れて欲しいゲーム様相のイメージを単元初めに提示して、そこから授業を展開したわけです。

佐藤 「定位置」とはどういうポジションですか？

石田 レシーバーとアタッカーがエンドライン上に構え、セッターはネット際の右サイドライン寄りに位置するL字型です（図1）。

佐藤 セッターが左サイドに位置する場合は想定しなかったのですか？

石田 はい。確かに左利きの子は左側からセットされる方が打ちやすいのですが、右利きの子は右側から、左利きの子は左側からセットする、とするとその判断に混乱が起きやすい。だったら、クラスの子どもたちに右利きが多いので、トスは基本的に右側から上げると決める方が容易だろう、という理由で右サイドに絞りました。

佐藤 L字型を1時間目から教えたのですか？

石田 そうです。そして、2時間目にボール操作の技能（レシーブ、セット、

表3 石田実践の単元計画（6年生）

	第1時	第2時	第3時	第4時	第5時	第6時	第7時	第8時	第9時	第10時
5	オリエンテーション ・学習の約束 ・学習の進め方 ・ボール慣れ	集合　　整列　　あいさつ　　準備運動　　用具の準備								バウンドアタックボール大会
10		パス 一人セット 対面レシーブ	スキルアップタイム 一人セット（リズムセット・跳ね上げセット） 対面レシーブ（3～5時） 対面アタックレシーブ（6～9時） アタックNo.1（3～9時）							
15 20 25	三段攻撃とそのための定位置の意味理解 ・基本の動きとルールの確認	アタック アタックNo.1	三段攻撃の役割行動 ・定位置に戻る動き ・役割の変化			三段攻撃成功のための工夫 メインゲーム： バウンドアタックボール ・動き方の確認（1分） ・前半（7分） ・振り返り・作戦タイム・練習（8分） ・後半（7分）				
			課題ゲーム： 三段アタックタイム							
30 35	試しのゲーム： バウンドアタックボール（8分）		メインゲーム： バウンドアタックボール（8分）							
40	片付け	学習のまとめ（感想記入・感想発表）				整理運動　　あいさつ				

図　L字型の定位置

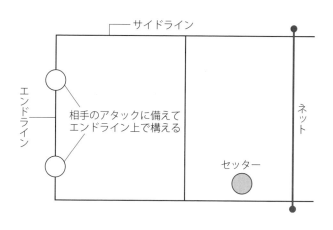

アタック）のポイントを紹介し、「こうした技能ポイントをこれから学んでいこうね」と学習の見通しを持たせました。

3時間目からは、三段攻撃に必要な役割行動を中心的に学びました。1球目はネット際にボールを送る。2球目はネット際から真下に打ち付けてセットする。3球目はセットされたボールの正面に入ってアタックを打つ。その後は各定位置に戻る。これを学んだ次の段階で、レシーブが乱れたときの動き方を教えました。

6時間目には、相手がフェイントを仕掛けてきて、ネット際のセッター役の子が第一触球者になったときには、残り2人の役割行動が変化することを学びました。第一触球者がその場にレシーブを上げて、残り2人のうち片方がセッター役、もう1人がアタッカー役の役割を、瞬時の状況判断を通して担うことになります。そして、「レシーブ位置はエンドライン上と言ったけど、強いアタックと弱いアタックを打ってきそうなときは、どのあたりで守っていればよいのかな」と問いかけ、攻撃に応じた守備を考えさせるようにしました。

基本的な役割行動と役割行動の変化を学んだところで、7時間目からはメインゲームの時間を倍に増やす学習過程を組みました。実際のところ、ラリーの応酬が続き歓声の上がるゲームが展開されるようになりました。

細越 歓声の上がるゲームが実現した大きな要因はどこにあると考えていますか？

石田 3つあったと思います。まず、バドミントンコートの通常の奥行き6mを4mに縮めました。コートの奥行きが浅くなることで、球足の長いアタックがなくなります。球足の長いアタックは低い軌道でバウンドしていくのでレシーブしづらい。そこで、球足の短いアタックで高く跳ね上がるようにすることで、スキルの遂行と状況判断の負担を軽減させようとしました。

また、少々強引ですが、単元1時間目からメインゲームに取り組んでいました。そこで出た課題を次時の冒頭に取り上げることで、子どもたちの食いつきも良かったようです。

そして最後に、課題ゲームの工夫です。基本的なルールはメインゲームと同じなのですが、ゲームをアタックから始めるようにしました。この課題ゲー

ムを3〜6時間目まで授業中盤に一貫して位置づけました。ただし、同じルールで行うのですが、そこで課題になる学習内容を変化発展させていきました。つまり、「今日は定位置に戻る動きを意識しよう」「今度はレシーブが乱れたときにこういう対応をしようね」と教師から投げかける課題を変えていくことで、同じルールの課題ゲームでも学習内容は違うものになりました。学習内容によって課題ゲームのルールを変えるやり方もありますが、子どもたちに混乱を招かないための工夫でした。

[3]濱本実践の概要

細越 では最後の実践として、濱本先生に報告していただきます。
濱本 私も6年生で行いました。10時間単元です（表4）。

単元終末の子どもの姿（ゲームの様相）として、「活気があり、粘り強くつなぐラリーのあるゲーム」を描きました。粘り強くつなぐためにはチームの連携プレイが必要です。連携プレイをめざす中でチーム内での関わり合いが生まれ、肯定的な人間関係が醸成され、活気あるゲームが実現されることを期待しました。

単元前半でレシーブ―セット―アタックの基本的な役割行動の習得を図り、

表4 濱本実践の単元計画（6年生）

第1時	第2時	第3時	第4時	第5時	第6時	第7時	第8時	第9時	第10時
	準備運動（5分）								
	レシーブゲーム（5分） ・チーム内で一列になり、向かい合ってレシーブでラリーをする。 ・レシーブした人は反対側へダッシュする。 ・1分間で連続したラリーが何回続くかを競う。								
チーム編成の発表 DVDの視聴 ルールの確認 試しのゲーム	セットゲーム（5分） ・レシーブゲームと同様の形式で行う。 ・向かい合った中央で真下に叩きつけるセットを行う。 ・逆側から走ってきて、叩きつけられたボールをバウンドする前にキャッチし、再びセットすることを繰り返す。 ・1分間で何回続けられるかを競い合う。				リカバリーゲーム（5分） ・セットゲームを発展させたゲーム。 ・真下に叩きつけるセットを行った後、定位置にバックランで戻る。 ・1分間で何回続けられるかを競い合う。					
	アタックゲームⅠ（5分） ・レシーブゲームと同様の形式で行う。 ・仲間が片手で持って差し出すボールに走り込んでアタック。 ・アタックされたボールをキャッチしてアタッカーに差し出すことを繰り返す。 ・1分間で何回続けられるかを競い合う。				アタックゲームⅡ（5分） ・アタックゲームⅠを発展させたゲーム。 ・攻撃側は三段攻撃を決めるか、相手レシーブがセッターに返らなければ得点。 ・守備側は、自陣中央から定位置にバックランで戻り、アタックをレシーブしてセッターに返せれば得点。 ・3回攻撃したら攻守交代（計6回）。				
	役割行動などについての指導や説明（5分）				フェイントゲーム（5分） ・フェイントに対してそれぞれが役割を交代しながら3回で返球する。 ・1分間で何回ラリーが続けられるかを競い合う。				
	メインゲーム　20分ほどで総当たり戦を1～2試合行う。								

ゲーム中の状況に合わせた動きを単元後半に高めるという基本的な考え方は、石田先生とかなり共通しています。また、1時間目にプレルボールのゲームイメージを映像で子どもたちに紹介して、それから単元に入っていくというアプローチも、石田先生と同じです。

細越 単元のゴールイメージを明確にお持ちですね。このゴールイメージと実際の実践はしっかり合致していたのでしょうか、それともズレが生じたのでしょうか。ズレがあったとすればどのように対応されたのでしょうか？

濱本 1時間目に試しのゲームを行ったところ、まったくラリーが続きませんでした。私の見通しよりもレシーブ技能が未熟だったのです。当初の計画でレシーブ技能は単元前半に取り組むことにしていましたが、この計画を修正し、単元全体を通して意識的に取り組むことにしました。

しっかりとしたレシーブができれば、時間的・空間的な余裕が生まれ、連携プレイにつなげることができます。そこでレシーブでのラリーを続け、1分間で何回続くかを競う「レシーブゲーム」をこの単元の下位教材に位置づけました。特に単元前半には集中的に取り組みました。

石田 私もレシーブの重要性は実感しています。どうしても華やかなアタックに注目しがちですが、一番大事なのはレシーブでしょう。

濱本 レシーブがセッターに返るようになることで、より多くのラリーが生まれることが期待できますよね。

石田 私の実践でもうまくいかないチームに対しては、レシーブの意識が高まるような働きかけをしました。また、単元前半にレシーブのポイントを学んでいましたが、単元中盤にもう一度ポイントを確認することで動きの定着を図りました。

濱本 単元の中盤からは「リカバリーゲーム」を位置づけました。攻撃後にその場に突っ立っていては相手からの攻撃に対応できません。そこで、自分の定位置に戻る「リカバリーの動き」を高めようとしました。定位置については、石田先生と同様にセッター以外の2人はエンドライン上に構えます。しかしセッターは、右サイドライン上だけでなく、左サイドライン上にも定位置を設け、どちらかの近い方に戻ることにしました。そして定位置がわかりやすいよう、それぞれの場所にカラーテープでマークを付けました。

また、フェイント攻撃を仕掛けてくるチームが現れました。フェイントによってレシーブが乱され、うまく対応できない状況に陥りました。そこで石田先生の実践と同じように、セッター役の子がフェイントボールをレシーブする「役割チェンジ」の動きを誇張した「フェイントゲーム」を第6時以降に行いました。アタックを禁止し、フェイントをセッターがレシーブして役割を交代しながらラリーを続けていくというタスクゲームです。
　アタックとレシーブの力を高める「アタックゲーム」は単元を通して行いました。特にアタックゲームⅡでは、攻撃側はレシーブ—セット—アタックの三段攻撃を行い、守備側がそれをレシーブし、セッターがキャッチできたら守備側の得点、逆にアタックを決められたら攻撃側の得点として、競い合わせました。
　単元最後のメインゲームでは、平均ラリー回数が2.21回まで上がりました。「平均ラリー回数」とは、サーブ1回につき何回ラリーが続いたかを表す数値です。1時間目はわずか0.38回でしたので、ほとんどラリーが続かずサーブで得点が入っていました。5時間目は1.18回に増えましたから、単元を通してラリーが続くようになったと言えます。ゲーム中の状況に合わせた動き「役割チェンジ」「リカバリー」を学習したことがこの結果につながったと考えます。

[4] 授業展開の2つのルート

細越　3人の先生方の実践を見てきました。特に石田先生と濱本先生は授業実践に先立って単元終末の明確なゴールイメージをお持ちのようですが、そのことに対して佐藤先生はどのようにお感じですか？

佐藤　同じアタックプレルボールでも、それぞれのゲームのイメージが異なるので、アプローチの仕方が違ってくるのかなと思いました。私は三段攻撃よりも「ネットを挟んだ攻防」を重視して実践を組み立てました。この出発点のところが石田先生や濱本先生と異なるので、授業展開のルートも大きく変わってきていますね。
　お二人は三段攻撃を成立させるために、レシーブやセットを重視されてい

ます。つまり、最短ルートを辿ることで三段攻撃を実現しようとされています。私もそこはおろそかにしませんが、むしろ三段攻撃ありきではなく、ネット型ゲームの前提である「ネットを挟んで攻防する」という面白さを子どもたちに味わわせたいと考えています。

「ネットを挟んで攻防する」ためにこちらが提示した最低限のルールを子どもたちなりに咀嚼し、「単元を通してみんなが楽しめるゲームにしていこう」というところを大切にしています。そのため、単元計画（表2）をご覧いただければおわかりのように、三段攻撃の実現を支えるドリルゲームやタスクゲームを位置づけることもしていません。

レシーブやセット、アタックをめぐって子どもたちが問題を解決していく場面があるだろうという大まかなイメージを持って単元計画を立てていますが、それを計画段階で「こうあらねばならない」と決めつけてしまうわけではないのです。

濱本 佐藤先生の8時間の実践の中で、「意図的なセットからの攻撃」は生まれたのですか？

佐藤 初めのうちはレシーブができないから、レシーブができるようになることが子どものめあてになりました。レシーブができるようになってくると、子どもの中でまだ三段攻撃がわかっていない状態でも、三段攻撃っぽいプレイが出てきます。それをこちらも「今のプレイは良かったね！」と評価することでそのチームの成功体験になり、さらに他のチームも三段攻撃をめざすようになっていきました。最終的には、お二人の実践と同じように、後方でレシーブしてネット際のセッターに送り、アタックをする形になりました。

細越 そうすると、佐藤先生の中にある単元のゴールイメージも、石田先生や濱本先生と同じなのでしょうか。ただし、ゴールに至るアプローチは違って、佐藤先生の場合は子どもたちの願いや考えを引き出して合意を図りながら進めているようです。

佐藤 まあそうですね。

石田 佐藤先生の単元計画には、4時間目の学習のねらいに「3回目にアタックするために、どのようにつなげばいいか考えることができる」とあります。これは、「1回目はネット際につなぐ」というポイントを学んでいったのです

か？

佐藤　いいえ、まだそこまで進んでいません。子どもたちはなんとなくネット際がいいことはわかっているのですが、その前提となるレシーブがまだそこまで追い付いていないので、第4時は3回目にアタックすることの有効性に気づかせたいと思っていました。

細越　理想のイメージに意図的・計画的に導こうとするか、それとも子どもとともに辿り着こうとするのか、そのあたりが議論の分かれ目のようですね。

濱本　私の場合は、単元初めにゴールイメージを映像で提示しました。また、子どもたちは中学年でフロアーボール*3を経験していたので、「フロアーボールのバウンド版だよ」という感じで紹介しました。

石田　私も「こんなゲームをするよ」「理想的な三段攻撃はこうだよ」と映像で示し、「ではこんなゲームをするためには何を学べばいいのか」という観点で授業を進めていきました。他教科と比べて体育では「わかって」から「できる」ようになるまで時間がかかる。だったらいち早く「わかる」段階までもっていって、じっくり「できる」ようにしてあげたいからです。

細越　どんな場面でそう感じられるのですか？

石田　例えば、定位置に戻る動きを教えるとします。「どこを守ればいい？」とただ漠然と問うよりも、「ここまで戻るんだよ」「何で？」「ヒントは、相手のアタックをどう守るかだよ」と発問する方が、「ワンバウンドでレシーブするんだから、そうしやすいところまで戻ればいいんだ」と、"定位置に戻る動き"という答えを引き出しやすいでしょう。

細越　おそらく佐藤先生は、このようなアプローチをしないでしょうね。

佐藤　そうですね。大きく違います。「どこを守ればいい？」と問うことで、子どもたちからいろんな考えが出てくるでしょう。ある子は、定位置に戻るのではなく「前で防いでレシーブする」というアイディアを出すかもしれない。
　初めから答えを一つに絞ってしまうことで、こうした子どもなりのアイディアを消してしまうのはもったいない。実際に私の実践でも、後方で守るチームも前方で守るチームもありました。我々大人が考えている既成概念を崩すような、子どもの個性が溢れ出てくるのも大切にしたいものです。

濱本　う〜ん。限られた単元時間の中でゴールイメージに子どもたちを確実に

導こうと考えたときに、佐藤先生の指導方法はマネできません（笑）。もちろん佐藤先生は何らかの手立てをお持ちだと思いますが……。

佐藤 私の場合は、ゴールイメージがお二人と違ってゆるやかなんです。確かに、単元終末になれば三段攻撃に集約されてくるという見通しは持っています。しかしそれが、コート後方からのアタックや2球目でのツーアタックであっても、子どもなりに考え出したものであれば認めます。そこを三段攻撃ありきにしてしまうと、子どもの自由な発想を妨げてしまうと思うのです。

[5] 返球回数のルールの違い

細越 返球回数のルールについても、佐藤先生と石田先生・濱本先生とでは違います。佐藤先生は「3回以内で返球する」というルールです。一方の後者は、「ネット越しに来るボールを必ず3回で返す。その際は一人が1回だけボールに触れることができる」というルールです。

濱本 私の場合は子どもたちの実態から出発したルールでした。つまり、この実践を通して学級集団作りに取り組みたいと考えていました。ともすると協調性に欠け、性差を意識するあまり男女で行動することが少なく、ケンカの絶えないクラスを受け持つことになり、なんとかしてこの問題を乗り越えたいとの思いがありました。

　一人が一度だけボールに触れることができ、しかも必ず3回で返球するというルールの下では、コートにいる3人が必ずボールに触ることになります。つまり、どの子にも役割が付与されます。このルールの下で、チームに技能差のある子がいる中で勝利まで辿り着くためには、肯定的な「かかわり」が必然的に求められます。ミスを叱責し合っていては勝てません。仲間を励まし、ともに喜び、チームの団結力を高めることが勝利につながります。そうした姿を期待してこのルールを採用しました。

石田 全員が必ず触ることによって一体感が生まれる良さはありますよね。また、確かな状況判断の機会を保障することができます。1人目が触ったら2回目は残り2人の内どちらかが触る、そして残った1人が3回目に触る、となることで子どもたちが正しく判断できます。そうでなくとも、フェイント

ボールをセッターがレシーブしたときに役割を交代するという判断が必要です。判断する機会が増えるとそれだけゲームが複雑になり、子どもの認知的な負荷が大きくなるので、そうした状況を避ける意味もあります。

佐藤 確かに、全員に触る機会を保障することは大切ですね。でも、必ず3回で返球するというのは、逆に子どもにとってむしろ厳しいのではないでしょうか。例えばレシーブが乱れたとします。2人目は何とか必死につなぐだけど、運悪く相手のコートに返ってしまったがために、失点になってしまった。これは何か違うような気がします。ネットを挟んだ攻防というネット型ゲームの本質から離れてしまうのではないでしょうか。

オフィシャルルールのバレーボールでは、1度目で返しても2度目で返してもOKです。でもそれでは効果的な攻撃ができないから三段攻撃を用いるのです。つまり、三段攻撃は目的ではなく手段であって、目的はあくまで相手コートにボールを落とすことであり、自陣にボールを落とさないことです。

石田 もちろん、私の実践でも2回目で返ってしまうケースがありました。また、ゲームに慣れていない段階で、できるだけ早く相手コートに返したいと考えるのは理解できます。いわゆる爆弾ゲームですね。そして数時間経てば3回で返すことが効果的であることに気づくと思います。

でも私は、そのために貴重な数時間を充てることが惜しい。結局は、ゴールイメージに最短ルートで迫るのか、それとも遠回りをしてでも子どもと一緒に作るのか、その違いがどんなルールを採用するかに現れていると思います。もちろん、私も子どもたちの実態に寄り添って授業づくりに取り組んでいますが。

佐藤 繰り返しになりますが、三段攻撃はネット型ゲームの目的になりえず、目的を達成する手段の一つだと思います。大切なのは状況に応じた効果的な攻撃ではないでしょうか。バレーボールではセッターがトスを上げると見せかけてツーアタックをするときがあります。決して三段攻撃という理想型ではありませんが、得点につながればベストの判断なのです。同じように、子どもが2球目をそのまま相手コートに返すことが効果的と判断するのであれば、それもアリだと思います。

濱本 それは、バレーボールの攻撃バリエーションをすべて網羅した実践を行

うということですか？

佐藤 違います。ネット型ゲームの本質に気づかせるということです。攻撃でいえば、相手のいやがるところにボールを送ることが効果的であるということに気づけば、それは中学校でバレーボールを学ぶときにも活かされることです。種目主義を超えていくとはこういうことではないでしょうか。

石田 ネット型ゲームの本質に気づかせるという意味では佐藤先生の考えも理解できます。ただ私は、ボール運動が苦手な子、コートの中でどう動けばよいかわからずに悩んでいる子を含めたクラス全員を、単元終末には「あっ、いまはこう動けばいいんだ」「あそこにボールが来たら僕はこう動かなければ」ということがわかり、できるようにしてあげたい。だから、いち早くゴールイメージに至る授業展開が必要だと思うのです。

細越 授業観や子ども観が異なれば、同じ教材を扱っていても授業のあり方が全く変わってきます。学習過程の構成の仕方や授業展開のルート、計画を修正する視点などに、3人の価値観や信念が反映されていることがよくわかりました。

　話は尽きませんがそろそろ時間が迫ってきました。続きは場所を変えて。本日はどうもありがとうございました。

［引用・参考文献］

*1　高橋健夫（1989）プレルボールの教材化．新しい体育の授業研究、大修館書店、pp. 108-119.

*2　岩田靖（2012）アタック・プレルボール．体育の教材を創る、大修館書店、pp. 170-178.

*3　岩田靖・竹内隆司・両角竜平（2009）もっと楽しいボール運動―「フロアーボール」の教材づくり．体育科教育57（14）：66-71.

（『体育科教育』2013年5月号）

終章-2

体育授業研究会の これまでとこれから

桐蔭横浜大学教授 **松本格之祐**
西和賀町立沢内小学校校長 **盛島　寛**
日本体育大学教授 **近藤　智靖**
早稲田大学准教授 **吉永　武史**
筑波大学附属小学校教諭 **清水　由**
大津町立美咲野小学校主幹教諭 **佐藤　政臣**
［司会］信州大学教授 **岩田　靖**
国士舘大学教授 **細越　淳二**

岩田（司会）　本書の締めくくりとして、「体育授業研究会のこれまでとこれから」と題して座談会を設定しました。まずは体育授業研究会のこれまでを振り返るところから始めましょう。

　平成元年に『体育科教育』誌上で、高橋健夫先生、林恒明先生、藤井喜一先生、大貫耕一先生が「わかるとできる」をテーマに約1年間の連載を執筆した頃、この4名が「体育の授業を創る会」という会を立ち上げました。そして高橋先生の近くにいた若手の研究者や各地の実践者が、最初は十数名でしたが、小諸や佐久、奈良に集まって研究会を続け、その後、「体育の教材づくり」ということで二十数回、その連載を引き継ぎ、授業研究の成果を発信してきました。そして1997年に、全国規模の体育授業研究会（以下、授業研とする）として現在の体制になりました。

　「体育の授業を創る会」ができた時点から考えると、ちょうど25年を超え

たところです。会員は約300名になっています。授業研としては18年目を迎え、毎年、夏には全国大会を開催するとともに、年に一度、機関誌である『体育授業研究』を発行しています。6年前からは冬の研修会を始めるとともに、5年前からは「サークル提案研究」として、各地の研究サークルの授業研究を促進し成果を交流する場も設けるなど、徐々にその活動も幅を広げてきました。

細越（司会）　今回は、授業研の成果や役割、課題とこれから取り組むべきテーマ等について考えようということで、みなさんにお集まりいただきました。お集まりいただいたのは、前理事長の松本格之祐先生、現理事長の盛島寛先生、研究委員会から吉永武史先生、近藤智靖先生、清水由先生、会員であり平成27年度に夏の大会開催を控えている熊本県の佐藤政臣先生です。

[1]授業研が果たした役割と成果を振り返る

細越　ではまず、授業研がこれまで果たしてきた役割や成果、課題を振り返ってみたいと思います。

盛島　授業研の成果を考えてみたんですが、私は、研究者と実践者が一緒になって授業を創り考えるというスタンスに意味があったと思います。自分の実践の意味づけをしてもらったり視野を広げてもらえたりすることが、授業研の

一つの魅力です。岩手の学習会のメンバーに聞いてみても、研究者と実践者の距離が近くなったという意見が出されています。

佐藤 私にとっても、大学の研究者と一緒に授業研究できることが魅力だと感じています。はじめて参加した時に、授業のビデオを観ながら授業について意見交換をしたことに強烈な印象を受けたのを覚えています。

清水 そのような授業研究のよさと意義、必要性みたいなものが学校現場に浸透してきたことも、授業研の成果ではないでしょうか。

近藤 研究者と実践者が共同する取り組みは、他にもあったのだと思います。でも授業研は、「よい体育授業を創る」という大きな枠組みにとどめて授業を対象に語り合おうとしましたよね。そのことが、様々な立場の人たちがそれを跳び越えて関わることを可能にした。これは大きな特徴であり成果であったと感じています。

吉永 そうですね。宮崎の三水会や奈良の体育授業研究会、佐久体育同好会、岩手の体育学習会、菊池の体育授業研究会、最近では大阪の体育授業研究会などをはじめとして、各地の授業研究ネットワークが一堂に集まって実践を交流し合えたことは、大きな成果といえますね。それが年を重ねるにつれて、定着してきましたね。

岩田 授業研としての取り組みが始まってからの時期は、全国に体育科教育学のプロパーが増えてきた時期と符合するんですよね。その中で、大学の教員も、授業を直接の対象として研究を進めようとしたし、現職の先生方も、もっとよい授業の実現に向けて、情報や価値付けを求めていて、それらが同じ方向を向いた面もありましたね。

岩田　靖氏

佐藤 地方に行くと情報が限られている部分もあるので、地域の指導者の意向が実践に大きく反映されることもあると聞きます。でも授業研のような場があると、それまで知らなかった授業についての知識を得たり、体育の考え方を知ったりすることができます。それは私たちにとっては非常に貴重なことなんです。今では私たちは、九州全体

のネットワークでやっていきたいと思っているんです。

吉永 それから、授業の達人と言われる先生方の授業やその創り方・考え方を聞くことができたことは、特に若い研究者や実践者の先生方には大きな刺激になりました。また授業研に参加するみなさんから多くの教材が発信されたことも大きいですね。夏の大会で紹介されたものをそれぞれの学校で適用して、その成果をまた報告し合うことができるようになった。

細越淳二氏

近藤 そうですね。そういうものが多くの先生方にシェアされて、学習指導要領解説の例示として示されるようになったものもありますからね。

細越 子どもたちの姿で示される成果は、やはり説得力があります。授業から学び、学んだことを次の授業に還すことを、実践者と研究者が一緒になって考えていけることや、そこで発信された教材が各地の実践に見られるようになったことは、大きな成果としてとらえられますね。

[2] これから考えるべきこと

細越 ではこれからの授業研が考えていくべき課題とは何でしょうか。

松本 私は2点、考えることがあります。まず一つ目は、中学校の体育をどうとらえていくかということです。小中連携が各地で言われていますけれども、どうもうまくいっていない気がする。もっと中学校の先生にも参加してもらって、小中を見通した体育授業を考える必要があるのではないでしょうか。それから二つ目は、夏の大会の研究企画をする上で、参加者が多様化してきて、つまり現職教員に加えて学生さんの参加も増えているので、研究企画の焦点をどの層に当てるのかが、非常に難しくなっているのが課題だと感じています。

佐藤政臣氏

❶小中の体育の連携を考えること

岩田 まず中学校の体育についてですが、中学校でもやる気と能力のある先生はいると思っています。ただ、学校の中でその先生だけが異なる教材を適用することができないなど、学校の事情もあるようですね。

盛島 小学校のことから言うと、小学校の教員は全科の授業をしますから、分からないことがあれば聞く、あるいは授業研究・教材研究をする文化があります。中学校の先生は部活動と生徒指導で疲弊している方も多いように見えますし、授業研究に目を向けられないことも多いように見えます。また、小さな学校では保体の教員が1名ということも多いんですね。だから学校を空けられないので、情報を得るために外に出ていくことに限界がある場合もあるようです。

佐藤 中学校の先生方は、自分の専門種目しか教材研究してくれないということもありませんか？ 私どもでは中学校の先生も取り込むために、校区ごとに実践報告し合う形式を取り入れて授業研究を始めています。

近藤 中学校の先生と話していると、小学校の授業は準備等で細やかな配慮があるのは分かるのだけれど、自分ではそこまではできないと思わせてしまうこともあるようです。ですから、小学校にも中学校にも共有できるシンプルな授業づくりの視点や方法、例えば、準備に時間を要さないものやたくさんの教具の用意を必要としないものなど、授業づくりのポイントを絞って事例紹介して、中学校でもできるということを示す工夫が必要なのではないかと思います。

近藤智靖氏

　そうでないと、目の前の部活動や生徒指導に力を注がざるを得ない状況に取り込まれてしまう。そういったことに、授業研から効果的な発信ができればいいですよね。例えば柔らかいボールの使用やセッターの

キャッチなど、子どもの実態に合わせた授業づくりの進め方を示すことで、若い先生方などは頑張ってくれる気がします。

清水 それは小学校でも同じで、日々の授業改善のために授業づくりをしている場合と、研究授業のために授業づくりをしている場合があります。中学校の先生が小学校の授業を見るときは、研究授業を見る機会が多いでしょうから、そこでは研究のための研究が目に映ってしまう。だから「これはまねできない」となるのではないでしょうか。

中学校の先生方も、子どもたちの成果が目に見えるようになると、きっと内容はどうしようとか、教材をどうしようとか、考えるようになるはずです。ですから入り口としてのシンプルな授業の提案はありかなと思います。

吉永 私も先日、所沢の先生方と体育授業について話をした時に、この話題になりました。授業研でも夏の大会には、以前は中学校の先生方も参加していましたよね。でも最近は小学校の先生方の取り組みが中心になってきていて、中学校のことを知りたいと思っても、情報が少なくなっている気がします。そんな中で、今年度の千葉大会では中学校の柔道の授業を公開してくださいましたけれども、これなどは授業研としてアクションを起こす第一歩になったのではないでしょうか。小中の体育のつながりについて考えていくこと、小中のネットワークを築いていくことは、研究企画のテーマとして取り上げる必要があるのではないかと思いますね。

清水 あとは、先生方が主体的に情報を取捨選択しながら授業をつくるような働きかけができないかと思っています。私もそうなのですが、授業研でたくさんの情報を得て、その中から自分の目の前の子どもに適したものを選択して授業を創れるようになってほしいですよね。だから授業研にはもっとたくさんの意見をもった人たちに集まってほしいですよね。そんな機会を提供していきたいですね。

❷多様な考え方と授業づくりについて

近藤 そういう意味で言うと、もっといろいろな授業に対する考え方や進め方が授業研で示されてもいい。「体育の授業を創る会」の当時は、結構、いろいろな人たちが集まっていたような気がするんです。だからそういった様々な

松本格之祐氏

考え方の人たちを巻き込みながら授業について考えるのも、高橋先生の意思だったのではないかと思います。

でもこのような企画は、中堅以上の世代の先生方にはとてもおもしろいと思うのだけれど、若い人たちには消化不良になってしまうかもしれません。それでも、授業の方法論の他に体育の理念について議論できることは大事なことだと考えています。

吉永　それは大事な見方かもしれません。でもそのテーマは学会などで引き取った方が適切かもしれませんよね。全国各地の情報を出してもらってそれらを整理しながら、新しい教材や新しい体育の授業を創造していくのが、私は授業研のいいところだと思っています。

松本　そうですね。授業を対象とした授業研と学会との棲み分けみたいなものは、やはり持っておいた方がいいですね。体育の考え方とまでは言わないまでも、この授業で子どもたちをどうしたいのかという授業の位置付けみたいなことは、大切にしないといけません。また、場合によってはたくさんの意見を集めるだけではなくて、典型教材みたいなものを提案する場面を設定することも、先生方の意見を引き出し、実践を生み出す上でも大切です。例えば体つくり運動などは、まだまだ授業展開の仕方に関する議論がありますよね。だからこうやったらいいのではないか、という教材や学習過程のモデルみたいなものがあってもいいかと思います。

清水　現状では、ある地域の先生方は毎回参加してくださるのですが、それ以外の地域の情報は私たちもよく分からない。もっと多くの地域の先生方に来ていただけるようにしたいですよね。その地域の色や各団体の考え方なんかも取り入れながら、その中でよりよい授業をめざしていきたいですね。

❸研究企画の立案にあたって

岩田　授業研はどの層の先生方をターゲットにして取り組みを進めていくかについて考えたいのですが、私は教師になって10年目くらい、一生懸命授業

をしてきて、ふと思った時に「もっといい授業をしたい！」と思う余裕が出てきた段階の先生が、インパクトを大いに得られるようにしたらどうかと思うんです。年齢でいえば30歳過ぎくらいの先生方が興味を持つようなテーマ設定。これがまず研究企画の中心になるのではないかと考えています。

清水　由氏

　2012年度の愛媛大会では「アタックプレルボール」という同じ教材を適用した3名の先生方の実践報告がありました。この年代の先生方であれば、「この教材なら私だったらどう授業を創るか」ということに興味関心があるし、授業づくりの世界を語り、共有できるんじゃないでしょうか。

佐藤　私の経験から言うと、授業研に参加し始めた当時、私は体育主任等をしていたのですが、どうも当時の一般的な授業論はしっくりこないなと思っていました。そこで授業研に参加して、いろいろな考え方や教材に触れて、「あ、こういう体育もあるのか！」と感じたことを覚えています。

清水　でも現実を見ると、10年目くらいの先生は、授業がおもしろいと感じ始めて間もなく教育委員会などへ異動になってしまうことも多いのではないでしょうか。ですからもしかすると、もっと前の段階の先生方に焦点を当てた方がいいのかもしれません。

細越　現状の研究企画でも、参加者の多様化は意識していて、初日に行われるシンポジウムや実践報告では授業の位置付けや考え方も含めてみんなで考える。2日目にはそれにも関わる形で実技研修やワークショップを行うことが多いですね。この流れは、若手の先生、学生、中堅からベテランの先生方も、全日程のうちのどこかで必ずそれぞれの参加者の興味関心に共鳴するような仕掛けをしようという思いもあってのことなんですね。でももっと、対象を焦点化することがあってもいいですね。

[3]授業研が取り組むべきテーマ

❶社会的・教育的課題に対する発信の可能性

近藤 私は体育が体育の中で収まってしまわずに、体育が現代の教育的課題にどのように対応できるか検討してみたいですね。また、特別に支援を要する子たちに対する体育授業のあり方や、小規模の学校や学級における体育のあり方にスポットを当てることも必要だと思います。

松本 それはとても大事な指摘です。それは授業研がもつ社会的役割を考えることにもなりますね。このような遠い目標をとらえながら、具体的にどのような授業が必要になるのかを考えていくことも大切かと思います。

佐藤 私の地域でも、支援を要する子どもたちが増えていると聞きますので、その子たちに対する、またその子たちも一緒に行う全員参加の授業づくりも考えるべきですし、私たちも研究を進めているところです。

岩田 ある意味で教育の原点だよね。

吉永 子どもが変わることへの対応ということとともに、社会も変わるので、その中での体育の位置付けを考えるといったスタンスも持つ必要があると思うんです。これから教育改革が進む中で、社会が教育に求めるもののひとつとして、何をどのように体育の成果として広めていけるのかを考える必要があります。「知識基盤社会」や「21世紀型能力」などに引き寄せて考えれば、体育における知識や思考・判断のあたりに特化したテーマ設定を、複数年かけて行っていくことも、やっていく価値があるでしょう。

吉永武史氏

　学び方から知識、思考・判断に体育の内容が変わったわけですが、ではそれを授業者がどのように受け取って授業をコーディネートし、子どもたちがどのような学力をつけていくのか、このあたりの問題はとても大事で、思考・判断の部分を学習内容として設定したり、学習過程に表したりする

際に、どのような手続きが必要になるのか、このあたりを重点的に考えたい。そうすると、これから教育課程の改訂があったときにも、「先生方、この部分は体育ではどのようにしていますか」と聞かれても、今から準備をしていけば、うまく成果を示していけるのではないかと、私は思っているんです。

近藤 それは体育の社会的役割を示すことにもなるし、この教科を守るひとつの方策になりますね。

❷「授業」に焦点をおいた取り組みを

盛島 私は、それも大事だと思うんですけれども、やはり体育授業研究会ですから、もっと「授業」に焦点を当ててほしいです。最近は、教材に力点をおいて、みんなができるものを広めてきたという部分では成果があったわけですが、先ほど話に上がった10年目くらいの先生方が、じゃあどのように授業に向かい合っているのかとか、もうちょっとクリアにしていってもいいですよね。

岩田 やはりこの授業研は、よい体育の授業をどのように創っていくかを大事にする、これは根本的なスタンスだと思うんです。教材がおもしろくないとよい授業にはならないという前提があるんだけれども、よい教材があってもよい授業にならない、そんなこともありますよね。その意味では、どうやったらその教材を使った授業のイメージがもてるのかということ、このあたりのことが分かるともっと変わるはずなんです。ここに授業研究の視点をどう当てられるかというのが大事で、そのあたりのところをどう探究して見せられるか、これが研究企画としては大事ですね。

佐藤 授業の実態として、教師が課題解決の見通しを持てていないことがあるように感じます。例えば、ボール運動では、ドリルゲーム、タスクゲーム、メインゲームを子どもの実態とは関係なしに配置して、結果的にタスクゲームとメインゲームがつながらないという事例もあるようです。

盛島 寛氏

清水　私は、授業者が「考える」ことが大事だと思うんです。教材や情報があったときに、それが自分の受け持っている子どもたちに、どうすればうまくフィットするかを考えることが必要なはずです。考えないと自分の実践にはなりませんから……。イメージが持てないのは、そういうことも関係しているのではないでしょうか。

岩田　逆に言うとそれは、情報を発信する側の問題ともつながってきますね。

近藤　それをどのように大会の企画として設定できるか、ですよね。

岩田　そう。そういう意味では、研究企画は研究委員にとっての教材づくりですよね（笑）。こう考えると、力量のある先生から学ぶというような企画も必要です。「この先生は授業を創るときに、どのようなことを考えているのか」そこを暴き出すことも必要で、みんなで共有した方がいいのに伝達されないことが、まだたくさんあるんじゃないかと思うんです。

　以前、林恒明先生に飛び込みの授業をしていただきましたね。あの時は、林先生はあらかじめ学習指導案を作成して授業に臨んでいたのですが、子どもたちに会って授業を始めてから、林先生は子どもたちの様子を見ながら指導案を修正するだろうと、私たち研究企画の側では予想しました。そしてなぜ修正したのかを、授業後の話し合いで明らかにしようとしたんです。時間が足りなくて、十分にできなかったのですが……。

　でもそういうところを暴き出したいんです。先生方はどういうことを考え、見て、何を期待したり注意を向けたりして即時的に対応しているのか、そのあたりをもっと学びたいんです。それを言語化して共有できるようにすることが、私たちの仕事じゃないでしょうか。

松本　私たちは実際の授業を対象に検討をしてきたわけですが、そこでの良さとして、教材の良さも分かる、加えてこのクラスや子どもたちだから……といった個別具体的な部分についても学ぶことができる。このあたりが授業研の良さですよね。この両方が分かってくれば、自分のこととして考えて、「自分の実践」を創っていけるようになるのではないかと思うんです。こういったニーズに応えられる企画をしていきたいですね。

　いま、この会はターニングポイントにあるように感じます。会を創ってこられた先生方から次の世代へと、役員等も様変わりしました。その時に、こ

の会を受け継ぐ者が「創設当初の意思は受け止めつつ、自分たちはこの会をどう創っていくのか」という思いを持つことが重要です。これからの授業研をどうしていくのか、そのあたりも、引き続き確認していきましょう。

細越 念願のホームページも立ち上がりました（http://www.t-jyugyoken.org/）。いくつかの方法で授業研の取り組みを発信しながら、全国の先生方とよい授業づくりを続けていきたいですね。そろそろ時間となりました。今日はありがとうございました。

（『体育科教育』2014年3月号）

あとがき――体育授業研究会のさらなる発展に向けて

　平成20年に告示された学習指導要領では「確かな学力」が求められ、全国各地では、日々、様々な実践が積み重ねられ、多くの成果が報告されています。「わかる」「できる」「かかわる」体育授業をキーワードに研究企画を行ってきた私たちは、この流れを受けとめながら、一方で、子どもたちの姿で示すべき多くの課題を受け取ったとも感じています。

　例えば、各運動領域で子どもたちに習得させたい内容をどのように設定し、それらを習得するためにどのような教材を開発・適用するのかなどについては、まだまだ多くの授業実践を通して検討を続けていくことが必要です。小学校1年生から位置づけられた「体つくり運動」をみても、子どもたちに身につけさせたい基礎的・基本的な動きをどうとらえて授業づくりを進めればよいのか、現在でも課題意識を抱いている先生は少なくありません。ボールゲームに関する領域では、その内容が「ゴール型」「ネット型」「ベースボール型」と示されました。各型で学習する内容の検討や教材づくりなど、本書でもそのいくつかを掲載しているものの、さらに多くの創造的な授業実践とその成果を検証することで、この領域における確かな学力の形を明らかにしていくことも大きな課題のひとつです。

　また今回の改訂においても、心と体を一体としてとらえる体育の方向性が引き継がれていますが、子ども同士が肯定的に関わりながら集団的な達成経験を味わう中で、その凝集性を高めたり、責任感や社会性を身に付けたりすることができる授業のあり方についても検討する余地があるものと考えています。

　この他にも、多様な学習指導スタイルの有効性についての検討や、授業をどのように観察し評価するのかといった問題、様々なテーマに基づいた授業実践の可能性、学校体育のカリキュラム開発に関する理論研究、授業研究コ

ミュニティのあり方、これからの教育課程の枠組みに対応しうる体育的学力についてなど、諸外国の動向も踏まえながら検討していくことが求められます。

　本書では、これからの体育授業研究の考え方や研究サークル（コミュニティ）を生かした授業研究のあり方などをはじめとして、本会を支えてきた中堅・ベテランの会員、そしてこれからの本会を支える若手会員による授業実践例など、いくつかの視点から、これまでの取り組みをまとめました。あらゆる主義主張を越え、実践者と研究者あるいは教員志望の学生が同じ地平で、ただひたすら子どもたちのためによい体育授業を創る本会だからこその成果が、数多く掲載されていたのではないでしょうか。

　本会は、平成26年度で設立18年目を迎えました。最近の会員の動向に目を向けると、発足当初は実践者として試行錯誤の中で授業実践をしていたメンバーが、行政的にも地域のサークル等においても指導的立場となり、「よい体育授業とは何か」について、その理念や実践を広める機会も増えてきたようです。他方で、体育授業に意欲を燃やす若手教員や学部生・大学院生の仲間も増え、経験は少ないながらも懸命に授業に取り組み、その事実を発信するようになっている様子も見受けられます。

　夏の研究大会、冬の研修会、機関誌『体育授業研究』の内容を見ても分かる通り、会員の層が厚くなったことで、本会は、実に様々な視点から、よい体育授業について考えることができるようになりました。会員のキャリアや立ち位置、関心や環境などが拡がりを見せているということは、これまで以上に広い立場から、よい体育授業について検討する必要性を投げかけているとともに、様々な立場の実践者・研究者が同じ場で学ぶことで、それらを共

有することができるという期待も示しています。

　本会を創設された先生方のお考えを大切にしながらも、本会は会員相互の意見交換を継続し、今後も真摯に授業そのものから学ぶことを通して、よりよい体育授業の創造に貢献できるよう、研究企画や情報発信を継続して参ります。現在、私たちが抱えているすべての課題に十分応えることについては限界があるにしても、一つ一つの授業実践とその検証を通して、真摯に諸課題に向き合うという不動のスタンスを大切にしていきたいと考えています。

　念願のホームページも立ち上がりました。今後も、全国のより多くの先生方と体育授業研究を通じて交流できることを楽しみにしております。

2015年3月
国士舘大学教授、体育授業研究会研究委員長　細越淳二

執筆者

高橋健夫
元日本体育大学教授

松本格之祐
桐蔭横浜大学教授

岡出美則
筑波大学教授

友添秀則
早稲田大学教授

内田雄三
白鷗大学准教授

大貫耕一
元東京都調布市立国領小学校教諭

鈴木　聡
東京学芸大学准教授

松井直樹
東京学芸大学附属大泉小学校教諭

細越淳二 *
国士舘大学教授

起　祐司
香川県高松市立川岡小学校教諭

世古辰徳
香川県高松市立中央小学校教諭

窪田啓伸
香川県高松市立東植田小学校教諭

鈴木　理
日本大学教授

伊佐野龍司
日本大学助教

長谷川悦示
筑波大学准教授

宮内　孝
南九州大学教授

岩田　靖 *
信州大学教授

中村恭之
長野県教育委員会スポーツ課

澤田　浩
園田学園女子大学准教授

近藤智靖 *
日本体育大学教授

平川　譲
筑波大学附属小学校教諭

薬内　要
兵庫県三木市立緑が丘東小学校教諭

小谷川元一
こたにがわ学園理事長

濱本圭一
愛媛県宇和島市立番城小学校教諭

日野克博
愛媛大学准教授

佐藤洋平
東京学芸大学附属竹早小学校主幹教諭

吉永武史 *
早稲田大学准教授

垣内幸太
大阪教育大学附属池田小学校教諭

長坂祐哉
東京学芸大学附属世田谷小学校教諭

小畑　治
奈良教育大学附属小学校教諭

竹内隆司
長野県長野市立北部中学校教諭

斎藤和久
長野県長野市立通明小学校教諭

清水　由 *
筑波大学附属小学校教諭

福ヶ迫善彦
流通経済大学准教授

原　和幸
愛知県常滑市立青海中学校教諭

岡田弘道
元香川県さぬき市立志度小学校教諭

多田夕紀
山口県山陽小野田市立小野田小学校教諭

米村耕平
香川大学准教授

井上寛崇
奈良教育大学附属小学校教諭

前場裕平
香川大学教育学部附属高松小学校教諭

穴吹哲郎
香川県高松市立栗林小学校教諭

吉野　聡
茨城大学准教授

菊地　耕
茨城県教育庁指導主事

柴田一浩
流通経済大学准教授

盛島　寛
岩手県西和賀町立沢内小学校校長

小古呂優範
ヨハネスブルグ日本人学校教諭

吉井健人
群馬大学教育学部附属小学校教諭

深田直宏
群馬県桐生市立神明小学校教諭

早川由紀
群馬県藤岡市立藤岡第一小学校教諭

大友　智
立命館大学教授

石田智久
埼玉県川口市立領家小学校教諭

佐藤政臣
熊本県大津町立美咲野小学校主幹教諭

深見英一郎 *
早稲田大学准教授

（執筆順／* 編集委員）

■体育授業研究会ホームページ
http://www.t-jyugyoken.org/index.html

よい体育授業を求めて——全国からの発信と交流
©Taiiku Jyugyo Kenkyuukai, 2015　　　　NDC375/xiv, 303p / 21cm
初版第1刷発行——2015年5月20日

編　者	体育授業研究会
発行者	鈴木一行
発行所	株式会社 大修館書店

〒113-8541　東京都文京区湯島2-1-1
電話 03-3868-2651（販売部）　03-3868-2299（編集部）
振替 00190-7-40504
［出版情報］http://www.taishukan.co.jp/

装丁・本文デザイン	石山智博（TRUMPS.）
組　版	加藤　智
印刷所	横山印刷
製本所	牧製本

ISBN978-4-469-26779-2　　　　Printed in Japan

Ⓡ本書のコピー、スキャン、デジタル化等の無断複製は著作権法上での例外を除き禁じられています。本書を代行業者等の第三者に依頼してスキャンやデジタル化することは、たとえ個人や家庭内での利用であっても著作権法上認められておりません。

21世紀スポーツ大事典
Encyclopedia of Modern Sport

**スポーツにかかわる
すべての人の知識の拠り所**

概念、歴史、ルール、技術・戦術、オリンピックはもちろん、人種、ジェンダー、障がい者をはじめ、経済、政策、倫理など、スポーツにかかわるさまざまな分野からスポーツ事象を解説。

スポーツの"いま"を知るための決定版！

編集主幹 中村敏雄

髙橋健夫

寒川恒夫

友添秀則

●B5判・上製・函入
1,378頁

定価＝
本体32,000円+税

978-4-469-06235-9

スポーツの"いま"をこの一冊に網羅
* 体育・スポーツ界の泰斗19名を編集委員として、各分野の第一線の約400名が執筆。
* グローバルなものとしてスポーツが認識された1900年以降に焦点を当てた、かつてない、最大規模のスポーツ大事典。比較的新しい分野である「女性スポーツ」や「障がい者のスポーツ」「倫理」などの事項も収録。
* 国際大会が行われる主要なスポーツ種目では、1900年以降の技術・戦術の変遷を軸に紹介。

高校生・大学生から専門家まで
* 「スポーツと〇〇」といった分かりやすいテーマごとに章立てし、項目を解説。
* 項目構成にすることで、知っておきたい内容を体系的に整理して収録。
* スポーツ種目は、五輪・パラリンピックでの競技を含め、約200種目を五十音順に配列。

大修館書店 ☎03-3868-2651（販売部） http://www.taishukan.co.jp